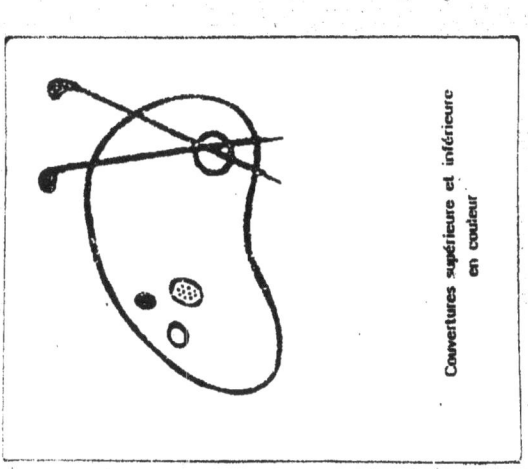

COUVERTURES SUPERIEURE ET INFERIEURE D'IMPRIMEUR.

LES ENFANTS DES BOIS

GRAND IN-8° — 2° SÉRIE

PROPRIÉTÉ DE L'ÉDITEUR

LE CAPITAINE MAYNE REID

LES ENFANTS DES BOIS

TRADUCTION DE LA BÉDOLLIÈRE

NOUVELLE ÉDITION REVUE

LIMOGES
ANCIENNE MAISON BARBOU FRÈRES
Charles BARBOU, IMPRIMEUR-LIBRAIRE
AVENUE DU CRUCIFIX

LES ENFANTS DES BOIS

CHAPITRE PREMIER

LES BOORS

Hendrik Von Bloom était un *boor*.

Ce mot signifie littéralement un rustre, un paysan vulgaire ; pourtant en donnant à mynheer Von Bloom cette qualification, nous sommes loin de vouloir lui manquer de respect. Dans la colonie anglaise du cap de Bonne-Espérance, on appelle *boor* un fermier. Von Bloom était un fermier anglais du Cap.

Les boors de cette colonie ont joué un rôle considérable dans l'histoire moderne. Quoique naturellement pacifiques, ils ont été forcés de prendre les armes tant contre les Africains que contre les Européens. Dans les guerres qu'ils ont soutenues avec éclat, ils ont prouvé qu'un peuple tranquille se bat à l'occasion tout aussi bien que les nations chez lesquelles l'esprit militaire est soigneusement entretenu.

Les boors du Cap ont été accusés de s'être montrés cruels, surtout dans les expéditions dirigées contre les indigènes, Hottentots ou Bosjesmans. Sous un point de vue abstrait, le reproche peut être fondé ; mais les provocations incessantes de ces sauvages ennemis sont des circonstances atténuantes à la conduite des colons. A la vérité ceux-ci ont réduit les Hottentots à l'esclavage ; mais, vers la même époque, les Anglais transportaient de la Guinée aux Antilles des cargaisons de noirs, tandis que les Espagnols et les Portugais soumettaient les hommes rouges d'Amérique au joug le plus rigoureux.

Observons encore que les traitements barbares infligés à la race indigène par les boors étaient de la clémence, comparativement aux atrocités qu'elle avait à souffrir de la part de ses chefs despotiques.

Certes, la misérable situation des Hottentots ne justifie pas les Hollandais d'en avoir fait des esclaves; mais, eu égard aux circonstances, il n'est pas de nation maritime qui soit en droit de les taxer de cruauté. Ils avaient affaire à des sauvages abrutis et pervers et l'histoire de la colonisation ne pouvait manquer d'être remplie de tristes épisodes.

Je pourrais aisément, lecteur, défendre la cause des boors de la colonie du Cap; mais je me contente d'exprimer mon opinion : c'est qu'ils sont braves, vigoureux, paisibles, industrieux, amis de la vérité et de la liberté républicaine. C'est, en somme, une noble race d'hommes. Ainsi, quand j'ai donné à Hendrik Von Bloom, le nom de boor, ai-je voulu manquer d'égards envers lui ? au contraire.

Mynheer Hendrik n'avait pas toujours été boor. Il était au-dessus de ses collègues, savait manier l'épée, et avait reçu une éducation supérieure à celle qu'ont ordinairement les simples fermiers du Cap. Il était né dans les Pays-Bas et était venu au Cap, non comme un pauvre aventurier qui cherche fortune, mais en qualité d'officier dans un régiment hollandais.

Il n'avait pas servi longtemps : certaine Gertrude aux joues roses et aux cheveux blonds, fille d'un boor aisé, s'était amourachée du jeune lieutenant, qui, à son tour, avait conçu pour elle une vive tendresse. Ils se marièrent, et le père de Gertrude étant venu à mourir peu de temps après, ils héritèrent de sa ferme, de ses Hottentots, de ses moutons à large queue, de ses bœufs à longues cornes. Hendrik ne pouvait se dispenser de donner sa démission ; il la donna et se fit *vee-boor*, c'est-à-dire fermier domicilié.

Ces évènements eurent lieu plusieurs années avant que l'Angleterre devînt maîtresse du cap Bonne-Espérance. Quand elle s'en empara, Hendrik Von Bloom était déjà un homme influent dans la colonie et porte-drapeau de son district, qui faisait partie du beau comté de Graaf Reinet. A cette époque la blonde Gertrude n'existait plus ; mais elle lui avait laissé trois fils et une fille.

L'histoire vous dira comment les colons hollandais se soulevèrent contre la domination anglaise. Le ci-devant lieutenant porte-drapeau fut un des agents les plus actifs de l'insurrection. Elle fut étouffée ; plusieurs de ceux qui s'étaient mis en évidence furent condamnés à mort et exécutés. Von Bloom évita par la fuite la vengeance du vainqueur ; mais sa belle propriété du comté de Graaf Reinet fut confisquée et donnée à un autre.

Plusieurs années plus tard nous le retrouvons dans un district éloigné, au-delà de la grande rivière Orange. Il mène la vie d'un *trek-boor*, c'est-à-dire d'un fermier nomade, qui, n'ayant pas de résidence fixe, conduit ses troupeaux partout où il espère trouver de l'eau et de bons pâturages.

C'est environ vers cette époque que j'ai connu la famille de Von Bloom. Je viens de dire tout ce que je savais de ses antécédents ; mais je n'ignore aucun détail de ce qui lui arriva par la suite. C'est son fils aîné qui m'a fourni des renseignements, que j'ai trouvés intéressants, instructifs, et auxquels se rattachent mes premières notions de zoologie africaine.

Je vous les transmets, cher lecteur, dans l'espoir qu'ils pourront aussi vous instruire et vous intéresser. Gardez-vous bien de les considérer comme purement imaginaires. J'ai peint d'après nature les animaux qui figurent dans ce récit, leurs instincts et leurs habitudes. Le jeune Von Bloom étudiait la nature, et vous pouvez compter sur l'exactitude des descriptions qu'il m'a fournies.

Dégoûté de la politique, l'ancien porte-drapeau s'était réfugié sur l'extrême frontière, et même au-delà de la frontière, puisque l'établissement le plus voisin était éloigné d'une centaine de milles. Son pauvre enclos ou *kraal* était situé dans un district limitrophe de Kalihari, le Sahara de l'Afrique méridionale. Le pays était inhabité à une très-grande distance aux alentours ; car les sauvages qui le hantaient ne méritaient guère le nom d'habitants plus que les bêtes fauves qui hurlaient autour d'eux.

Les fermiers du Cap s'occupent principalement d'élever des chevaux, des bestiaux et des chèvres. Le nôtre n'avait qu'une exploitation peu étendue ; la proscription lui avait enlevé toutes ses ressources, et il n'avait pas été heureux dans les premiers essais qu'il avait tentés en qualité d'herbager nomade. La loi d'émancipation promulguée par le gouvernement britannique s'étendait non-seulement aux nègres des Antilles, mais encore aux Hottentots ; et elle avait eu pour conséquence la désertion de tous les serviteurs de Von Bloom. Ses bestiaux, privés de tout soin, étaient morts d'épizooties ou étaient devenus la proie des animaux sauvages. Ses chevaux avaient été décimés par la morve ; les loups et les hyènes lui enlevaient chaque jour des moutons et des chèvres ; de sorte que le nombre total de ses bestiaux était réduit à une centaine de têtes.

Néanmoins Von Bloom n'était pas malheureux. Il se consolait de ses peines en regardant avec fierté ses trois fils : Hans, Hendrik et Jan, et sa fille Trüey ou Gertrude, véritable portrait de sa mère.

Les deux aînés étaient déjà en état de l'aider dans ses travaux journaliers, et le plus jeune allait bientôt suivre leur exemple.

Gertrude promettait d'être une excellente ménagère. Si Von Bloom s'affligeait parfois, si des soupirs involontaires lui échappaient, c'était quand la vue de sa fille lui rappelait la femme qu'il avait perdue.

Au reste, il n'était pas homme à se désespérer ; les catastrophes dont il avait été victime ne l'avaient point abattu. Elles stimulaient au contraire son activité, et il s'appliquait avec une ardeur toujours nouvelle à rebâtir l'édifice de sa fortune. Pour lui-même, il ne tenait pas à être riche et se serait contenté de la vie simple qu'il menait, mais il songeait à l'avenir de sa petite famille. Il ne pouvait s'accoutumer à l'idée que ses enfants grandiraient sans éducation au milieu des déserts ; il voulait les mettre à même de retourner dans les villes pour jouer un rôle parmi les hommes civilisés. Mais comment réaliser ses vœux ? Bien que son crime de haute trahison eût été effacé par une amnistie, et qu'il fût libre de retourner dans la colonie, il n'y pouvait rentrer pour y mener une existence de privations, car il lui était impossible de tirer partie de ce qu'il aurait pu recouvrer de ses anciens biens. Ces réflexions le tourmentaient parfois, mais son énergie croissait en proportion des obstacles.

Pendant l'année qui touchait à sa fin, il avait redoublé d'efforts afin de pourvoir en hiver à la subsistance de ses bestiaux; il avait semé une grande quantité de maïs et de sarrasin, dont la récolte s'annonçait favorablement. Son jardin lui promettait une grande abondance de fruits, de melons et de légumes. Enfin l'asile qu'il avait adopté était une oasis en miniature. Il en admirait l'aspect florissant, et commençait à concevoir l'espérance de jours plus prospères.

Hélas! c'était une illusion, il était condamné à supporter une suite de malheurs qui devaient le ruiner presque complètement et changer de nouveau sa manière de vivre.

Peut-être avons-nous tort d'employer le mot malheur, puisque les pertes nouvelles qu'éprouva Von Bloom amenèrent d'heureux résultats. Vous en jugerez par vous-même, cher lecteur, quand je vous aurai raconté les aventures du trek-boor et de sa famille.

CHAPITRE II

LE KRAAL

L'ancien porte-drapeau était assis devant son kraal ; fumeur comme tous les fermiers de l'Afrique méridionale, il tenait entre ses lèvres le long tuyau d'une pipe en écume de mer. Malgré les traverses de sa vie passée, ses traits exprimaient la joie. Il contemplait avec complaisance les grains de maïs qui étaient en lait dans leurs cornets jaunissants ; il prêtait l'oreille au frôlement des feuilles qu'agitait la brise. Mais ce qui réjouissait surtout le fermier, c'était la vue de ses beaux enfants.

Hans, l'aîné, d'un caractère ferme et tranquille, travaillait au jardin ; Jan, plus vif et plus alerte, aidait son frère, mais en s'interrompant souvent dans sa tâche. L'impétueux Hendrik, aux cheveux bouclés, pansait les chevaux. La jolie Gertrude prodiguait ses soins à un jeune faon d'antilope à bourse ou antilope-springbok apprivoisé, dont les yeux rivalisaient avec les siens en innocence et en douceur. C'était avec raison que Von Bloom se félicitait en portant ses regards des uns aux autres. Hans et Hendrik étaient en réalité les seuls coadjuteurs de leur père, qui n'avait qu'un seul domestique mâle, nommé Swartboy.

Pénétrez dans l'écurie et vous verrez Swartboy occupé avec son jeune maître Hendrik à seller deux chevaux. Vous remarquerez que Swartboy paraît âgé d'environ trente ans ; mais si vous voulez le juger à la taille, vous ne lui trouverez guère plus de quatre pieds de haut. Néanmoins il est d'une large carrure et solidement bâti. Il a le teint jaunâtre, le nez est plat et enfoncé entre des pommettes saillantes, les lèvres épaisses, les narines larges et le menton imberbe. Il est presque chauve, car on ne peut donner la qualification de cheveux aux mèches laineuses éparses sur son crâne.

Ses yeux obliques ont une expression chinoise ; il a la tête d'une largeur démesurée et les oreilles à l'avenant ; enfin, tous les caractères qui distinguent les Hottentots du sud de l'Afrique.

Cependant, quoique appartenant à cette race, Swartboy n'est pas un Hottentot : c'est un Bosjesman.

La peuplade des Bosjesmans ou Boschimen (hommes des bois) a été ainsi nommée par les Hollandais. Elle n'élève pas de troupeaux comme les Hottentots, auxquels elle est inférieure, quoiqu'elle ait avec eux une origine commune. Les Bosjesmans ne cultivent pas la terre ; ils vivent misérablement de gibier et de fruits sauvages, de racines degraminées, de vers ou de larves d'insectes. Ils se donnent le nom de Saab. Les hommes vont entièrement nus ; les femmes portent une espèce de tablier en peau grossièrement découpée.

Comment Swartboy le Bosjesman est-il entré au service de Von Bloom ? Vous allez le savoir.

Les sauvages de l'Afrique méridionale ont la cruelle habitude d'abandonner dans le désert leurs vieillards, leurs infirmes, et souvent même les malades et les blessés. Les enfants n'hésitent pas à laisser leur père sans secours au milieu d'affreuses solitudes, et c'est à peine si l'on consent à donner aux blessés qui restent en arrière une tasse d'eau et des vivres pour un jour. Swartboy le Bosjesman avait été victime de cet usage barbare. Dans une partie de chasse qu'il faisait avec ses parents, il avait été grièvement mutilé par un lion. Ses camarades, le croyant perdu, l'avaient abandonné sur la plaine, où il aurait infailliblement péri sans l'assistance de notre porte-drapeau ; celui-ci le rencontra, le plaça sur une charrette et le transporta dans son camp.

Quoique la reconnaissance ne soit pas la vertu particulière aux Bosjesmans, Swartboy n'oublia pas les services de l'homme qui avait pansé ses blessures. Quand tous les autres serviteurs avaient disparu, il était resté fidèle à son maître, et depuis cette époque il s'était rendu constamment utile. C'était, comme nous l'avons dit, le seul domestique mâle de la maison ; mais il avait pour compagne une Hottentote du nom de Totty, qui lui ressemblait de taille, de couleur et de proportions.

Dès que Swartboy et le jeune Hendrik eurent achevé de seller leurs chevaux, ils les montèrent et galopèrent à travers la plaine, suivis de chiens aux muscles solides et à l'air rébarbatif. Ils se proposaient de ramener au logis les bœufs et les chevaux, qui paissaient assez loin du kraal. Ils avaient l'habitude de les faire rentrer tous les soirs à la même heure : précaution indispensable dans l'Afrique méridionale, où les animaux domestiques sont exposés à être dévorés pendant la nuit. Afin de les préserver, on les enferme tous les soirs dans des enclos entourés de hautes murailles, que l'on nomme kraals. Ce mot, qui n'appartient pas à la langue du pays, paraît avoir été introduit en Afrique par les Portugais; il a la même signification que le mot espagnol corral.

Ces kraals sont pour le fermier des constructions presque aussi importantes que sa propre habitation, que l'on désigne sous le même nom. Pendant que Hendrik et Swartboy couraient à la recherche des chevaux et des bestiaux, Hans, accompagné de son petit frère, rassemblait les moutons qui broutaient d'un autre côté, plus près de la maison. Gertrude, après avoir attaché son antilope à un pieu, était rentrée et préparait le souper avec le concours de Totty.

Resté seul, Von Bloom fumait tranquillement sa pipe, heureux du zèle de sa famille. Quoique satisfait de tous ses enfants, il faut avouer qu'il avait une certaine prédilection pour l'impétueux Hendrik qui portait le même prénom que lui, et qui lui rappelait plus que ses frères les beaux jours de sa jeunesse. Il était fier de la manière dont le jeune homme montait à cheval et ses yeux le suivaient dans la plaine. Au moment où il l'avait vu rejoindre le bétail, son attention fut attirée par une espèce de brume ou de fumée noirâtre qui s'élevait à l'horizon. Etait-ce un nuage de poussière ? Avait-on mis le feu aux broussailles ? Le sable était-il soulevé par le passage d'un troupeau d'antilopes ou de gazelles ? Voilà ce que se demandait Von Bloom, sans pouvoir arriver à une solution.

L'étrange phénomène se montrait à l'ouest, et obscurcissait le soleil couchant. Il subissait des métamorphoses diverses, ressemblant tantôt à de la poussière, tantôt à la fumée d'un vaste incendie. Von Bloom se demandait si ce nuage extraordinaire présageait un ouragan ou un tremblement de terre, et il concevait de justes alarmes.

Tout à coup cette masse noire, qui s'était nuancée de teintes rougeâtres, enveloppa les bestiaux dans la plaine, et on les vit se disperser en désordre, sous l'influence d'une terreur panique. Les deux cavaliers disparurent au milieu des ombres, et Von Bloom, plein d'anxiété, se leva en poussant un cri.

A ce cri, Gertrude et Totty accoururent ainsi que Hans et Jan qui venaient de ramener les moutons et les chèvres; tous virent le singulier phénomène, mais sans pouvoir en donner l'explication.

Cependant les deux cavaliers se détachèrent du nuage et vinrent au grand galop du côté de la maison. Ils en étaient encore loin lorsqu'on entendit Swarthoy crier d'une voix tonnante .

— Baas Von Bloom, voici les *springaan!*

CHAPITRE III

LES SAUTERELLES

— Ah! les springaan, dit Von Bloom en employant le mot hollandais qui désigne les criquets émigrants.

Le mystère était expliqué; le sombre nuage qui s'étendait sur la plaine n'était ni plus ni moins qu'un vol de sauterelles.

C'était un spectacle que n'avait vu jusqu'alors aucun des assistants, à l'exception de Swartboy. Il y a dans le sud de l'Afrique diverses espèces de sauterelles, locustes ou criquets, mais ceux qui voyagent, et que les naturalistes nomment *grylli devastatorii*, y sont assez rares, et il n'est pas donné à tout le monde d'être témoin d'une de leurs grandes émigrations.

Swartboy connaissait bien ces insectes, et s'il avait montré de l'émotion à leur arrivée, cette émotion n'était pas celle de la peur. Au contraire la joie contractait sa figure, et ses grosses lèvres s'agitaient d'une manière grotesque. Il sentait se réveiller les instincts de sa race sauvage, et les sauterelles étaient pour lui ce qu'est un banc de crevettes pour un pêcheur, ou une abondante récolte pour un métayer.

Les chiens aussi remuaient la queue en aboyant, car pour eux, comme pour le Bosjesman, les sauterelles sont un régal.

Quand on sut que ce n'était que des sauterelles, l'alarme générale se dissipa. Gertrude et Jan se mirent à rire en battant des mains. Personne ne chercha à s'effrayer de l'approche d'insectes inoffensifs, et Von Bloom lui-même revint de son inquiétude première. Le sentiment qui domina fut celui de la curiosité.

Tout à coup les pensées du fermier prirent une nouvelle direction, ses yeux se portèrent sur ses champs de maïs et de sarrasin, sur son jardin si bien garni; il se rappela ce qu'il avait entendu dire des ravages causés par ces êtres destructeurs, et fit entendre des exclamations de détresse.

Ses enfants remarquant qu'il pâlissait, s'étaient groupés autour de lui.

— Vous souffrez? qu'avez-vous? lui demandèrent-ils avec empressement.

— Mes chers enfants, tout est perdu : notre récolte, le travail d'une année, tout cela est anéanti !

— Comment, mon père? qu'entendez-vous par là ?

— Les sauterelles vont tout dévorer !

— C'est vrai, dit le grave Hans, qui aimait à s'instruire, et avait lu plusieurs relations des dévastations commises par les sauterelles.

Toutes les physionomies s'assombrirent, et ce ne fut plus avec curiosité qu'on regarda le nuage lointain. Von Bloom le redoutait avec raison : si l'innombrable armée s'abattait sur ses champs, c'en était fait des fruits et de la verdure !

Tous suivirent avec angoisse le vol des sauterelles ; elles étaient encore à un demi-mille de distance.

Une lueur d'espérance illumina les traits de Von Bloom, il ôta son grand chapeau de feutre et l'éleva au-dessus de sa tête de toute la longueur de son bras. Il s'assura ainsi que le vent soufflait du nord. Le formidable essaim venait du même côté, comme c'est l'ordinaire dans les parties méridionales de l'Afrique, et il devait passer à l'ouest du kraal.

— Tu t'es trouvé au milieu des sauterelles, demanda Von Bloom à Hendrik. D'où venaient-elles sur toi ?

— Du nord ; et quand Swartboy et moi nous avons tourné bride, nous en avons été bientôt débarrassés. Elles n'avaient pas l'air de voler après nous ; elles se dirigeaient au sud.

Comme il n'y en avait aucune au bord du kraal, Von Bloom se flatta qu'elles passeraient sans atteindre les limites de son domaine. Il savait qu'elles suivaient ordinairement la direction du sud ; si le vent ne changeait pas, il était probable qu'elles ne s'écarteraient point de leur itinéraire.

Il continua à les observer en silence, et ses espérances augmentèrent quand il vit que les flancs du nuage ne se rapprochaient pas.

Sa figure s'épanouit; les enfants s'en aperçurent, mais ils ne firent aucune réflexion.

C'était un étrange spectacle. On n'avait pas seulement devant les yeux l'essaim brumeux des insectes. Au-dessus d'eux l'air était rempli d'oiseaux de diverses espèces : l'oricou brun, le plus grand des vautours d'Afrique, au vol lourd et silencieux, se traînait lentement à côté du vautour jaune de Kolbé. Le lamvanger planait en étendant ses larges ailes. On entendait les cris de l'aigle cafre et du bateleur à courte queue. On comptait dans la foule des faucons, des milans, des corbeaux, des corneilles et plusieurs espèces d'insectivores; mais la majorité de la troupe ailée se composait de ces oiseaux mouchetés qui ressemblent à des hirondelles, et qu'on appelle en hollandais *springaan-vogel* (oiseau des sauterelles). Ils étaient par milliers, fondaient sans cesse sur les insectes, et se relevaient en emportant des victimes. Ces volatiles se nourrissent exclusivement de sauterelles, les suivent dans toutes leurs migrations, construisent leur nid et élèvent leurs petits dans les pays qu'elles infestent. On ne les rencontre jamais ailleurs.

Tous contemplaient avec surprise cette nuée vivante. Elle s'étendait tout le long de l'horizon occidental, et l'arrière-garde des insectes était plus haut dans le ciel que la tête de la colonne.

— Elles vont faire halte pour la nuit, dit Swartboy en se frottant les mains, et nous les ramasserons à pleins sacs. Elles ne peuvent voler quand il n'y a pas de soleil; il fait trop froid; elles sont mortes jusqu'à demain matin.

En effet, le soleil s'était couché; la fraîcheur de la brise avait affaibli les ailes des voyageuses, et les forçait à s'arrêter pendant la nuit sur les arbres et les buissons. Au bout de quelques minutes, le sombre nuage qui avait caché l'azur des cieux disparut, mais la plaine avait au loin l'air d'avoir été ravagée par un incendie. Elle était noircie par une épaisse couche de sauterelles engourdies. Les oiseaux qui les suivaient, après avoir tourné quelques instants autour d'elles, se dispersèrent dans les cieux pour se percher ensuite sur les rochers ou sur les taillis de mimosas. L'air et la terre rentrèrent dans le silence.

Von Bloom pensa à ses bœufs, qu'on apercevait au loin au milieu de la plaine couverte de sauterelles.

— Laissez-les se repaître un peu, baas, dit Swartboy.

— De quoi? demanda son maître; ils ne sauraient atteindre l'herbe.

— Ils mangeront les *springaan*, repartit le Bosjesman, ça les engraissera.

Toutefois il était trop tard pour laisser plus longtemps le bétail dans la plaine. Les lions allaient bientôt sortir de leur tanière, car le roi des animaux ne dédaigne pas de remplir son estomac de sauterelles, quand il a le bonheur d'en trouver. Von Bloom fit seller un troisième cheval, et partit avec Hendrik et Swartboy pour ramener les bestiaux au kraal. En arrivant dans la plaine, ils constatèrent que les criquets émigrants s'y trouvaient en quelques endroits amoncelés sur plusieurs pouces de hauteur. L'herbe, les feuilles, les branches, étaient invisibles. On ne distinguait partout que des sauterelles immobiles et inertes. Ce qui parut étrange à Von Bloom et à Hendrik, ce fut l'avidité avec laquelle les chevaux et les bœufs, loin d'être alarmés de leur singulière situation, dévoraient les bandes d'insectes dont ils étaient environnés.

On eut quelque peine à décider les bestiaux à quitter leur repas. L'aiguillon de Swartboy eût même été impuissant, s'il n'avait été secondé par la terreur que produisirent les premiers rugissements d'un lion.

Swartboy s'était muni d'un sac, où il mit un grand nombre de sauterelles, qu'il ramassa adroitement avec la plus grande précaution. Il n'avait rien à craindre d'elles, mais il savait par expérience que leur passage attire un grand nombre de serpents dangereux.

CHAPITRE IV

CAUSERIE SUR LES CRIQUETS

Ce fut une nuit d'anxiété dans le kraal du porte-drapeau. Si le vent tournait à l'ouest, il était certain que les sauterelles couvriraient le lendemain ses domaines et détruiraient ses moissons. Peut-être même en ce cas toute la végétation serait-elle perdue à cinquante milles à la ronde. Alors comment nourrir ses bestiaux? Ils périraient d'inanition avant qu'on eût le temps de les conduire dans un autre pâturage.

De pareils désastres ne sont pas invraisemblables, et plus d'un cultivateur de la colonie du Cap a perdu ainsi ses troupeaux.

Justement inquiet, Von Bloom sortait par intervalle pour observer le vent. Une douce brise soufflait toujours du nord. La lune était brillante, et ses clartés se réfléchissaient sur les corps polis des sauterelles. Le rugissement du lion se mêlait au cri perçant du chacal et au ricanement de la hyène. Ces animaux, avec beaucoup d'autres, prenaient part à un grand festin.

Ne remarquant aucun changement dans le vent, Von Bloom commença à se rassurer et à s'entretenir tranquillement avec sa famille du phénomène de la journée. Swartboy tint le dé de la conversation. Il avait été à même d'observer plusieurs fois les locustes et en avait mangé plusieurs boisseaux; il était naturel de supposer qu'il les connaissait à merveille.

Mais d'où venaient-elles? C'était ce dont il n'avait jamais pris la peine de s'informer. Le savant Hans se chargea d'expliquer leur origine.

— Elles viennent du désert. Les œufs qui les produisent sont déposés dans les sables, où ils restent jusqu'à la saison des pluies. Quand l'herbe pousse, les sauterelles éclosent, et après l'avoir consommée, elles sont forcées d'aller chercher ailleurs une nourriture. Telle est la cause de leurs migrations.

— J'ai entendu raconter, dit Hendrik, que les fermiers allumaient des feux autour de leurs champs pour les préserver des locustes; mais quand même on établirait des haies de feu, je ne vois pas comment on arrêterait ces insectes qui ont des ailes, et qui passent aisément par-dessus.

— Cette précaution, répondit Hans, ne peut être utile que contre les sauterelles dépourvues d'ailes, larves de celles que nous voyons. Ces larves, qui rampent et qui sautent sur la terre, ont aussi leurs migrations, souvent plus destructives que celles des insectes parfaits. Guidées par leur instinct, elles suivent une direction invariable. La mer et les grands fleuves peuvent seuls les arrêter; elles traversent à la nage les rivières, gravissent le long des murs et des maisons, et dès qu'elles ont franchi un obstacle, elles continuent leur route toujours tout droit. En essayant de passer les grands cours d'eau rapides, elles se noient en quantité et sont emportées dans la mer. Si leur bande est peu nombreuse, les fermiers réussissent parfois à les éloigner au moyen de feux, comme on vous l'a dit, mais si l'émigration est importante, c'est peine perdue.

— Comment peuvent-elles faire, demanda Hendrik, pour traverser ces feux, est-ce qu'elles sautent par-dessus?

— Non, répondit Hans, les feux qu'on allume sont de trop grande dimension pour cela.

— Alors je n'y comprends rien, dit Hendrik.

— Ni moi non plus, dit le petit Jan.

— Ni moi, dit Gertrude.

— Des milliers d'insectes, reprit Hans, se jettent dans les brasiers et les éteignent.

— Comment, sans se brûler! s'écrièrent tous les auditeurs.

— Il y en a un nombre inimaginable de brûlés. Leurs corps entassés étouffent les feux; mais les premiers rangs de la grande armée sont sacrifiés, et les autres passent impunément sur les victimes. Vous voyez donc que les feux ne peuvent arrêter la marche des locustes quand elles sont en grand nombre.

» Dans certaines parties de l'Afrique où le sol est cultivé, les indigènes sont pris d'une terreur panique aussitôt qu'ils voient apparaître les insectes voyageurs. Ils les redoutent autant qu'un tremblement de terre ou toute autre grande calamité.

— Nous comprenons sans peine, dit Hendrik, le sentiment qu'ils éprouvent.

— Les sauterelles volantes, poursuivit Hans, ne suivent pas une direction aussi constante que leurs larves ; elles semblent être guidées par le vent, qui les emporte souvent dans la mer, où elles sont englouties. Sur quelque partie de la côte, on a trouvé en quantités incroyables leurs cadavres rejetés par le flux. Des voyageurs dignes de foi affirment en avoir vu sur une plage une bande de quatre pieds de hauteur sur cinquante milles de long. Les émanations de cette masse énorme répandaient une infection sensible à cent cinquante milles dans l'intérieur.

— Il fallait tout de même avoir bon nez, s'écria le petit Jan.

Tout le monde rit de cette observation, à l'exeption de Von Bloom, qui avait en ce moment des idées noires. Gertrude s'en aperçut, et lui dit, pour tâcher de le distraire :

— Papa, la Bible dit que Jean-Baptiste vivait, dans le désert, de miel et de sauterelles. Etaient-ce les mêmes que celles que nous voyons ?

— Je le crois, répondit laconiquement le père.

— Permettez-moi de vous contredire, repartit Hans ; mais l'analogie n'est pas complète. La sauterelle de l'Ecriture est le véritable criquet émigrant (*gryllus migratorius*) ; celle de l'Afrique méridionale en est une variété. Toutes deux appartiennent au genre des orthoptères et à la famille des sauteurs.

Quelques auteurs ont d'ailleurs nié que saint Jean mangeât des insectes, et les Abyssiniens prétendent qu'il se nourissait de graines brunes du faux acacia, nommé par eux arbre aux sauterelles.

— Et quel est votre avis ? demanda Hendrik, qui avait foi dans l'instruction de son frère.

— Je crois qu'il n'y a pas matière à discussion. Ce n'est qu'en torturant le sens d'un mot qu'on arrive à supposer qu'il s'agit de fruits et non d'insectes. Ce sont évidemment ces derniers que mentionne l'Ecriture. Nous avons des preuves nombreuses que du temps de Jésus-Christ les sauterelles et le miel sauvage entraient dans l'alimentation de ceux qui parcouraient le désert; et de nos jours encore ces deux mets font partie de la nourriture de plusieurs tribus nomades. Il est donc naturel d'admettre que saint Jean, habitant du désert, en suivit forcément le régime; c'est ce qui est arrivé à des voyageurs modernes en traversant les solitudes qui nous environnent.

J'ai lu beaucoup d'ouvrages relatifs aux sauterelles; mais, puisqu'on a cité la Bible, je dois dire que je ne connais pas de description de ces insectes aussi vraie et aussi belle que celle du livre saint. Faut-il la lire, mon père?

— Certainement, répondit le porte-drapeau, satisfait de la tournure que prenait la conversation.

Gertrude courut à la chambre voisine et en rapporta un énorme volume relié en peau de canaa et solidifié par deux gros fermoirs de cuivre. C'était la Bible de famille; et qu'il me soit permis de faire observer à ce propos qu'on trouve presque chez tous les boords un livre semblable, car les colons hollandais sont des protestants pleins de ferveur. Leur zèle est tel, qu'ils n'hésitent pas à faire quatre fois par an un voyage de cent milles pour assister au *nacht-maal* ou souper des grandes fêtes solennelles. Qu'en dites-vous?

Hans ouvrit le volume et chercha le livre du prophète Joel. La facilité avec laquelle il trouva le passage auquel il avait fait allusion prouvait que l'étude de l'Ecriture lui était familière.

Il lut ce qui suit :

« La sauterelle a mangé les restes de la chenille, le ver les restes de la sauterelle, et la nielle les restes du ver.

» Réveillez-vous, hommes enivrés; pleurez et criez, vous tous qui mettez vos délices à boire du vin, parce qu'il vous sera ôté de la bouche.

» Car un peuple fort et innombrable vient fondre sur ma terre. Ses dents sont comme les dents d'un lion.

» Il réduira ma vigne en un désert; il arrachera l'écorce de mes figuiers, il les dépouillera de toutes leurs figues, et leurs branches demeureront toutes sèches et toutes nues.

» Pleurez comme une jeune femme qui se revêt d'un sac pour pleurer celui qu'elle avait épousé étant fille.

» Les oblations du blé et du vin sont bannies de la maison du Seigneur; les prêtres, les ministres du Seigneur pleurent.

» Pourquoi les bêtes se plaignent-elles ? pourquoi les bœufs font-ils retentir leurs mugissements, sinon parce qu'ils ne trouvent rien à paître et que les troupeaux, même de brebis, périssent comme eux ?

» Jour de ténèbres et d'obscurités, jour de nuages et de tempêtes! comme la lumière du matin se répand en un instant sur les montagnes, ainsi un peuple nombreux et puissant se répandra tout d'un coup sur toute la terre.

» Il est précédé d'un feu dévorant, et suivi d'une flamme qui brûle tout. La campagne qu'il a trouvée comme un Eden n'est, après lui, qu'un désert affreux, et nul n'échappe à sa violence.

» A les voir marcher, on les prendrait pour des chevaux de combat, et ils s'élanceront comme des cavaliers.

» Ils sauteront sur le sommet des montagnes avec un bruit semblable à celui des chariots armés et d'un feu qui brûle de la paille sèche; et ils s'avanceront comme une puissante armée qui se prépare au combat.

» Les peuples, à leur approche, trembleront d'effroi; on ne verra partout que des visages ternis et plombés.

» Ils courront comme de vaillants soldats, ils monteront sur les murs comme des hommes de guerre; ils marcheront serrés dans leurs rangs, sans que jamais ils quittent leur route.

» Ils ne se presseront point les uns les autres; chacun gardera la place qui lui a été marquée; ils se glisseront par les moindres ouvertures, sans avoir besoin de rien abattre.

» Ils pénétreront dans les villes; ils courront sur les remparts; ils monteront jusqu'au haut des maisons, et ils entreront par les fenêtres comme un voleur.

» La terre tremblera devant eux, les cieux seront ébranlés, le soleil et la lune seront obscurcis, et on ne verra plus l'éclat des étoiles. »

L'ignorant Swartboy lui-même fut frappé de la beauté poétique de cette description; mais, tout en admirant les inspirations de Joel, il voulut aussi dire son mot sur les sauterelles.

— Le Bosjesman ne craint pas les sauterelles. Il n'a ni jardin, ni maïs, ni sarrasin, ni rien que les sauterelles puissent manger. Ce sont elles qui sont mangées par le Bosjesman, et il s'en engraisse. Toutes les créatures mangent de même les sauterelles ; toutes deviennent grasses pendant la saison des sauterelles. Vivent les sauterelles !

Les observations de Swartboy étaient assez justes. Les criquets émigrants servent de nourriture à presque tous les animaux connus du sud de l'Afrique. Non-seulement les carnivores s'en repaissent avec plaisir, mais encore elles sont la proie des antilopes, des lions, des chacals, des perdrix, des poules de Guinée, des outardes, et, ce qui est étrange, du géant des bois africains, du monstrueux éléphant. Tous ces animaux entreprennent de longs voyages à la suite des insectes voyageurs, dont les moutons, les chevaux, les chiens, les poules sont également avides.

Chose plus étrange encore! les locustes se mangent entre elles. Qu'une d'elles soit blessée et fasse obstacle à la marche, les autres se jettent immédiatement sur la malheureuse et s'en rassasient!

Les peuplades indigènes, Hottentots, Bosjesmans, Damaras, grands et petits Namaquas, font subir aux sauterelles une préparation culinaire qui n'est pas exempte de raffinement. Swartboy passa la soirée à faire cuire celles qu'il avait ramassées. Il mit dans une marmite une très petite quantité d'eau, et laissa mijoter ses insectes à la vapeur pendant deux heures consécutives. Il les retira, les mit sécher et les secoua dans une poêle jusqu'à ce que les pattes et les ailes fussent détachées des corps. Il ne restait plus qu'à les vanner. Les grosses lèvres du Bosjesman soufflèrent tant et si bien que les ailes et les pattes s'envolèrent.

Les sauterelles étaient bonnes à manger. Il ne fallait plus qu'un peu de sel pour les rendre plus savoureuses. Tous les assistants s'en régalèrent, et les enfants leur trouvèrent un excellent goût. Beaucoup de personnes considèrent les locustes ainsi préparées comme préférables aux crevettes.

Quelquefois, quand elles sont parfaitement sèches, on les broie en y ajoutant de l'eau, et l'on en fait une espèce de bouillie. Une fois desséchées, elles se gardent pendant longtemps, et forment souvent la base de l'alimentation des pauvres indigènes pendant toute une saison.

Un grand nombre de tribus, principalement celles qui ne s'adonnent pas à l'agriculture, accueillent avec joie l'apparition des sauterelles. Ils sortent de leurs villages avec des sacs et des bœufs de somme, pour ramasser la manne que le ciel leur envoie, et ils en recoltent d'immenses monceaux qu'ils emmagasinent comme du grain.

L'entretien roula sur ces détails jusqu'à l'heure du repos. Le porte-drapeau retourna observer le vent ; puis la porte du kraal fut fermée et toute la famille s'endormit.

CHAPITRE V

LE LENDEMAIN

Le porte-drapeau eut un sommeil agité. Il rêva de locustes, de criquets, de sauterelles, de toute sorte d'insectes aux longues pattes et aux yeux à fleur de tête.

Il fut heureux de voir le premier rayon de lumière pénétrer par la petite fenêtre de sa chambre.

Il sauta en bas de son lit, prit à peine le temps de s'habillier, et sortit à la hâte. Les ténèbres luttaient encore avec les clartés, mais il n'avait pas besoin de jour pour voir le vent, pour agiter une plume ou tendre son chapeau.

La réalité était, hélas! trop évidente.

Une forte brise s'était élevée, et soufflait de l'ouest!

Eperdu, Von Bloom courut plus loin pour être plus sûr de son fait. Quand il fut hors de l'enceinte qui entourait le kraal et le jardin, il s'arrêta et fit une nouvelle expérience qui malheureusement confirma la première.

La brise venait directement de l'ouest, et lui amenait les sauterelles. Il sentait les exhalaisons des odieux insectes.

Le doute n'était plus possible.

Von Bloom, au désespoir, certain de ne pouvoir échapper à la terrible visitation, rentra chez lui, et donna ordre de serrer avec soin dans les armoires le linge, les hardes, les vêtements de la maison.

Les sauterelles auraient pu les dévorer, car elles ne sont pas difficiles. Tous les végétaux leur conviennent; les feuilles amères du tabac sont autant de leur goût que les tiges succulentes du maïs! elles mangent la toile, le coton, la flanelle même, tout aussi bien que les tendres bourgeons des plantes. Les pierres, le fer, le bois dur, sont à peu près les seuls objets qui échappent à la dent de ces intrépides gastronomes.

Von Bloom avait entendu parler de leur voracité; Hans en avait lu des récits; Swartboy la connaissait par expérience. En conséquence, tout ce qu'elles pouvaient détruire fut serré avec soin.

On déjeuna en silence; l'abattement qui se peignait sur les traits du chef de la famille se communiquait à tous. Quel changement en quelques heures ! La veille encore, le porte-drapeau et les siens jouissaient d'un bonheur sans mélange

Il restait pourtant un faible espoir. S'il pleuvait, si le temps se refroidissait, les sauterelles n'auraient pas la force de reprendre leur vol; et avant le retour de la chaleur et de la sécheresse il pouvait y avoir une saute de vent. Plaise à Dieu que le ciel se couvre de nuages, que la température s'abaisse, que la pluie tombe par torrents.

Vœux superflus ! vaine espérance ! le soleil se leva dans toute sa splendeur africaine, et les rayons qu'il dardait sur l'armée endormie la rendirent à la vie et à l'activité. Les locustes se mirent à ramper, à sautiller, et comme si elles eussent obéi à un même signal, elles montèrent par myriades dans les airs.

La brise les poussait du côté des plants de maïs condamnés.

Cinq minutes après avoir pris leur essor, elles s'abattaient sur le kraal, et couvraient les champs d'alentour. Leur vol était lent; elles descendaient doucement, et présentaient aux yeux des spectateurs placés au-dessus, l'aspect d'une neige noire, tombant à gros flocons. Au bout de quelques instants, le sol disparut; les tiges de maïs, les plantes, les buissons, les herbes des pâturages furent bientôt chargés d'épaisses pelotes d'insectes ; et comme le gros de leur armée passait à l'est de la maison, le disque du soleil fut caché par eux comme par une éclipse !

Ils étaient disposés en échelons. Les bataillons placés à l'arrière volaient à l'avant-garde ; puis s'arrêtaient pour manger. Ils étaient ensuite guidés par d'autres qui passaient par-dessus leurs têtes. Le bruit produit par leurs ailes ressemblait à celui d'une roue hydraulique, ou d'une forte brise à travers les forêts.

Le passage dura deux heures. Pendant ce temps, Von Bloom et sa famille restèrent presque constamment enfermés, les portes et les fenêtres fermées, pour éviter cette pluie vivante qui fouette souvent les joues de manière à causer une sensation douloureuse. En outre, il leur était désagréable d'écraser sous leurs pieds la masse d'insectes qui jonchait le sol.

Malgré les précautions qu'ils prirent, quelques-uns des envahisseurs parvinrent à se glisser dans la maison par les fentes de la porte et des fenêtres, et dévorèrent avec avidité toutes les substances végétales qu'ils trouvèrent.

Quand le gros de l'armée eut passé, le soleil reparut, mais il ne brillait plus sur des champs verts et sur un jardin en fleurs. Autour de la maison, au nord, au sud, à l'est, à l'ouest, l'œil s'arrêtait sur une scène de désolation. On n'apercevait pas un brin d'herbe, pas une feuille; les arbres eux-mêmes, dépouillés de leur écorce, semblaient avoir été flétris de la main de Dieu. Le sol n'aurait pas été plus nu ni plus aride s'il eût été balayé par un incendie. Il n'y avait plus de jardin, plus de maïs, plus de sarrasin, plus de ferme. Le kraal était au milieu d'un désert!

Les paroles sont impuissantes à reproduire les émotions qu'éprouva en ce moment Von Bloom. Quel changement en deux heures! Il pouvait à peine en croire ses sens. Il doutait de la réalité. Il avait bien prévu que les locustes mangeraient ses légumes et ses céréales, mais son imagination n'avait pas conçu l'épouvantable dévastation qu'il avait sous les yeux. Tout le paysage s'était métamorphosé. Les arbres dont la brise venait d'agiter le feuillage avaient un aspect plus triste qu'en hiver. Le sol même semblait avoir changé de forme. Certes, si le fermier, absent pendant le passage des sauterelles, était revenu sans savoir ce qui s'était passé, il n'aurait pas reconnu l'emplacement de son habitation.

Avec le flegme particulier à sa race, Von Bloom s'assit et demeura longtemps sans mouvement et sans voix. Les enfants se groupèrent autour de lui, le cœur gros et les larmes aux yeux. Ils ne pouvaient apprécier toute l'étendue de leur malheur, leur père lui-même ne la comprit pas tout d'abord. Il ne songea qu'à la destruction de ses belles récoltes; et si on tient compte de sa situation isolée, cette perte irréparable suffisait pour l'accabler.

— Tout le fruit de mes travaux est perdu! s'écria-t-il d'une voix altérée. O fortune, fortune, c'est la seconde fois que tu es cruelle pour moi !

— Ne vous lamentez pas, mon père, lui dit une douce voix ; nous sommes sains et saufs auprès de vous.

C'était la voix de Gertrude, dont la petite main blanche se posa sur son épaule.

Il lui sembla qu'un ange lui souriait. Il prit l'enfant entre ses bras et la pressa avec effusion contre son cœur, et ce cœur se sentit soulagé.

— Apporte-moi le livre, dit-il à l'un de ses fils.

On apporta la Bible ; les fermoirs massifs furent rouverts, et des hymnes pieux montèrent du milieu du désert.

Après avoir chanté un psaume, tous prièrent à genoux pendant quelques minutes. Quand Von Bloom se releva et promena les yeux autour de lui, le désert lui parut embeaumé comme la rose.

Telle est la magique influence de la résignation et de l'humilité sur le cœur humain.

CHAPITRE VI

L'ÉMIGRATION

Malgré toute sa confiance dans la protection de l'Etre suprême, Von Bloom connaissait le proverbe : Aide-toi, le Ciel t'aidera. La religion ne lui avait pas appris à s'abandonner passivement à la Providence, et il s'occupa immédiatement de prendre des mesures pour se tirer d'embarras. Sa position était non-seulement triste, mais encore périlleuse. La plaine au milieu de laquelle il se trouvait s'étendait à perte de vue, sans la moindre trace de végétation ; mais au-delà de ces limites, le pays n'était pas sans doute moins dévasté. Il était certain que l'armée d'insectes dont il était victime pouvait être comptée au nombre des plus considérables, et il savait que les sauterelles ravagent parfois une superficie de plusieurs milliers de milles.

Il était impossible de songer à rester au kraal. Les chevaux, les bœufs, les moutons ne pouvaient vivre sans nourriture ; et s'ils périssaient, où la famille trouverait-elle sa subsistance ? Il fallait quitter le kraal et se mettre sans retard à la recherche d'un pâturage. Déjà les animaux, retenus à l'étable plus tard que de coutume, beuglaient, hennissaient ou bêlaient pour demander leur délivrance. Ils n'allaient pas tarder à avoir faim, et il était difficile de dire comment on pourrait leur procurer des aliments.

Il n'y avait pas de temps à perdre ; les minutes elles-mêmes étaient précieuses. Von Bloom se demanda s'il monterait un de ses meilleurs chevaux et partirait seul à la recherche d'un pâturage, ou s'il ferait atteler sa charrette pour déménager immédiatement. Son hésitation ne fut pas longue. Comme dans tous les cas il était forcé de quitter tôt ou tard son domaine, il se décida à partir sans délai, avec sa famille, ses domestiques, ses dieux lares et ses bestiaux.

— Qu'on attelle la charrette ? cria-t-il à Swartboy.

Le Bosjesman, fier de la réputation qu'il avait acquise comme cocher, s'empressa de prendre son fouet au manche de bambou, à la longue lanière de cuir, et y mit une nouvelle mèche taillée dans la peau d'une antilope.

— Oui, baas, je vais atteler, dit-il en faisant claquer son fouet, et posant le manche contre le mur de la maison, il alla chercher les bœufs de trait.

La charrette de Van Bloom était une de celles que tous les fermiers du Cap s'enorgueillissent de posséder ; c'était une tente roulante, un véhicule de première classe que le porte-drapeau avait fait faire au temps de sa prospérité. Il s'en servait autrefois pour mener sa femme et ses enfants au *nacht maal* ou au *wolikheids*. En ses beaux jours, huit chevaux choisis traînaient rapidement l'énorme voiture. Hélas ! des bœufs devaient les remplacer, car Van Bloom n'avait que cinq chevaux qu'il avait conservés comme montures. Quant à la charrette, elle était en aussi bon état que lorsqu'elle excitait l'envie de tous les boors du comté de Graaf-Reinet. Elle avait des coffres par devant, par derrière et sur les côtés, des poches intérieures et une couverture blanche comme la neige.

La caisse avait conservé sa solidité, et les roues étaient un chef-d'œuvre de charronnage ; c'était, en somme, ce qui restait de meilleur au porte-drapeau, car elle valait à elle seule tout son bétail.

Pendant que Swartboy et Hendrik attachaient douze bœufs au timon avec des harnais de peau de buffle, le boor, aidé par ses autres enfants, chargeait sur la voiture les meubles et les ustensiles de ménage, qui étaient en trop petit nombre pour que ce fût une tâche difficile. Au bout d'une heure environ, la précieuse charrette eut reçu tous les bagages ; les bœufs furent attelés, les chevaux sellés, et tout fut prêt pour le voyage.

Mais de quel côté se diriger ? Jusqu'à ce moment Von Bloom n'avait pensé qu'à franchir les frontières de la solitude désolée qui l'environnait. Il devenait nécessaire de déterminer la direction à prendre. Il importait d'éviter celle d'où étaient venues les sauterelles et celle qu'elles avaient suivie en s'éloignant. Des deux côtés on était sûr de ne pas trouver une poignée d'herbe pour les animaux affamés. En choisissant une autre route, les voyageurs avaient plus de chance de rencontrer un pâturage, mais ils n'étaient pas certains d'avoir de l'eau, dont la privation les exposait à périr avec leurs bestiaux.

Von Bloom eut d'abord l'idée de se rendre aux établissements ; mais ils étaient à l'est du kraal, et la contrée qu'il fallait traverser avait dû être ravagée par les sauterelles. D'ailleurs, dans cette direction, le cours d'eau le plus voisin était à une distance de cinquante milles, et les bestiaux périraient infailliblement avant de l'avoir atteint. Au nord s'étendait le désert de Kalihari, où l'on ne connaissait point d'oasis ; et puis c'était de là qu'étaient venues les sauterelles, qui dérivaient au sud au moment où on les avait aperçues pour la première fois.

Il ne restait plus que l'ouest, pour lequel Von Bloom se décida. A la vérité les insectes émigrants s'étaient montrés au bout de l'horizon occidental, mais ils y avaient été amenés par une saute de vent, et elle avait été trop subite pour leur laisser le temps de faire de grands ravages.

Von Bloom savait que dans l'ouest, à une distance de quarante milles, se trouvait un bon pâturage arrosé par une source limpide. Il avait quelquefois poussé ses excursions jusqu'à cette source, près de laquelle il aurait été tenté de s'établir, si elle n'eût été trop éloignée du centre de la colonie, avec laquelle les communications seraient devenues trop difficiles. Quoique son kraal actuel fût au delà des frontières, il entretenait encore des relations avec les établissements, et voulait, autant que possible, ne pas les perdre. Ces considérations de voisinage étaient peu de chose en présence d'une imminente nécessité ; aussi, après quelques minutes de délibération, le boor donna l'ordre de marcher à l'ouest.

Le Bosjesman monta sur le siège, fit claquer son fouet puissant et s'avança dans la plaine. Gertrude et le petit Jan s'assirent à ses côtés, ayant derrière eux la jolie springbok, qui allongeait la tête et promenait autour d'elle ses yeux ronds avec une inquiète curiosité. Hans et Hendrik, à cheval, assistés de leurs chiens, chassaient devant eux les bœufs et les moutons.

Jetant un dernier regard sur son kraal désolé, Von Bloom lâcha la bride à son cheval et suivit silencieusement la charrette.

CHAPITRE VII

DE L'EAU ! DE L'EAU !

La petite caravane s'avança tranquillement, mais non sans bruit. On entendait incessamment retentir la voix de Swartboy et les claquements de son fouet colossal, qui produisaient au loin l'effet d'une décharge de mousqueterie. Hendrik criait à tue-tête, et Hans, d'ordinaire si calme, était dans la nécessité de vociférer pour maintenir le troupeau dans la bonne voie.

Par intervalles, les deux garçons, mis brusquement en réquisition, aidaient Swartboy à guider son attelage rétif, qui aurait pu s'écarter de la route. Hans et Hendrik galopaient en avant, remettaient la tête des bœufs dans le droit chemin et faisaient jouer sur leurs flancs le redoutable jambok.

Le jambok, auquel le plus mutin des animaux de trait se soumet, est un fouet élastique, de près de six pieds de long, qui va en s'amincissant régulièrement depuis le manche jusqu'à la pointe; il est en peau de rhinocéros ou d'hippopotame.

Toutes les fois que les bœufs qui traînaient la charrette se comportaient mal, et que Swartboy ne pouvait les atteindre avec son *voorslag* ou fouet de cocher, Hendrik les chatouillait avec son rude et flexible jambok, et les contraignait à rentrer dans le devoir.

D'ordinaire, dans l'Afrique méridionale, les attelages de bœufs ont un conducteur; mais ceux du porte-drapeau avaient été habitués à s'en passer depuis que les domestiques hottentots s'étaient enfuis. Swartboy avait souvent parcouru plusieurs milles avec son long fouet pour unique auxiliaire; mais après le passage des criquets émigrants, la terre avait un aspect si étrange, que les bœufs étaient en proie à une vague terreur. D'ailleurs les sentiers qu'ils auraient pu suivre n'avaient plus le moindre jalon. La superficie du sol était la même partout. Von Bloom, qui possédait à merveille la configuration du pays, pouvait à peine s'y reconnaître et n'avait pour guide que le soleil.

Hendrik surtout s'occupait de diriger les bœufs, laissant à son jeune frère Hans le soin de conduire les bestiaux, ce qui était moins difficile. La peur réunissait les pauvres bêtes qui marchaient ensemble, sans dévier, n'ayant point d'herbage qui les attirât à droite ou à gauche.

Von Bloom allait devant pour conduire la caravane. Ni lui ni ses fils n'avaient fait de changement à leur costume, qui était celui de tous les jours. Le porte-drapeau avait, comme la plupart des boors du Cap, un chapeau blanc de feutre à larges bords, un gilet de peau de faon, une grande veste de drap vert garnie sur les côtés de larges poches, et des culottes de cuir, qu'on appelle dans le pays *carkers*. Il était chaussé de *feldt-schoenen* ou souliers de campagne, en cuir brut. Sur sa selle était étendu un *kaross* ou fourrure de léopard ; il portait sur l'épaule un *roer*, lourd fusil de gros calibre d'environ six pieds de long, avec une platine à la mode antique. C'est l'arme en laquelle le boor met toute sa confiance. Un Américain des frontières serait disposé à en rire à première vue ; mais, s'il connaissait la colonie du Cap, il changerait promptement d'opinion. La carabine de petit calibre employée dans les bois d'Amérique, et dont la balle n'est guère plus grosse qu'un pois, serait presque inutile contre le gros gibier des contrées que nous parcourons ; mais, quelle que soit la différence des armes, il y a d'adroits chasseurs dans les *karoos* d'Afrique, aussi bien que dans les forêts ou les prairies américaines.

Sous le bras gauche du porte-drapeau se courbait une immense poudrière, qui ne pouvait provenir que de la tête d'un bœuf africain. C'était une corne de bœuf des Bechuanas ; mais on aurait pu en tirer une semblable de la plupart des comtés du Cap. Quand elle était pleine, elle ne comptait pas moins de six livres de poudre !

Von Bloom avait une carnassière de peau de léopard sous le bras droit, un couteau de chasse à la ceinture, et une grosse pipe d'écume passée dans le galon de son chapeau.

Le costume, les armes, l'équipement de Hans et de Hendrik étaient à peu près identiques. Leurs larges culottes étaient faites de peau de mouton tannée ; ils portaient également des vestes de drap vert, des chapeaux blancs à larges bords, et des *feldt-schoenen* ou souliers de campagne.

Hans avait un léger fusil de chasse : Hendrik était armé d'un *yager,* forte carabine, excellente pour le gros gibier. Il en était fier, s'en servait avec adresse, et enfonçait un clou avec une balle à une centaine de pas de distance. C'était le tireur par excellence de la compagnie.

Chacun des enfants avait une gibecière remplie de balles et une grosse poire à poudre en forme de croissant. Les selles de leurs chevaux étaient ornées de *kaross ;* seulement ces fourrures étaient l'une d'antilope et l'autre de chacal, tandis que le *kaross* de leur père était une peau de léopard de premier choix.

Le petit Jan était aussi revêtu d'un chapeau blanc, d'une veste, d'amples culottes et de *feldt-schoenen.* Malgré sa petite taille, c'était le portrait exact de son père sous le rapport du costume, un type de boor en abrégé.

Gertrude avait un corsage piqué et brodé à la mode hollandaise, une jupe de laine bleue. Ses cheveux blonds étaient cachés sous un chapeau de paille garni de rubans.

Totty avait la tête nue, et elle était habillée très-simplement d'une toile grossière de fabrication domestique.

Quant à Swartboy, il n'avait pour vêtement qu'une chemise rayée et de vieilles culottes de cuir, sans compter le kaross en peau de mouton posé auprès de lui.

Pendant une marche de vingt milles, les voyageurs ne trouvèrent ni eau ni fourrage. Le soleil avait un éclat dont ils se seraient passés volontiers, car la chaleur était aussi forte qu'entre les tropiques. Ils l'auraient difficilement supportée sans la brise qui souffla toute la journée. Malheureusement elle leur venait droit dans la figure, et une épaisse poussière s'élevait du sol qu'avaient remué les sauterelles avec leurs millions de pieds. Des nuages enveloppaient la petite caravane, augmentaient les difficultés de la marche, couvraient les vêtements, emplissaient la bouche ou rougissaient les yeux des infortunés émigrants.

Ce n'était pas tout : longtemps avant la nuit, ils eurent à souffrir du manque d'eau. Pressé de quitter le kraal désolé, Von Bloom n'avait pas songé à mettre dans la charrette une provision d'eau. C'était une impardonnable négligence dans une contrée comme le sud de l'Afrique, où les sources sont rares et les ruisseaux souvent taris. Comme il se repentit quand il sentit les tourments de la soif et entendit les cris de ses enfants, qui demandaient de l'eau en gémissant !...

Von Bloom ne se plaignait pas : il s'accusait comme d'un crime d'une irréflexion qui causait tant de souffrances. Du moins s'il eût pu les calmer ! mais il ne connaissait pas de source plus proche que celle dont nous avons parlé, et il était impossible d'y arriver avant le lendemain.

Les bœufs ont le pas lent ; on était parti tard, et il fallait s'attendre à n'être guère qu'à moitié chemin quand le soleil se coucherait. Pour trouver de l'eau, on aurait dû marcher toute la nuit ; mais comment le faire avec des animaux exténués et privés d'aliments ? Le malheureux Von Bloom pensait qu'il aurait pu ramasser assez de locustes pour en nourrir ces bestiaux ; mais il était trop tard, et il ne pouvait que s'adresser de stériles reproches.

La voix et le long fouet du Bosjesman étaient impuissants. L'attelage se traînait péniblement ; les bêtes, depuis la veille, n'avaient mangé que les sauterelles qui étaient tombées dans leur étable. Von Bloom prit le parti de faire halte. En l'absence de toute route tracée, il avait besoin du jour pour ne pas s'égarer, et d'ailleurs il eût été dangereux de voyager à l'heure où le voleur nocturne de l'Afrique, le lion, sort de sa tanière.

Ce fut une demi-heure avant le coucher du soleil que Von Bloom résolut de s'arrêter. Toutefois il poussa un peu plus loin, dans l'espoir de trouver de l'herbe. Il était à vingt milles de son point de départ, et le pays portait toujours les traces des ravages des sauterelles. Les buissons étaient dépouillés de leurs feuilles et de leur écorce ; la plaine avait perdu toute végétation.

Le porte-drapeau eut l'idée qu'il suivait exactement la route par laquelle les insectes dévastateurs étaient arrivés. C'était sciemment qu'il se dirigeait vers l'ouest ; mais il avait présumé que l'armée des sauterelles était primitivement partie du nord, et rien ne justifiait son opinion. Si elle était venue de l'ouest, on risquait de voyager pendant des jours entiers sans rencontrer une touffe de gazon.

Ces pensées troublèrent le fermier ; il examina la plaine avec anxiété.

Swartboy observait de son côté : ses yeux perçants, familiarisés avec le désert, découvrirent à un mille de distance un peu de verdure et de feuillage. Il l'annonça par un cri de joie. Le courage de la caravane se ranima, et les bœufs, comme s'ils eussent compris ce dont il s'agissait, reprirent une plus vive allure.

Le Bosjesman ne s'était pas trompé ; mais le pâturage qu'il avait signalé ne consistait qu'en quelques maigres tiges éparses sur un terrain rougeâtre. Il y en avait juste assez pour faire éprouver aux bestiaux le supplice de Tantale : mais nulle part on ne voyait de quoi fournir une bouchée à un bœuf. L'aspect de cette végétation était toutefois rassurant : il prouvait qu'on avait franchi les limites du pays dévasté, et l'on pouvait concevoir l'espérance d'arriver promptement à un pâturage plus digne de ce nom.

Cette espérance ne se réalisa pas. La plaine qui s'étendait devant les voyageurs, comme celle qu'ils venaient de parcourir, était stérile et sauvage ; mais c'était au manque d'eau, et non au passage des sauterelles, qu'était son aridité.

Le soleil était déjà au-dessous de l'horizon. On n'avait pas le temps de chercher un pâturage, et la caravane s'arrêta.

Dans l'endroit où elle fit halte poussaient des arbustes en assez grand nombre pour fournir les matériaux de deux kraals, l'un pour les bœufs et les chevaux, l'autre pour les moutons et les chèvres ; mais après tant de fatigues et de tribulations, quel voyageur aurait eu la force de couper les branches et de les assembler ? C'était une besogne assez pénible que de tuer un mouton pour le souper, de ramasser du bois et d'allumer le feu. On ne fit point de kraal. Les chevaux furent attachés autour de la charrette, et les bœufs, les moutons et les chèvres abandonnés à eux-mêmes. Comme rien ne pouvait les tenter dans les environs, Von Bloom espéra que, las d'une longue route, ils ne s'écarteraient pas du campement, dont on entretint le feu toute la nuit.

CHAPITRE VIII

CE QUE DEVIENT LE TROUPEAU

Hélas ! ils s'en écartèrent !

Au jour naissant, quand les voyageurs se réveillèrent, tout le bétail avait disparu. Il ne restait que la vache laitière, que Totty avait liée le soir à un buisson après avoir achevé de la traire. Bœufs, vaches, moutons et chèvres s'étaient dispersés.

Hendrik, Hans, leur père et Swartboy montèrent à cheval et firent des perquisitions. On retrouva les moutons et les chèvres dans les taillis du voisinage ; mais il fut constaté que les autres bêtes avaient pris la fuite.

On suivit leurs traces ; elles étaient retournées sur leurs pas, et il était hors de doute qu'elles s'étaient dirigées vers le kraal abandonné. Elles étaient parties à une heure peu avancée de la nuit, et avaient marché rapidement, comme le prouvait la disposition de leurs empreintes. Probablement elles étaient déjà arrivées à destination.

Triste découverte ! Il ne fallait point songer à les rejoindre avec des chevaux affamés et mourant de soif ; et pourtant, sans bœufs de trait, comment conduire la charrette jusqu'à la source ?

La situation était embarrassante ; ce fut Hans qui suggéra une solution.

— Si nous attelions les cinq chevaux à la charrette ?

— Mais, dit Hendrik, nous laisserions donc nos bestiaux derrière nous ? Si nous ne les rattrapons pas ils vont se perdre.

— Nous les poursuivrons plus tard, répondit Hans. L'essentiel est d'atteindre la source, où nous ferons reposer nos chevaux. Nous irons ensuite chercher les bœufs pendant ce temps-là : ils seront tous rendus au kraal où ils sont sûrs de trouver au moins de l'eau, ce qui leur permettra de vivre jusqu'à notre arrivée.

Le projet de Hans était seul praticable, et l'on se mit en devoir de l'exécuter. De vieux harnais, qui faisaient heureusement partie du contenu de la charrette, en furent tirés et raccommodés tant bien que mal. Les chevaux furent disposés en arbalète. Swartboy remonta sur son siége, et, à la satisfaction générale, la lourde voiture marcha comme si elle eût conservé son premier attelage.

Gertrude et le petit Jan restèrent dans la charrette ; mais Von Bloom et ses deux aînés la suivirent à pied, tant pour ne pas accroître la charge que pour chasser les troupeaux en avant. Tous souffraient de la soif, et en auraient souffert davantage sans la précieuse bête qui trottait derrière la charrette, la vieille Graaf qui avait fourni déjà plusieurs pintes de lait.

Les chevaux se comportèrent à merveille, quoique leur harnais fût incomplet; on aurait dit qu'ils devinaient que leur bon maître était dans l'embarras et qu'ils avaient résolu de l'en tirer. Peut-être aussi sentaient-ils l'eau qui était devant eux. En effet, au bout de quelques heures ils arrivèrent auprès d'une source fraîche et cristalline qui arrosait une jolie vallée couverte d'une verdoyante pelouse.

Chacun but avec avidité. Les animaux furent lâchés dans la prairie ; on alluma du feu pour faire cuire un quartier de mouton, et les voyageurs dînèrent de bon appétit. Le porte-drapeau, assis sur un des coffres de la voiture, fuma tranquillement sa grande pipe d'écume. Il aurait oublié toutes ses peines sans l'absence de ses bestiaux. Il se trouvait au milieu d'une oasis où ne manquait ni l'herbe, ni le bois, ni l'eau et qui pouvait aisément sustenter plusieurs centaines de têtes de bétail. C'était un lieu favorable à l'établissement d'une ferme; mais il était indispensable de la peupler, et par conséquent de reconquérir les troupeaux perdus, richesse féconde dont on pouvait espérer le développement. A l'exception de douze bœufs et deux taureaux de Béchuana à longues cornes, il se composait de jeunes vaches de races excellentes, et dont la postérité devait infailliblement se multiplier. Avant de les retrouver, Von Bloom ne pouvait jouir d'une tranquillité sans mélange. Il avait pris sa pipe pour se distraire pendant que les chevaux paissaient; mais aussitôt qu'ils furent reposés il les fit seller, confia au jeune Hans la garde du camp et partit pour son ancien kraal avec Hendrik et Swartboy.

Ils chevauchèrent d'un pas rapide, déterminés à marcher toute la nuit; à l'endroit de la route où commençait le désert, ils mirent pied à terre et laissèrent leurs montures brouter le maigre gazon. Ils n'avaient pas oublié de remplir leurs gourdes et avaient emporté quelques tranches de mouton rôti. Après une heure de halte ils poursuivirent leur route jusqu'à la place où les bœufs les avaient abandonnés. La nuit était venue, mais la clarté de la lune leur permit d'apercevoir les ornières creusées par les roues de la charrette. Par intervalles, Von Bloom priait Swartboy d'inspecter le terrain. Le Bosjesman descendait de cheval, se penchait, examinait les pas des bestiaux, et répondait invariablement qu'ils avaient dû retourner à leur ancienne demeure. Von Bloom était donc sûr de les y retrouver; mais seraient-ils encore vivants? C'était douteux. Ils avaient de l'eau en abondance, mais pas de nourriture; n'était-il pas probable qu'ils avaient succombé à la faim.

Le jour pointait lorsque Von Bloom arriva en vue de sa demeure. Elle était méconnaissable; l'invasion des sauterelles en avait altéré l'aspect; mais ce qui achevait de la dénaturer, c'était une rangée d'objets noirs placés sur le bord du toit et sur les parapets du kraal.

— Qu'est-ce que c'est que cela? demanda Von Bloom dans une sorte de soliloque, mais assez haut pour être entendu par ses compagnons.

— Ce sont des oiseaux, répondit Swartboy.

— Des vautours! s'écria Von Bloom, que font-ils là? Leur présence n'annonce rien de bon.

La caravane s'avança, le soleil se levait, les vautours se réveillaient, battaient des ailes, et s'abattaient sur différents points autour de la maison.

— Il y a par là quelque charogne, murmura tristement Von Bloom.

C'était malheureusement vrai. Sur le sol gisaient une vingtaine de carcasses mutilées, restes d'animaux dont les longues cornes recourbées indiquaient suffisamment l'espèce.

Von Bloom reconnut ses bestiaux. Tous avaient péri, près des clôtures ou dans la plaine voisine. Mais comment? Ils n'avaient pu mourir de faim si vite; ils n'avaient pu mourir de soif, car la source bouillonnait près de la place que couvraient leurs membres épars et mutilés. Les vautours ne pouvaient les avoir tués...

Quel était donc ce mystère?

Il fut promptement expliqué, et Von Bloom n'eut pas le temps de se poser des questions. Partout se distinguaient des traces de lions, d'hyènes et de chacals, qui s'étaient rassemblés en grand nombre autour de la ferme abandonnée. La rareté du gibier, produite par le passage des sauterelles et par la dévastation des plantes dont il se nourrissait, avait affamé les bêtes féroces, qui s'étaient jetées avec fureur sur le bétail.

Mais où étaient-elles?

La lumière du matin, la vue de la maison peut-être, les avait écartées. Pourtant l'empreinte de leurs pas était fraîche encore. Elles ne devaient pas s'être éloignées, et comptaient sans doute revenir la nuit suivante.

Von Bloom éprouvait le désir de se venger des animaux qui avaient consommé sa ruine; en d'autres circonstances, il les aurait attendus pour en faire justice; mais dans l'état actuel des choses, c'eût été aussi imprudent qu'inutile. Les chevaux avaient à peine assez de force pour franchir, pendant la nuit prochaine, la distance qui les séparait du camp. Aussi, sans entrer dans la demeure qu'ils avaient délaissée, le porte-drapeau, Hendrik et le Bosjesman remplirent leurs gourdes à la source, baignèrent leurs montures fatiguées, et quittèrent tristement le kraal.

CHAPITRE IX

LE LION

A peine les voyageurs avaient-ils fait cent pas, qu'ils s'arrêtèrent brusquement par un mouvement simultané, à l'aspect d'un lion couché sur la plaine, au milieu de la route même par laquelle ils étaient venus!

Ils se demandèrent comment ils ne l'avaient pas vu auparavant.

Le lion était tapi derrière un buisson dont les branches, entièrement dépouillées de feuilles, ne cachaient qu'à demi sa robe d'un jaune éclatant. La vérité était qu'au moment où les trois cavaliers avaient passé, le lion se repaissait au milieu des cadavres des bestiaux.

Troublé dans son repas, il s'était glissé le long des murs et avait couru à l'arrière afin d'éviter une rencontre. Un lion raisonne aussi bien qu'un homme, quoique ce ne soit pas au même degré. En voyant venir à lui les voyageurs, il avait calculé qu'ils continueraient leur route et ne reviendraient point sur leurs pas. Un homme ignorant les événements que nous venons de raconter aurait fait sans doute un raisonnement analogue. Quiconque a observé les animaux, tels que les chiens, les daims, les lièvres et même les oiseaux, a dû remarquer que dans un cas semblable, ils semblent toujours croire que celui qui les inquiète se portera en avant, et que leur manœuvre est celle du lion.

On a généralement des idées fausses sur le courage de cet animal. Quelques naturalistes de mauvaise humeur lui ont contesté la seule noble qualité qui lui avait été longtemps attribuée, et l'ont accusé ouvertement de couardise. D'autres, au contraire, assurent qu'il ne craint personne, qu'il ne recule jamais, et le douent en outre de vertus nombreuses. Les deux opinions s'appuient non pas sur des théories, mais sur des faits bien constatés. Comment les concilier? toutes deux ne peuvent être également fondées, et pourtant toutes deux ont un côté vrai. Il y a des lions lâches et des lions courageux, et si l'espace ne nous manquait, nous pourrions en fournir des preuves surabondantes. Nous nous bornerons, mes chers lecteurs, à faire une comparaison. Savez-vous une espèce dont tous les individus aient évidemment le même caractère? Pensez aux chiens de votre connaissance; sont-ils semblables? n'en voyez-vous pas de nobles, de fidèles, de généreux, tandis que d'autres sont de misérables roquets?

Il en est de même des lions.

Diverses causes influent sur la bravoure et la férocité du lion : son âge, l'heure du jour, la saison de l'année, l'état de son estomac, mais surtout le genre de chasseurs que fréquente la région qu'il habite.

Cette dernière assertion n'aura rien d'étrange pour ceux-là qui croient comme moi à l'intelligence des animaux. Il est naturel que le lion apprenne vite quels adversaires il a devant lui, et qu'il éprouve plus ou moins de crainte, selon les circonstances. J'ai remarqué ailleurs que l'alligator du Mississipi poursuivait autrefois les hommes, mais qu'il ne les attaque plus désormais. La carabine du chasseur l'a dompté. Il respecte la vie du blanc, et pourtant dans l'Amérique du Sud les individus de sa race mangent les Indiens par vingtaines.

Les lions du Cap sont devenus timides dans les districts où ils ont été harcelés par les boors armés de redoutables carabines. Au delà des frontières, ils bravent l'homme impunément. La mince flèche du Bosjesman et la lance du Bechuana ne leur inspirent aucune terreur.

Le lion qui se présentait à nos aventuriers était-il naturellement brave? voilà ce qu'on ne pouvait encore savoir. Son énorme crinière noire donnait lieu de croire qu'il était dangereux, car les lions à crinière jaune passent pour inférieurs en audace et en férocité à ceux dont les épaules sont couvertes de poils plus foncés. Au reste, cette distinction n'a jamais été positivement établie. La crinière du lion ne brunit que lorsqu'il est avancé en âge, et quand il est jeune, il est exposé à être confondu avec un individu de la variété dont les poils restent jaunes.

Von Bloom ne chercha pas à éclaircir si l'animal était brave ou bon ; il était évidemment rassasié, incapable de méditer une attaque, et disposé à vivre en paix avec les voyageurs, pourvu que ceux-ci consentissent à faire un détour. Mais le porte-drapeau n'en avait nullement l'intention. Son sang hollandais était échauffé. Il tenait à faire justice d'un des maraudeurs qui avaient dévoré ses bestiaux, et quand même la bête eût été la plus terrible de sa race, il n'aurait pas reculé.

Il ordonna à Hendrik et à Swartboy de ne pas bouger, et s'avança résolument à environ cinquante pas du lion ; là il mit pied à terre, passa son bras dans la bride et planta en terre la longue baguette de son roer, derrière laquelle il s'agenouilla.

On pensera sans doute qu'il eût mieux fait de rester en selle, afin de pouvoir fuir après avoir lâché son coup. A la vérité il aurait été plus en sûreté, mais il aurait perdu ses chances de succès. Il n'est jamais facile de viser juste à cheval, et cela est impossible lorsque le but est un lion, car le coursier le mieux dressé ne saurait en ce cas conserver le sang-froid nécessaire. Von Bloom ne voulait point tirer au hasard. Il posa le canon de son fusil sur l'extrémité de la baguette et prit tranquillement son point de mire.

Pendant ce temps, le lion n'avait pas changé de place. Le buisson s'interposait entre lui et le chasseur, mais il ne pouvait se croire suffisamment caché. On distinguait à travers les branches épineuses ses flancs jaunâtres et son museau rouge du sang des bœufs. Les grognements sourds et les faibles mouvements de sa queue attestaient qu'il voyait l'ennemi, mais conformément aux habitudes des animaux de son espèce, il attendait qu'on approchât.

Von Bloom ajusta longtemps, dans la crainte que sa balle ne fût écartée par quelque branche. Le coup partit, et le lion fit un bond de plusieurs pieds. Il avait été touché au flanc et se levait furieux en montrant ses dents formidables. Sa crinière hérissée augmentait sa taille et le faisait paraître aussi grand qu'un taureau. En quelques secondes il eut franchi la distance qui le séparait du lieu où s'était posté le chasseur ; mais celui-ci ne l'avait pas attendu. Il avait sauté sur son cheval pour rejoindre ses compagnons.

Tous trois durent songer à fuir au galop. Hendrik et son père coururent d'un côté, tandis que Swartboy se dirigea d'un autre. Le lion, qui se trouvait au centre, s'arrêta indécis, comme s'il se fût demandé lequel des trois il devait poursuivre. Son aspect était terrible en ce moment. Il avait la crinière hérissée et battait ses flancs de sa longue queue. Sa bouche ouverte laissait voir des dents acérées, dont la blancheur contrastait avec la rougeur du sang qui empourprait ses babines. Il poussait d'affreux rugissements ; mais aucun de ses adversaires ne se laissa troubler par l'épouvante. Hendrik fit feu de sa carabine, tandis que Swartboy décochait une flèche qui s'enfonça dans la cuisse de l'animal. La balle d'Hendrik dut porter également, car le lion, qui avait montré jusqu'alors une ferme résolution, parut saisi d'une terreur panique. Il laissa retomber sa queue au niveau de son épine dorsale, baissa la tête, et s'achemina vers la porte du kraal.

CHAPITRE X

LE LION PRIS AU PIÈGE

Il était assez singulier que le lion cherchât un pareil asile, mais il faisait par là preuve de sagacité. Il n'y avait point d'autre abri aux alentours, et s'il avait entrepris de courir à travers la plaine, les cavaliers l'auraient atteint facilement. Il savait que la maison était inhabitée et connaissait la localité pour y avoir rôdé toute la nuit. Son instinct le guidait à merveille. Les murailles de la maison le protégeaient contre le feu de ses antagonistes; ils ne pouvaient ni tirer de loin, ni s'approcher sans danger.

Un incident bizarre signala l'entrée du lion au kraal. D'un côté de la maison s'ouvrait une grande croisée sans vitres, comme toutes les fenêtres du pays, mais fermée par d'épais volets de bois. Au moment où le lion pénétrait dans l'intérieur par la porte entrebâillée, les volets de la fenêtre tournèrent sur leurs gonds, et laissèrent passage à une bande de petits animaux qui tenaient du loup et du renard : c'était des chacals. Comme on s'en assura par la suite, un des bœufs avait été poursuivi et tué dans la maison. Les lions et les hyènes l'avaient dédaigné, et les chacals le dépeçaient tranquillement, lorsque leur terrible roi les dérangea avec si peu de cérémonie. Le voyant irrité, ils battirent promptement en retraite. Quand ils furent dehors, l'aspect des cavaliers précipita leur fuite, et ils ne s'arrêtèrent que lorsqu'on les eût perdus de vue.

Les trois chasseurs ne purent s'empêcher de rire. Mais leurs dispositions furent bientôt modifiées par un autre incident.

Von Bloom avait amené ses deux beaux chiens pour l'aider à reprendre le bétail. En arrivant ils s'étaient jetés sur une carcasse à demi rongée, et avaient achevé de la dépouiller sans s'inquiéter de ce qui se passait. Ils n'avaient pas aperçu le lion; mais ses rugissements, la détonation des armes à feu, le vol bruyant des vautours effarouchés les avertirent de sa présence, et ils abandonnèrent leur repas au moment où, dans son trouble, il franchissait la porte du kraal.

Sans hésiter, les valeureux chiens suivirent la redoutable bête dans l'intérieur de la maison. On entendit pendant quelques instant un mélange confus d'aboiements, de grognements, de rugissements ; puis le bruit sourd d'un corps lancé contre le mur, des hurlements plaintifs, un craquement d'os brisés, la basse retentissante du principal combattant. Enfin le plus profond silence s'établit.

La lutte était terminée.

Les chasseurs ne riaient plus; ils avaient écouté avec angoisse les bruits sinistres du combat, et ils tremblèrent quand ces bruits eurent cessé.

Ils appelèrent chacun des chiens par son nom, dans l'espoir de le voir sortir, même blessé; mais ni l'un ni l'autre ne sortirent. Après une longue et inutile attente, Von Bloom dut se résigner à l'idée que ses deux derniers chiens étaient morts.

Accablé par ce nouveau malheur, il oublia presque la prudence, et fut sur le point de se ruer vers la porte pour tirer à bout portant son odieux ennemi : mais une lueur brillante traversa la cervelle de Swartboy.

— Baas! baas! enfermons le lion!

Le projet était raisonnable; mais comment l'exécuter ? Si l'on parvenait à tirer la porte ou les volets de la fenêtre, on n'avait plus rien à craindre du lion; mais il fallait s'approcher de lui, et dans sa rage il était certain qu'il s'élancerait sur le premier assaillant. En restant en selle on ne diminuait pas le danger. Les chevaux piétinaient et s'élançaient toutes les fois qu'un rugissement leur révélait la présence du lion. Il leur était impossible de conserver assez de sang-froid pour approcher de la porte ou de la fenêtre. Leurs hennissements, leurs caracoles, auraient empêché les cavaliers de se pencher pour saisir le loquet ou les boutons.

Il était clair que la fermeture de la porte ou des fenêtres offrait un danger sérieux. Tant que les cavaliers étaient en plaine et à quelque distance du lion, ils le bravaient impunément; mais ils étaient exposés à devenir ses victimes s'ils pénétraient dans l'enceinte et s'aventuraient à proximité du logis.

Quoique l'intelligence d'un Bosjesman soit bornée, elle excelle dans une spécialité. L'instinct qui le guide à la chasse ferait honneur aux facultés d'un homme de la race caucassienne. C'est l'exercice qui développe cet instinct particulier chez le Bosjesman, dont l'existence dépend souvent de sa sagacité. La tête informe que Swartboy portait sur ses épaules renfermait une cervelle d'assez bonne qualité, et il avait appris à en faire usage dans le cours d'une vie aventureuse, pendant laquelle il avait maintes fois lutté contre les dangers et les privations.

— Baas, dit-il en s'efforçant de modérer l'impatience de son maître, écartez-vous un peu et laissez-moi le soin de fermer la porte : je m'en charge.

— De quelle manière? demanda Von Bloom.

— Vous le verrez, vous n'attendrez pas longtemps.

Von Bloom et Hendrik s'arrêtèrent à trois cents pas du kraal, tandis que le Bosjesman attachait au bout d'une flèche une ficelle qu'il avait tirée de sa poche. Il s'avança ensuite à trente yards de la maison et mit pied à terre, non pas en face de l'entrée, mais de côté, afin d'avoir devant lui la porte de bois, qui était aux trois quarts ouverte.

Il tendit son arc, et lança dans la porte une flèche qui se planta sous le loquet. Aussitôt après il sauta en selle, mais sans perdre le bout de la ficelle, dont l'autre extrémité était attachée à la flèche.

Le frémissement du fer acéré dans le bois avait attiré l'attention du lion. Il exhala sa colère par un grondement prolongé, mais il ne se montra pas.

Swartboy tira doucement la corde, s'assura qu'elle était solide, et par une secousse plus forte fit tomber le loquet à sa place. Pour ouvrir la porte il eût fallu que le lion en brisât les planches épaisses, ou qu'il eût assez d'instinct pour lever le loquet. Ce n'était pas à craindre, mais il pouvait encore sortir par la fenêtre.

Swartboy avait l'intention de la fermer ; seulement n'ayant qu'un peloton de ficelle, il était obligé de le détacher préalablement de la flèche, opération pendant laquelle il courait le risque d'être surpris par son farouche antagoniste. Sans être lâche, le Bosjesman avait plus d'astuce que de bravoure, et ne se souciait nullement d'approcher du kraal. Les rugissements qui en sortaient auraient ébranlé une résolutiou plus ferme que la sienne.

Heureusement pour lui, Hendrik imagina un moyen de reprendre possession de la ficelle, tout en se tenant à distance.

Il cria à Swartboy d'être sur ses gardes, et se dirigea vers un poteau garni de plusieurs barres transversales qui avaient servi à attacher les chevaux.

Il descendit de cheval, attacha sa bride à l'une des barres, et posa sur une autre le canon de sa carabine. Après avoir visé avec soin, il tira et enleva la flèche qui tenait à la porte. Tous se tenaient prêts à s'éloigner au galop; mais l'explosion fit grommeler le lion sans qu'il tentât une sortie.

Swartboy attacha sa ficelle à une nouvelle flèche qu'il lança contre les volets. Elle y pénétra profondément. Au bout de quelques minutes, les volets tournèrent sur leurs gonds et furent hermétiquement fermés. Les trois chasseurs mirent pied à terre en silence, s'avancèrent d'un pas rapide, et assujettirent la porte et les volets avec de fortes lanières de cuir brut.

Hurrah! le lion était en cage.

CHAPITRE XI

LA MORT DU LION

Les trois chasseurs respirèrent plus librement. Mais quel devait être l'issue de leur entreprise? ils eurent beau regarder à travers les fentes dans l'intérieur du kraal où régnait une obscurité complète, ils ne virent pas le lion. Et quand même ils l'auraient vu, ils n'avaient aucune ouverture pour y passer le bout d'un fusil et faire feu sur lui. Il n'était pas moins en sûreté que ceux qui l'avaient fait prisonnier. Tant que la porte restait fermée, il ne pouvait leur faire plus de mal qu'ils ne pouvaient lui en faire eux-mêmes.

— Laissons-le enfermé, dit Hendrik. Il mangera les restes abandonnés par les chacals avec les cadavres des deux chiens, et quand ses provisions seront épuisées, il périra misérablement.

Ce n'est pas prudent, dit Swartboy; il a des griffes et des dents, et maintenant il va travailler à se délivrer. S'il y parvenait nous serions perdus.

Von Bloom était rancunier, et bien déterminé à ne pas quitter la place avant d'avoir tué l'animal. Pendant que ses deux compagnons conféraient, il cherchait dans sa tête les moyens de l'atteindre. Il eut d'abord l'idée de tailler dans la porte un trou assez large pour y passer le bout de son roer. S'il ne réussissait pas à voir le lion par cette ouverture, il se proposait d'en tailler une seconde dans le volet. Toutes deux, se faisant face, devaient éclairer l'intérieur, qui ne formait qu'une seule pièce depuis qu'on en avait enlevé la cloison de peau de zèbre.

Ce qui lui fit renoncer à ce projet, c'était le temps indispensable pour l'accomplir. Avant que les deux brèches fussent ouvertes, le prisonnier pouvait forcer la porte. Il importait d'ailleurs de ne pas séjourner longtemps loin d'un pâturage, car les chevaux étaient déjà affaiblis par la faim.

— Mon père, dit Hendrik, si nous mettions le feu à la maison ?

— Bonne idée, répondit Von Bloom.

Les yeux se portèrent sur la toiture. Elle se composait de grosses solives recouvertes de lattes et de chevrons sur lesquels s'étendait un lit de joncs d'un pied d'épaisseur. Il y avait là de quoi allumer un grand brasier dont la fumée suffoquerait probablement le lion avant que la flamme l'atteignît.

Les trois chasseurs amassèrent immédiatement des fagots et les amoncelèrent contre la porte. On aurait dit que le lion avait deviné leurs intentions, car il recommença à rugir. Le bruit des bûches qu'on empilait redoubla son inquiétude. Impatient de quitter un asile qui menaçait de devenir son tombeau, il courut alternativement de la porte à la fenêtre en les frappant avec ses énormes pattes.

Les travailleurs poursuivirent leur tâche avec activité. Ils prévirent le cas où l'animal, furieux, se frayerait un passage à travers les flammes, et firent avancer leurs chevaux, dans l'intention de se mettre en route dès qu'ils auraient allumé l'incendie.

Ils avaient entassé devant la porte du bois sec et des broussailles ; Swartboy avait pris son briquet et s'apprêtait à frapper la pierre avec l'acier, lorsqu'un grattement tout particulier se fit entendre à l'intérieur. Le lion semblait se débattre avec violence et promener ses pattes contre le mur ; sa voix était sourde et étouffée comme si elle fût venue de loin.

Les trois chasseurs se regardèrent avec anxiété.

Le grattement continuait ; la voix était de moins en moins distincte ; mais tout à coup elle fit entendre un rugissement si perçant qu'ils tressaillirent d'effroi. Ils ne pouvaient croire qu'il y eût une muraille entre eux et leur formidable adversaire. Le rugissement fut répété. Grand Dieu, il ne partait plus de l'intérieur, il grondait au-dessus de leurs têtes ! le lion était-il sur le toit ?

Tous trois reculèrent et levèrent les yeux. Le spectacle qu'ils aperçurent les remplirent de surprise et de terreur. La tête du lion sortait du tuyau de la cheminée. Ses yeux étincelants et ses dents blanches formaient un effrayant contraste avec la suie dont il était souillé. Il s'efforçait de grimper. Déjà il avait un pied en dehors du couronnement.

Nos aventuriers se seraient enfuis s'ils n'avaient remarqué que l'animal avait la partie inférieure du corps engagée et retenue par quelque obstacle. Pourtant ses dents et ses griffes étaient à l'œuvre. Les pierres et le mortier pleuvaient autour de lui, et il allait bientôt débarrasser sa large poitrine.

Von Bloom ne lui en laissa pas le temps.

Il arma son roer; Hendrik visa avec sa carabine, et les deux coups partirent à la fois.

Les yeux du lion se fermèrent. Il agita convulsivement la tête. Ses pattes tombèrent inertes sur le couronnement; ses mâchoires s'ouvrirent et le sang ruissela sur sa langue. Au bout de quelques minutes il était mort. Toutefois, Swartboy, pour sa satisfaction personnelle, décocha une vingtaine de flèches à la tête de l'animal qui devint semblable à celle d'un porc-épic.

L'énorme bête était tellement serrée dans le tuyau que, même après sa mort, elle conserva sa bizarre position. En d'autres circonstances on l'aurait descendue pour prendre sa peau, mais on n'avait pas le temps de l'écorcher. Von Bloom et ses compagnons remontèrent à cheval et se remirent en route sans délai.

CHAPITRE XII

LA VÉRITÉ SUR LES LIONS

Chemin faisant, la conversation roula sur les lions. Swartboy, né et élevé dans les bois, pour ainsi dire au milieu de leurs tannières, était instruit de leurs habitudes beaucoup mieux que Buffon lui-même.

Il serait inutile de décrire l'extérieur du lion. Il n'est aucun de nos lecteurs qui ne le connaisse pour l'avoir vu vivant dans une collection zoologique, ou empaillé dans un muséum. On sait que la femelle se distingue du mâle par ses dimensions et par l'absence de crinière. Il n'y a pas deux espèces de lions, mais il y a sept variétés reconnues :

Le lion de Barbarie ;
Le lion du Sénégal ;
Le lion indien ;
Le lion persan ;
Le lion jaune du Cap ;
Le lion noir du Cap ;
Le lion sans crinière.

On ne remarque pas entre ces variétés les différences essentielles qui distinguent celles de la plupart des animaux, et l'on peut constater au premier coup d'œil qu'elles appartiennent toutes à la même espèce.

Le lion de Perse est un peu plus petit que les autres.

Le lion de Barbarie est d'un brun plus foncé et porte une épaisse crinière. Celle du lion du Sénégal est comparativement insignifiante. Ce dernier est d'un jaune clair et brillant.

On prétend que le lion sans crinière se trouve en Asie, mais quelques naturalistes ont révoqué en doute son existence.

Les deux lions du Cap se distinguent principalement l'un de

l'autre par la couleur de la crinière. Celle de l'un est noire ou d'un brun foncé; celle de l'autre fauve, comme le reste de son corps.

Les lions de l'Afrique méridionale sont plus grands que les autres, et la variété noire est la plus féroce et la plus dangereuse.

Les lions habitent tout le continent africain et la partie méridionale de l'Asie. Ils étaient jadis communs au sud de l'Europe, d'où ils ont disparu. Il n'y en a pas en Amérique. L'animal appelé lion dans les colonies espagnoles est le conguar ou puma (*felis concolor*), qui n'a pas un tiers de la taille du lion, et ne lui ressemble que par sa couleur fauve. Le puma a quelque analogie avec un lionceau de six mois.

L'Afrique est la terre natale du lion. On l'y rencontre partout, excepté dans les pays où la population s'est agglomérée.

On a donné au lion le titre de roi des forêts; mais il ne le mérite pas. A proprement parler, ce n'est pas un animal des bois. Il n'est pas organisé pour monter sur les arbres, et il trouverait sa nourriture moins aisément dans une forêt qu'en plaine. La panthère, le léopard, le jaguar peuvent suivre l'oiseau dans son nid et le singe sur les cimes les plus élevées. La forêt est leur domicile naturel; mais le lion hante les grandes plaines où paissent les ruminants, et se cache dans les taillis dont elles sont bordées. Il se repaît de la chair de divers animaux, préférant les uns aux autres, suivant le pays où il se trouve. Il les tue pour lui, bien qu'il lui arrive parfois d'enlever une proie au loup, au chacal et à la l'hyène. C'est à tort qu'on a supposé que le chacal était son pourvoyeur. Si cet animal l'accompagne souvent, c'est pour recueillir ses restes, et on peut dire avec plus de raison que le lion est le pourvoyeur du chacal.

Le lion ne court pas vite, et la plupart des grands ruminants pourraient le distancer sans peine; s'il s'en empare, c'est par la ruse, par la soudaineté de l'attaque et par l'agilité de son bond. Il se glisse près d'eux à la dérobée, ou se tient en embuscade, et s'élance de l'endroit où il est tapi. Sa structure anatomique lui permet de franchir en sautant une intervalle que certains écrivains, témoins oculaires, évaluent à seize pas. S'il manque sa proie du premier bond, il est rare qu'il la poursuive. Quelquefois pourtant il fait une seconde et même une troisième tentative; mais en cas d'insuccès, il s'éloigne sans inquiéter davantage la victime qu'il comptait immoler.

Les lions vivent isolés; cependant on en trouve jusqu'à dix à la fois qui chassent de compagnie et se renvoient le gibier. Ils attaquent presque tous les autres animaux. Le bison, la girafe, l'oryx, l'élan le gnou, les jeunes éléphants succombent sous leurs coups. Le rhinocéros lui-même n'est pas à l'abri de leurs atteintes; mais on s'abuserait en croyant qu'ils sont toujours vainqueurs, tantôt ils sont terrassés, tantôt les deux combattants restent sur le champ de bataille.

La chasse au lion n'est pas une profession. Sa dépouille n'a point de valeur, et comme on ne saurait l'attaquer sans danger, on ne songerait pas à le détruire s'il ne prenait l'offensive en dévorant les chevaux et les bœufs des fermiers. Ceux-ci, brûlant de se venger, se mettent en campagne; et dans certains districts on chasse le lion avec une infatigable activité; mais dans les contrées où l'on n'élève pas de bestiaux on le laisse généralement tranquille. Il y a plus, les Bosjesmans et autres tribus errantes respectent sa vie et ne voient eu lui qu'un pourvoyeur !

Hendrick, qui avait entendu parler de ce fait, demanda à Swartboy s'il était vrai, et le Bosjesman répondit affirmativement.

— Mes compatriotes, dit-il, ont l'habitude d'épier le lion, de suivre ses traces jusqu'à ce qu'ils le rencontrent. Quelquefois ils sont guidés par les vautours. Quand on a découvert son gîte, on attend qu'il ait fini son repas et qu'il s'éloigne. Alors on s'approche et on s'approprie ses restes. De cette façon, le Bosjesman s'empare souvent des trois quarts d'un animal de haute taille qu'il aurait eu de la peine à tuer lui-même. Sachant que le lion est peu disposé à l'attaquer, il n'en a pas peur; au contraire, il se félicite de le voir. Il est heureux quand les lions sont en grand nombre dans une contrée, parce que ce sont des chasseurs qui lui fournissent régulièrement des vivres.

CHAPITRE XIII

LES VOYAGEURS ANUITÉS

Nos voyageurs auraient longuement disserté sur les lions sans la fâcheuse condition de leurs chevaux. Les pauvres bêtes n'avaient brouté que pendant quelques heures depuis le passage des criquets émigrants; elles souffraient cruellement et il leur restait encore à faire un long trajet avant d'arriver au camp.

La nuit était sombre quand elles s'arrêtèrent à l'endroit où elles s'étaient reposées le soir précédent. Il n'y avait ni lune, ni étoiles. Les gros nuages noirs qui couvraient la voûte du ciel présageaient un orage; mais la pluie n'était pas encore tombée.

L'intention des voyageurs était de faire halte et de laisser reposer leurs chevaux. Ils mirent pied à terre; mais, après avoir exploré le terrain, ils n'y trouvèrent pas trace de gazon !

Ce fait leur parut étrange; ils étaient sûrs d'avoir observé la veille des touffes d'herbe à la même place, et il n'y en avait plus!

Les chevaux baissèrent leurs naseaux vers la terre, les relevèrent en ronflant, et parurent désappointés. Ils auraient mangé les moindres brins d'herbe, car ils arrachaient avec avidité les feuilles des buissons devant lesquels ils passaient.

Est-ce que les locustes étaient venues de ce côté? Non : les gazons avaient disparu; mais les taillis de mimosas, qu'elles n'auraient pas manqué de dévaster, avaient conservé leur feuillage délicat.

Les voyageurs s'étaient-ils trompés de route? C'était impossible. Von Bloom avait déjà fait quatre fois ce chemin. Quoique l'obscurité l'empêchât d'en voir la superficie, il remarquait de loin en loin des buissons qui lui étaient connus, et dont la vue le confirmait dans l'opinion qu'il était dans la bonne voie.

Surpris au dernier point, il aurait examiné le sol avec attention, s'il n'avait eu hâte d'arriver à la source. L'eau des gourdes était épuisée depuis longtemps ; hommes et chevaux souffraient encore une fois de la soif.

D'ailleurs, Von Bloom n'était pas sans inquiétude sur le sort de ses enfants, dont il était séparé depuis un jour et demi. Plus d'un changement pouvait être survenu pendant l'intervalle. Pourquoi les avoir laissés seuls, exposés à des dangers imprévus? Il aurait mieux valu abandonner le bétail à sa malheureuse destinée.

Telles étaient les tardives réflexions du porte-drapeau. Un pressentiment lui disait qu'il était arrivé quelque malheur.

Les voyageurs s'avançaient en silence ; ce fut Hendrick qui entama de nouveau la conversation en disant :

— Je suis d'avis que nous nous sommes égarés.

— Rassure-toi, répondit Von Bloom ; nous suivons la bonne direction.

— Baas, dit à son tour le Bosjesman, je ne m'y reconnais plus.

— Va toujours, reprit le fermier ; nous nous rapprochons de notre camp.

Cependant, un mille plus loin, il avoua qu'il commençait à sentir le premier trouble de l'incertitude. Au bout d'un autre mille, il déclara qu'il était perdu.

Ce qu'il y avait de mieux à faire en pareil cas, c'était de s'en rapporter à la sagacité instinctive des chevaux ; mais ils avaient faim, et quand on les abandonnait à eux-mêmes, ils se ruaient sur les mimosas. On était obligé de les presser à coups de fouet et d'éperons, de sorte qu'il était difficile de conserver à leur marche quelque régularité.

Nos voyageurs calculaient qu'ils devaient être près de leur camp ; mais n'en voyant pas briller le feu, ils résolurent de faire halte. Ils attachèrent leurs chevaux à des buissons, s'enveloppèrent dans leur kaross et se couchèrent. Hendrick et Swartboy furent bientôt endormis. Von Bloom était assez fatigué pour les imiter ; mais les angoisses de son cœur paternel l'empêchèrent de fermer les yeux.

Il attendit l'aurore avec impatience, et dès les premières clartés promena ses regards sur les environs. Ils s'étaient par hasard arrêtés sur une éminence d'où l'on dominait une grande étendue de pays ; mais il n'eût pas la peine de faire le tour de ce panorama. Du premier coup d'œil il aperçut la tente blanche de sa charrette.

Le cri de joie qu'il poussa réveilla les dormeurs. Ils se levèrent aussitôt et partagèrent la satisfaction de Von Bloom ; mais peu à peu elle fit place à la surprise. Etait-ce bien leur charrette ? Etait-ce bien la place où il l'avait laissée ?

La vallée où ils avaient campé était de forme oblongue, resserrée entre deux pentes douces, et arrosée par une source qui alimentait un étang. Ils voyaient l'eau étinceler à la lumière du soleil ; il leur semblait reconnaître les monticules qui bordaient le vallon ; mais ils cherchaient vainement le verdoyant tapis dont ils l'avaient vu couvert. Le sol qu'ils avaient sous les yeux était nu. Les buissons qui croissaient çà et là n'avaient point de feuilles et les arbres seuls conservaient un peu de verdure. Le paysage n'offrait qu'une vague analogie avec celui qui environnait leur camp.

— Cette charrette doit appartenir à d'autres voyageurs, se dirent Hendrick et Von Bloom.

— Attendez ! s'écria Swartboy en se baissant brusquement.

Le Bosjesman étudia le terrain, sur lequel il appela l'attention de ses compagnons. Ils y remarquèrent avec stupéfaction les traces de plusieurs milliers de sabots. La terre avait l'aspect d'un vaste parc à moutons ; si vaste qu'elle était foulée de toutes parts à perte de vue.

— Qu'est-ce que cela signifie ? demanda Hendrik.

— Je n'y comprends rien, dit Von Bloom.

— Je vais vous l'expliquer, dit Swartboy. C'est bien notre charrette dans la même vallée, au bord de la même source, mais seulement il y a eu un *trek-boken*.

— Un *trek-boken* ! s'écrièrent Von Bloom et Hendrik.

— Oui, baas, et il a été très-grand. Voyez plutôt les traces des antilopes !

Von Bloom se rendit compte alors de la nudité du pays, de l'absence des feuilles dans les buissons et des milliers d'empreintes dont le sol était couvert. Un trek-boken avait eu lieu, c'est-à-dire que des troupeaux d'antilopes springboks avaient traversé la contrée dans une de leurs émigrations.

Les alarmes de Von Bloom se dissipèrent en partie; cependant il s'empressa de débrider son cheval et de descendre dans la vallée. En approchant, il vit autour de la charrette les deux chevaux et la vache attachés aux roues de la charrette, sous laquelle s'allongeait une masse informe. Le feu du camp brûlait derrière le véhicule. Le cœur palpitant, les yeux fixes, les deux voyageurs s'avancèrent précipitamment, sans que personne vînt à leur rencontre. Leur souffrance était au comble, lorsque les deux chevaux attachés à la charette hennirent avec bruit. La masse noire qui était dessous s'agita et se dressa brusquement : c'était Totty. Les rideaux qui fermaient la tente s'écartèrent pour livrer passage à trois jeunes têtes. Peu de temps après le petit Jan et Gertrude sautaient dans les bras de leur père, tandis que Hans et Hendrik, Swartboy et Totty échangeaient de joyeuses félicitations.

CHAPITRE XIV

LE TREK-BOKEN

Ceux qui étaient restés au camp avaient eu leurs aventures. Leur récit fut de nature à troubler la satisfaction générale, car ils révélèrent un fâcheux événement. Les moutons et les chèvres avaient été entraînés de la manière la plus singulière, et on avait peu d'espoir de les revoir jamais. Voici quel fut le rapport de Hans :

« Le jour de votre départ, il ne se passa rien de particulier. Dans l'après-midi, je travaillai à couper des faisceaux d'épines pour faire un kraal; Totty m'aida à les ranger, tandis que Jan et Gertrude surveillaient le troupeau. Fatigué d'une longue course et trouvant de l'herbe à discrétion, il ne s'écarta pas de la vallée. Avec le concours de Totty je parvins à établir le kraal que vous voyez. On y mit les moutons, les chèvres et la vache, qu'on eut soin de traire. Nous étions là, et nous dormions tous jusqu'au matin sans nous déranger Les chacals et les hyènes vinrent rôder autour de nous, mais il leur fut impossible de franchir la haie épineuse. Au point du jour nous déjeunâmes avec du lait et les restes de la veille. Les moutons, les chèvres la vache et les deux chevaux furent cachés dans le vallon, sous la surveillance de Totty. J'enjoignis à Jan et à Gertrude de ne pas s'écarter de la charrette, et prenant mon fusil, je me mis en devoir d'aller chercher de quoi dîner. Je ne me souciais pas de tuer encore un mouton.

« Je ne montai point à cheval. Il me semblait avoir aperçu des antilopes dans la plaine, et il était plus facile de s'en approcher à pied. Quand je fus sorti de la vallée, j'eus devant les yeux un spectacle qui m'étonna, je puis vous l'assurer. Du côté de l'est, toute la plaine disparaissait sous une multitude innombrable d'animaux. A leurs flancs d'un jaune éclatant, aux poils blancs de leur croupe, je reconnus des antilopes springboks. Elles étaient dans une vive agitation. Tandis que les unes broutaient en marchant, d'autres faisaient en l'air des bonds prodigieux et retombaient sur le dos de leurs camarades. Jamais je n'avais rien vu de plus bizarre et de plus agréable à la fois. Je jouissais paisiblement de ce spectacle, car je savais que ces petites gazelles étaient parfaitement inoffensives. J'allais m'avancer vers elles, lorsque je les vis se diriger vers moi avec une vitesse surprenante. Je n'avais donc qu'à les attendre, et je me plaçai en embuscade derrière un buisson. Un quart d'heure après l'avant-garde défilait devant moi. Je ne songeai pas d'abord à faire feu, et je restai caché, épiant les mouvements de ces gracieuses bêtes. J'examinais avec curiosité leurs formes légères, leurs membres délicats, leurs dos couleur de cannelle et leurs ventres blancs avec une bande d'un ton châtain de chaque côté. Les mâles avaient des cornes en forme de lyre. Quand elles sautaient, je voyais flotter sur leurs croupes une profusion de longs poils soyeux aussi blancs que la neige.

» Après avoir suffisamment admiré, je songeai à mon dîner, et me rappelant que la chair des femelles est préférable à celle des mâles, j'en ajustai une dont la taille et les proportions m'avaient séduit. Elle tomba ; mais à mon grand étonnement, les autres ne s'enfuirent pas. Quelques-unes reculèrent ou firent des bonds, puis elles se mirent à brouter sans manifester la moindre émotion.

» Je rechargeai mon arme et j'abattis un mâle, sans que la troupe s'effrayât davantage. J'allais charger pour la troisième fois, quand je me trouvai au milieu du troupeau, dont les rangs pressés m'avaient enveloppé. Jugeant inutile de me cacher plus longtemps derrière le buisson, je me levai sur les genoux, j'achevai de charger mon arme, et je fis une nouvelle victime. Loin de s'arrêter, ses camarades lui passèrent sur le corps par milliers.

» Je me levai et mis de nouveau une balle dans mon fusil.

» Pour la première fois, je me mis à réfléchir à l'étrange conduite des springboks. Au lieu de s'enfuir à mon aspect, elles faisaient un léger bond de côté et poursuivaient ensuite leur route ; elles paraissaient obéir à une espèce de fascination. Je me souviens d'avoir entendu dire que c'était ainsi qu'elles en agissaient dans leurs migrations ou trek-bokens, et j'en conclus que j'assistais à un trek-boken. J'en acquis bientôt la certitude, car le troupeau s'épaississait à chaque instant. La foule rendit bientôt ma situation aussi singulière qu'embarrassante; je n'avais pas peur des antilopes, qui n'avaient pas l'air de vouloir employer leurs cornes contre moi et qui cherchaient au contraire à m'éviter; mais ma présence n'alarmait que les plus proches, et celles qui venaient à leur suite ne s'écartaient pas de leur route : de sorte que les premières poussées en avant était obligées, pour ne pas m'atteindre, de sauter sur le dos de celles qui les précédaient.

» Je ne saurais décrire les sensations étranges que j'éprouvai dans cette situation inusitée. Elle n'était pas d'ailleurs intolérable. Il se formait constamment autour de moi un cercle assez grand pour me permettre de charger et de tirer, et j'aurais pu profiter longtemps de cet avantage, si je n'avais songé tout à coup à nos moutons.

» Ils vont être entraînés, me dis-je. Je me rappelle qu'on m'a cité des exemples de faits pareils. L'avant-garde des antilopes est déjà dans la vallée; il faut que je devance leur principal corps d'armée et que je fasse rentrer les moutons dans le kraal.

» Je me mis en route immédiatement, mais, à ma grande douleur, je reconnus que je ne pouvais pas aller vite. Lorsque j'approchais des antilopes, elles sautaient l'une sur l'autre en désordre, mais sans me livrer passage. J'étais si près de quelques-unes, qu'il m'eût été facile de les abattre d'un coup de crosse. Afin de les intimider, je me mis à crier en brandissant mon fusil à droite et à gauche; je parvins à gagner ainsi du terrain et je conçus l'espoir de me dégager, en apercevant devant moi un espace libre dont la limite était indiquée par des groupes plus compactes d'antilopes. Je n'eus pas le temps de me demander pourquoi elles laissaient une brèche dans leurs rangs. Préoccupé du salut de notre troupeau, je ne pensais qu'à m'avancer le plus rapidement possible.

» Je redoublai d'efforts pour me frayer une route, qui se refermait sans cesse derrière moi; j'atteignis de la sorte l'espace découvert, et j'allais le franchir, lorsque je vis au centre un grand lion jaune !

» La solution de continuité que j'avais remarquée dans les rangs m'était suffisamment expliquée. Si j'en eusse connu la cause, j'aurais pris une autre direction; mais il n'était plus temps de reculer. Le lion était à dix pas devant moi et je n'en étais séparé que par deux lignes de springboks

» Il est inutile de dire que j'eus peur et que je ne sus d'abord quel parti prendre. Mon fusil était encore chargé, car l'idée de sauver notre troupeau m'avait fait oublier ma chasse, mais devais-je tirer sur le lion ? C'eût été une imprudence. Il avait le dos tourné et je n'avais pas encore attiré son attention. Dans la position que nous occupions respectivement, je ne pouvais guère que le blesser, et c'eût été m'exposer à être mis en pièces. Ces réflexions me prirent à peine quelques secondes. J'avais tourné le dos et j'allais me perdre au milieu des springboks lorsque, jetant sur le lion un regard de côté, je le vis s'arrêter brusquement ; je m'arrêtai de même, sachant que c'était ce que j'avais de mieux à faire, et j'éprouvai un grand soulagement en remarquant qu'il n'avait pas les yeux fixés sur moi. La faim lui était sans doute revenue, car, après avoir fait quelques pas, il bondit au milieu d'un groupe et s'abattit sur le dos d'une antilope. Les autres s'écartèrent, et un nouvel espace libre s'ouvrit autour du terrible animal.

» Il était plus près de moi que jamais, et je le voyais distinctement couché sur sa victime, dont ses longues dents rongeaient le cou et dont ses griffes déchiraient le corps frémissant. Il avait les yeux fermés comme s'il eût été endormi, et ne faisait pas le moindre mouvement : sa queue seule vibrait doucement, pareille à celle d'un chat qui vient de prendre une souris.

» Je savais que dans cet état le lion se laissait approcher. J'étais à bonne portée, et il me prit fantaisie de tirer ; j'avais le pressentiment que mon coup serait mortel. La large tête de l'animal était devant mes yeux. Je l'ajustai. Je fis feu ; mais au lieu d'attendre pour juger de l'effet de ma balle, je m'enfuis dans une direction opposée ; je ne m'arrêtai qu'après avoir mis plusieurs acres d'antilopes entre le lion et moi, puis je poursuivis ma route vers la charrette. Jan, Gertrude et Totty étaient en sûreté sous la tente ; mais les moutons et les chèvres, confondus avec les springboks, s'éloignaient avec autant de rapidité que s'ils eussent appartenu à la même espèce. Je crains bien qu'ils ne soient tous perdus. »

— Et le lion ? demanda Hendrik.

— Il est là-bas, répondit Hans en montrant une masse jaune sur laquelle planaient déjà les vautours. Je l'ai tué. Vous-même n'aurieux pu mieux faire, mon cher Hendrik.

En disant ces mots, Hans sourit d'une façon qui prouvait qu'il ne cherchait pas à tirer vanité de son exploit.

Hendrik félicita chaleureusement son frère et exprima le regret de n'avoir pas été témoin de la prodigieuse émigration des springboks.

On n'avait pas de temps à perdre en conversation. Von Bloom et les siens étaient dans une situation critique. De tout leur bétail, il ne leur restait plus qu'une vache ; ils avaient des chevaux, mais pas un brin d'herbe pour les nourrir. Il était inutile de suivre la trace des springboks dans l'espoir de retrouver les moutons et les chèvres. D'après Swartboy, les pauvres bêtes pouvaient être entraînées à des centaines de milles avant d'être à même de se séparer du grand troupeau et de terminer leur voyage involontaire.

Les chevaux étaient hors d'état de marcher. Les feuilles de mimosa qu'ils broutaient n'étaient pas une nourriture assez substantielle pour réparer leurs forces épuisées. Elles ne pouvaient servir qu'à prolonger momentanément leur vie jusqu'à ce qu'on leur trouvât un pâturage ; mais où le trouver ? les sauterelles et les antilopes semblaient avoir métamorphosé l'Afrique en un désert.

Le porte-drapeau eut bientôt pris une résolution, celle de passer la nuit dans la vallée et de se mettre le lendemain à la recherche d'une autre source. Par bonheur, Hans n'avait pas négligé de ramasser deux ou trois springboks, dont la chair succulente réconforta les trois voyageurs.

On laissa les chevaux chercher leur subsistance à leur guise.

Dans des circonstances ordinaires, ils auraient dédaigné les feuilles de mimosa ; mais, pressés par la faim, ils levèrent la tête comme des girafes et dépouillèrent sans façon les branches épineuses.

Quelques naturalistes de l'école de Buffon ont prétendu que les animaux respectaient leur roi même après sa mort, et que le loup, l'hyène, le renard, le chacal ne touchaient jamais au cadavre d'un lion. Le porte-drapeau et sa famille purent se convaincre que cette assertion était inexacte : les chacals et les hyènes se jetèrent sur les dépouilles du lion et les firent disparaître en peu de temps. Sa peau même fut dévorée, et les fortes mâchoires des hyènes broyèrent ses ossements. La déférence que ces bêtes féroces témoignent au lion finit avec sa vie. Quand il a succombé, elles le mangent avec autant d'audace que si c'était le plus vil des animaux.

CHAPITRE XV

A LA RECHERCHE D'UNE FONTAINE

Von Bloom fut en selle de bonne heure, accompagné de Swartboy. Ils prirent les chevaux qui étaient restés au camp et qui étaient plus frais que les autres.

Les deux explorateurs marchèrent à l'ouest, dans l'espoir qu'ils seraient plus vite hors du territoire ravagé par les antilopes, qui allaient du nord au sud. A leur vive satisfaction, au bout d'une heure de marche, ils eurent franchi le sol qu'avait foulé le trekboken. Ils ne trouvèrent pas d'eau, mais l'herbe était abondante.

Le porte-drapeau renvoya Swartboy au camp, et le chargea d'amener les autres chevaux et la vache dans un lieu qu'il lui désigna. Lui-même poursuivit ses investigations.

Une longue ligne de collines abruptes, qui paraissait se diriger à l'ouest, s'élevait au-dessus de la plaine. Il s'achemina de ce côté, dans l'espoir de rencontrer l'eau près de la base de ces hauteurs. A mesure qu'il s'en approchait, il découvrait des sites de plus en plus riants. Il traversa des prairies séparées les unes des autres par des bouquets de mimosas aux feuilles délicates, que dominaient des arbres d'une taille gigantesque et d'une espèce inconnue. Leurs troncs étaient grêles, mais chacun d'eux, couronné d'une épaisse cime de feuillage, semblait à lui seul une petite forêt. Toute la contrée avait l'aspect d'un parc, et sa beauté contrastait avec la sinistre rudesse des collines qui montaient verticalement comme des murailles à plusieurs centaines de pieds. C'était un bonheur de trouver un coin aussi fertile dans une région désolée, car les collines étaient la limite méridionale d'un désert fameux, le désert de Kalihari.

En d'autres circonstances, le fermier ruiné aurait été dans l'extase, mais que lui importaient ces magnifiques pâturages maintenant qu'il n'avait plus de bestiaux à nourrir ? La vue de la riche nature qui l'entourait contribuait à rendre ses réflexions plus pénibles. Mais il ne s'abandonna pas au désespoir. Ses embarras présents l'occupaient assez pour l'empêcher de songer à l'avenir. Son premier soin fut de choisir un endroit où il pouvait faire reposer les chevaux. Il se mit ensuite à chercher l'eau avec un redoublement d'activité. Sans eau, cet admirable site n'avait pas pour lui plus de valeur que le désert, mais il était impossible qu'il fût privé de cet élément essentiel. Ainsi pensait avec raison Von Bloom, et à chaque bouquet d'arbres, il examinait le sol avec une scrupuleuse attention.

— Voilà un bon signe ! s'écria-t-il avec joie en voyant s'envoler devant lui une couvée de perdrix namaquas ; elles s'éloignent rarement de l'eau.

Peu d'instants après, il vit courir dans un taillis un troupeau de belles pintades ou poules de Guinée. C'était encore un indice que l'eau était proche. Pour comble de bonheur, il aperçut entre les branches d'un grand arbre le brillant plumage d'un perroquet.

— Je suis certain maintenant, se dit-il, qu'il y a quelque source ou quelque mare aux environs.

Il s'avança plein d'espoir, et après avoir atteint la cime d'un monticule, il s'y arrêta pour observer le vol des oiseaux. Il vit successivement deux compagnies de perdrix prendre la direction de l'ouest, et s'abattre près d'un arbre énorme qui croissait à cinq cents pas du bas de la chaîne des collines. Cet arbre était isolé, et ses dimensions dépassaient de beaucoup celles des autres. Pendant que Von Bloom le contemplait avec admiration, il vit se percher sur les branches plusieurs perroquets, qui, après avoir caqueté un moment, descendirent sur la plaine à peu de distance du tronc.

— Il y a de l'eau de ce côté, pensa Von Bloom ; allons-y voir.

Sans attendre qu'on le pressât, son cheval s'était déjà mis en mouvement, et à peine eut-il la tête tournée vers l'arbre qu'il trotta gaiement, en allongeant le cou et en hennissant.

Le cavalier, se fiant à l'instinct de sa monture, lâcha la bride, et au bout de moins de cinq minutes, tous deux se désaltéraient à la source limpide qui jaillissait presque au pied du grand arbre.

Le porte-drapeau avait envie de retourner à son camp ; mais il réfléchit qu'il ne perdrait pas de temps si, en laissant son cheval paître et se refaire, il le mettait en état d'accomplir plus vite le trajet : il débrida la pauve bête, lui donna la liberté, et s'étendit à l'ombre du grand arbre.

C'était un nwana ou figuier sycomore. Le tronc n'avait pas moins de vingt pieds de diamètre ; il était nu jusqu'à trente pieds environ. A cette hauteur s'étendaient horizontalement des branches nombreuses, garnies d'un épais feuillage, à travers lequel luisaient des fruits ovoïdes aussi gros que des cocos. Les perroquets et plusieurs autres espèces d'oiseaux les becquetaient avec avidité.

Des arbres du même genre étaient épars çà et là dans la plaine, et bien qu'ils s'élevassent tous au-dessus des taillis environnants, aucun d'eux n'était aussi remarquable que celui qui croissait près de la source.

En jouissant de ce frais ombrage, Von Bloom ne put s'empêcher de penser que le site serait merveilleusement propice à la construction d'un kraal. Les hôtes du nouveau logis n'y auraient rien à craindre ni des ardents rayons du soleil d'Afrique, ni même de la pluie, qui pouvait à peine pénétrer à travers ce dais de feuillage. Si le fermier avait encore eu ses bestiaux, il aurait pris aussitôt la résolution de fixer son domicile dans cet emplacement. Mais que pouvait-il y faire ? C'était pour lui un désert. Il n'avait aucun moyen d'y établir une industrie lucrative. A la vérité, le gibier était abondant, et la chasse lui offrait des ressources ; mais la perspective d'une pareille existence était triste, parce qu'elle n'assurait en rien l'avenir de la famille. Les enfants devaient-ils grandir pour n'être que de pauvres chasseurs, presque au niveau des Hottentots nomades ?

— Non, se dit-il, je ne bâtirai point de maison dans ces lieux. Il est bon d'y passer quelques jours pour laisser reposer mes chevaux fatigués. Ensuite je tenterai un dernier effort et me rapprocherai du centre de la colonie... Et pourtant qu'y ferai-je après mon retour ? A quelque parti que je m'arrête, mon avenir est sombre et incertain.

Après s'être abandonné pendant une heure à ses réflexions, Von Bloom remonta à cheval et retourna à son camp. En moins de deux heures, il rejoignit Swartboy et Hendrik. On attela les chevaux à la charrette, et le lourd véhicule traversa de nouveau les plaines. Avant le coucher du soleil, il était abrité sous le gigantesque nwana.

CHAPITRE XVI

LE TERRIBLE TSETSÉ

Le verdoyant tapis qui s'étendait à l'entour, le feuillage des arbres, l'eau de la source, les fleurs qui en diapraient les bords, les rochers noirs qui se dressaient au loin, tout était combiné pour rendre le paysage agréable aux yeux des voyageurs, et ils exprimèrent bruyamment leurs émotions pendant qu'on dételait la charrette.

Le site plaisait à tout le monde. Hans en aimait le calme et les beautés agrestes. Il se promettait d'y rêver en se promenant un livre à la main. Hendrik avait remarqué les traces d'animaux de la plus grande espèce, et comptait se livrer au noble plaisir de la chasse. La petite Gertrude était enchantée de voir tant de belles fleurs : des géraniums écarlates, des jasmins étoilés, des belladones roses ou blanches. Sur les arbres eux-mêmes s'épanouissaient des bouquets embaumés. L'arbuste à sucre *(protea mellifera)* étalait ses grandes corolles en forme de coupe tachetées de rose, de blanc et de vert. L'arbre d'argent *(leucodendron argenteum)*, dont la brise agitait les feuilles, ressemblait à une énorme touffe de fleurs soyeuses. Les grappes jaunes des mimosas remplissaient l'air de leurs parfums pénétrants.

Dans le voisinage de la fontaine étaient des plantes de formes étranges : des euphorbes d'espèces diverses ; le zamia, dont les feuilles ressemblent à des palmes ; le *strelitzia reginæ ;* l'aloès arborescent, aux longs épis d'un rouge de corail. Mais ce qui excita surtout l'admiration de la petite Gertrude, ce fut le lis d'eau *(nympha cœrulea)*, qui est certainement un des plus gracieux spécimens de la végétation africaine. A peu de distance de la source était un étang, on aurait pu même dire un petit lac, et sur sa surface limpide reposaient les corolles bleu de ciel du lis d'eau. Gertrude, tenant son faon en laisse, descendit sur la rive pour les regarder. Elle s'imaginait qu'elle ne se lasserait jamais de regarder tant de belles choses.

— J'espère que nous resterons longtemps ici, dit-elle au petit Jan.

— Je l'espère aussi. Oh! Gertrude, le bel arbre que voilà! En vérité, les noix sont aussi grosses que ma tête. Comment allons-nous faire pour en abattre quelques-unes?

Et les enfants tinrent mille propos analogues dans le ravissement où les plongeait le spectacle de cette riche nature.

La joie de cette jeune famille était tempérée par la tristesse qu'elle remarquait sur le front de Von Bloom. Il était assis sous le nwana, mais il avait les yeux baissés et reprenait ses tristes rêveries de la veille. Le seul parti qu'il eût à prendre était de retourner aux établissements pour y recommencer sa fortune. Mais comment sortir de sa misérable position? Il fallait à ses débuts se mettre au service de ses riches voisins, et c'était dur pour un homme accoutumé à une vie indépendante.

Il regarda ses cinq chevaux qui paissaient à l'ombre des collines, et jugea que dans trois ou quatre jours ils auraient recouvré assez de force pour se mettre en route. C'étaient de bonnes bêtes, capables de traîner la charrette avec une rapidité suffisante, et il calculait combien il leur faudrait de temps pour regagner les frontières de la colonie. Il ne se doutait guère qu'ils avaient été attelés pour la dernière fois et qu'ils étaient condamnés. C'était pourtant la vérité : moins d'une semaine après, leurs ossements étaient la proie des hyènes et des chacals. En ce moment même, où ils broutaient paisiblement l'herbe touffue, le poison pénétrait leurs veines, et ils recevaient de mortelles blessures. Hélas! un nouveau malheur attendait Von Bloom. De temps en temps il remarquait que les chevaux éprouvaient une certaine inquiétude, qu'ils tressaillaient brusquement, qu'ils agitaient leurs longues queues et se frottaient la tête contre les buissons.

— C'est quelque mouche qui les importune, pensa-t-il, et il ne s'en préoccupa point d'avantage.

C'était en effet une mouche qui les importunait; mais si Von Bloom avait su à quelle espèce appartenait l'insecte, il se serait empressé d'appeler ses enfants, et d'éloigner ses chevaux de ce lieu fatal ; mais il ne connaissait pas l'œstre d'Afrique, que les indigènes appellent tsetsé.

Le soleil allait se coucher, lorsque Von Bloom remarqua que l'agitation des chevaux augmentait, qu'ils frappaient la terre de leurs sabots, et qu'ils couraient parfois en hennissant avec colère. Leurs allures étranges le déterminèrent à aller voir de près ce qui les tourmentait. Il partit avec Hans et Hendrik, et en arrivant ils trouvèrent les chevaux au milieu d'un essaim considérable de mouches semblables à des abeilles. Elles étaient toutefois plus petites, d'une couleur brune et d'une incroyable activité dans leur vol. Elles tournoyaient par milliers autour de chaque cheval, se posaient sur sa tête, sur son cou, sur ses flancs, et le perçaient de leurs aiguillons.

— Il est impossible à ces chevaux de paître ici, dit Von Bloom. Emmenons-les dans la plaine, ils seront débarrassés des mouches qui les incommodent.

Hendrik ne songeait aussi qu'à plaindre les souffrances passagères des chevaux, mais Hans était plus inquiet. Il avait lu la description d'un insecte commun dans l'intérieur de l'Afrique méridionale, et il conçut des alarmes que partagèrent bientôt ses compagnons.

— Faites venir Swartboy, dit le fermier.

Le Bosjesman était occupé à décharger la charrette, et n'avait fait aucune attention aux mouvements désordonnés des chevaux ; mais dès qu'il eut vu la troupe ailée tournoyer autour d'eux, ses petits yeux s'écarquillèrent, ses grosses lèvres tombèrent, et toute sa physionomie prit une expression de stupeur.

— Qu'y a-t-il? demanda son maître.

— Myne boor, ce sont des tsetsés !

— Qu'est-ce que c'est que des tsetsés ?

— Myne Gott ! tous vos chevaux sont morts.

Swartboy se mit à expliquer d'un ton lamentable que les mouches qu'ils voyaient étaient venimeuses ; que tous les chevaux mourraient infailliblement les uns après les autres, suivant le nombre des piqûres qu'ils avaient reçues, et qu'au bout d'une semaine il n'en resterait plus un seul.

— Il faut attendre, ajouta-t-il, vous verrez demain.

La triste prédiction se réalisa. Douze heures plus tard les chevaux étaient enflés; ils avaient les yeux fermés, refusaient de manger, et erraient d'un pas mal assuré dans la prairie, en exprimant leurs souffrances par de sourds gémissements.

Von Bloom les saigna et employa divers remèdes ; mais inutilement. La blessure de l'œstre africain est incurable.

CHAPITRE XVII

LE RHINOCÉROS A LONGUES CORNES

On conçoit l'affliction du porte-drapeau ; la fortune lui était constamment contraire. Depuis plusieurs années ses affaires étaient en décadence, ses pertes de plus en plus importantes, et il en était arrivé au comble du dénûment. De tout son bétail, il ne possédait plus que la vache qui, broutant au milieu de la plaine, avait échappé aux terribles diptères. A la vérité, il lui restait encore une charrette commode et spacieuse, une véritable maison roulante ; mais qu'était-ce qu'une charrette sans attelage ? Il aurait mieux valu avoir un attelage sans charrette.

— Que faire ? que devenir ? Il était à environ deux cents milles de tout établissement civilisé. Il ne pouvait les franchir qu'à pied, et comment faire supporter à des enfants une marche aussi longue ? S'ils résistaient à la fatigue, comment échapperaient-ils à la faim, à la soif, à la dent des bêtes féroces ?

— Pourtant, se dit Von Bloom, assis la tête entre ses mains, la seule chance de salut est de retourner à la colonie. Mes enfants peuvent-ils passer ici toute leur existence en vivant péniblement de racines et de gibier ? Sont-ils faits pour être des enfants des bois ? Miséricorde divine ! que deviendrai-je, que deviendront les miens ?

Pauvre Von Bloom ! Il avait atteint le dernier degré de sa décadence ; mais ce jour même sa destinée allait changer, et un incident inattendu devait lui faire entrevoir de nouveau un avenir de richesse et de prospérité. Il suffit d'une heure non-seulement pour le consoler, mais encore pour le rendre heureux. Vous êtes impatients de savoir comment s'opéra cette transformation magique. Vous croyez peut-être qu'une fée sortit de la fontaine ou descendit des collines pour réjouir le cœur de l'affligé ? Comme vous le verrez, la direction que prirent les idées du fermier ruiné eut une cause toute naturelle. Nos aventuriers étaient assis sous le figuier-sycomore, près du feu devant lequel cuisait leur souper. Ils ne se parlaient pas, car les enfants n'osaient pas troubler la sombre méditation de leur père. Il rompit le silence pour exhaler ses plaintes et exprimer les sinistres pensées qui l'assiégeaient. Quand il eut terminé, il porta vaguement les yeux sur la plaine, et les fixa sur un animal de taille colossale, qui sortait en ce moment d'un massif.

Von Bloom et ses enfants le prirent d'abord pour un éléphant. Ils n'étaient pas habitués à voir des éléphants à l'état sauvage, car ces animaux, qui hantaient jadis la partie la plus méridionale de l'Afrique, ont depuis longtemps abandonné les districts cultivés, et ne se trouvent qu'au-delà des frontières de la colonie. Ils savaient pourtant qu'il y en avait dans ces parages, et avaient déjà remarqué les traces de leur passage.

Swartboy était expérimenté. Dès qu'il eut aperçu l'animal, il s'écria :

— Un chucuroo, un chucuroo !

— C'est un rhinocéros, n'est-ce pas ? dit Von Bloom traduisant le mot indigène que le Bosjesman venait d'employer.

— Oui, maître, c'est le rhinocéros blanc à longues cornes, que nous appelons chucuroo kobaoba.

Nos lecteurs croient peut-être qu'il n'existe qu'une seule espèce de rhinocéros. Nous en connaissons au moins huit espèces distinctes, et je n'hésite pas à penser que le nombre en augmentera quand on aura exploré complétement le centre de l'Afrique, l'Asie méridionale et les îles asiatiques.

Il existe quatre espèces bien connues de rhinocéros au sud de l'Afrique ; une au nord du même continent ; et toutes diffèrent du rhinocéros des Indes, le plus gros des animaux de ce genre. Le rhinocéros de Sumatra, qui habite exclusivement cette île, constitue une espèce particulière, ainsi que celui de Java. Voilà donc huit espèces bien caractérisées.

Le rhinocéros des Indes est le plus généralement connu ; il a été souvent représenté dans les recueils zoologiques ; on le trouve empaillé dans les muséums, ou même vivant dans les ménageries. Celui qui fut amené en France en 1771, installé à Versailles, et transporté plus tard au jardin des plantes de Paris, vécut jusqu'en 1793.

Il avait résisté pendant vingt-deux ans aux rigueurs du climat européen.

Le rhinocéros des Indes a neuf à dix pieds de longueur, la tête triangulaire, la gueule médiocrement fendue, les oreilles grandes et mobiles, les yeux petits, la démarche brusque et pesante. Ce qui le distingue, ce sont les protubérances dont sa peau est couverte, les replis profonds qu'elle forme en arrière des épaules et des cuisses. Il habite l'Inde, Siam et la Cochinchine.

Le rhinocéros d'Abyssinie a, comme le précédent, des plis à la peau, mais beaucoup moins prononcés. Sa corne nasale est très comprimée.

Le rhinocéros du Java est unicorne. Ses oreilles, peu évasées, présentent à leur extrémité quelques poils d'un brun roux. Le chanfrein de sa tête est arqué en creux, sa queue large est comprimée ; sa peau rugueuse, hérissée de poils bruns rares et courts, offre des replis peu marqués sous le cou, au-dessus des jambes, à la cuisse et en arrière des épaules.

Le rhinocéros de Sumatra a deux cornes noires, dont une est rudimentaire. Sa peau est couverte de poils noirâtres, et n'a qu'un seul pli, qui s'étend entre les deux épaules et s'arrête de chaque côté des aisselles.

Les naturels du sud de l'Afrique admettent, comme nous l'avons dit, quatre espèces de chucuroos ou rhinocéros ; et certes il faut tenir compte des observations faites par des chasseurs indigènes plutôt que des spéculations des naturalistes de cabinet, basées sur un os, sur une dent, ou sur une peau rembourée de foin. Ce n'est pas grâce à leurs études que nous possédons la connaissance approfondie de la nature animale ; nous la devons plutôt à ces hardis coureurs de bois qu'ils affectent de mépriser. Un d'eux par exemple, le major Gordon Cumming, a plus contribué que toute une académie à éclaircir la zoologie africaine.

Ce Gordon Cumming, qu'on a taxé d'exagération, à tort selon nous, a écrit sur ses voyages en Afrique un livre sans prétention, mais rempli de curieux renseignements. Il nous apprend qu'il y a dans le sud de ce continent quatre espèces de rhinocéros, connus sous les noms de borele, de keitloa, de muchocho et de kobaoba. Les deux premiers sont noirs, les deux autres ont la peau blanchâtre. Ceux-là sont beaucoup plus petits que ceux-ci, dont ils diffèrent principalement par la longueur et la position de leurs cornes.

Les cornes de tous les rhinocéros sont placées sur une masse osseuse des narines, et c'est de là que vient le nom de ce genre (*rin* nez et *keros* corne).

Les cornes du borele sont droites, légèrement recourbées en arrière, et posées l'une devant l'autre. La corne antérieure est la plus longue; elle dépasse rarement dix-huit pouces, mais elle est souvent brisée ou réduite par les frottements. La corne postérieure n'est qu'une protubérance, tandis que chez le keitloa ou rhinocéros noir à deux cornes, toutes deux sont presque également développées.

Chez le muchocho et le kobaoba, les cornes postérieures existent à peine, mais les antérieures sont plus longues que dans les autres espèces. Celle du muchocho atteint fréquemment trois pieds de longueur; celle du kobaoba, qui fait sur son hideux museau une saillie de quatre pieds, est une arme formidable.

Les cornes des deux dernières espèces ne se recourbent point en arrière; et comme les animaux qui les portent marchent habituellement la tête baissée, ces dards longs et pointus sont placés horizontalement.

Les rhinocéros noirs se distinguent des blancs par la forme et la longueur du cou, la position des oreilles et quelques détails. Au reste, leurs habitudes sont semblables.

La nourriture des rhinocéros noirs se compose surtout des feuilles et des branches d'arbustes épineux, tels que *l'acacia horrida*; les autres vivent d'herbe. Les noirs sont féroces, ils attaquent sans hésitation les hommes et les animaux; parfois même, dans leur aveugle emportement, ils se jettent sur les buissons, les dévastent et les mettent en pièces.

Les rhinocéros blancs sont redoutables lorsqu'on les blesse ou qu'on les provoque; mais habituellement d'une humeur pacifique, ils laissent passer auprès d'eux le chasseur sans l'inquiéter. Ils acquièrent un énorme embonpoint, et la chair du jeune rhinocéros blanc est recherchée par les indigènes; les variétés noires, au contraire n'engraissent pas, et leur chair a mauvais goût.

Les cornes des quatre variétés sont solides, d'un beau grain, et susceptibles d'un poli brillant. On en fabrique des massues, des baguettes de fusils, des maillets, des compas, des manches de couteaux. En Abyssinie et dans d'autres parties de l'Afrique septentrionale, où les épées sont en usage, on en fait les poignées en corne de rhinocéros. Le cuir sert à faire des courroies et des fouets appelés *jamboks*, quoique la peau d'hippopotame soit préférable.

Comme nous l'avons dit, la peau du rhinocéros d'Afrique n'a pas les replis, les plaques, les rugosités qui caractérisent celle de son congénère d'Asie; cependant elle est loin d'être lisse, et elle est si épaisse que les balles de plomb ordinaire s'aplatissent quelquefois dessus, et qu'il faut les endurcir avec de la soudure pour qu'elles pénètrent.

Le rhinocéros n'est pas amphibie comme l'hippopotame; néanmoins il aime l'eau, et s'en éloigne rarement; il se plaît à se vautrer dans la boue comme le sanglier pendant les beaux jours d'été, et sa robe est presque toujours recouverte d'une épaisse couche de fange. Dans la journée, on le voit couché ou debout et dans un état de somnolence, à l'ombre d'un mimosa; c'est la nuit qu'il rôde pour chercher sa pâture.

Les petits yeux étincelants du rhinocéros le servent assez mal, et le chasseur peut s'en approcher aisément sans être vu, en ayant soin de se mettre sous le vent, mais s'il est au vent, l'animal dont l'odorat est des plus fins, le sent venir d'une très-grande distance ; si sa vue était aussi bonne que son flair, il serait dangereux de l'attaquer, car il court avec assez de rapidité, surtout dans son premier élan, pour dépasser un cheval au galop.

Les variétés noires sont plus agiles que les blanches; cependant on évite aisément les rhinocéros en sautant de côté, tandis qu'il vont aveuglément droit devant eux.

Les rhinocéros noirs ont environ six pieds de haut et treize de long; les blancs sont beaucoup plus gros. Le kobaoba a sept pieds de hauteur et quatorze de longueur.

Il n'est pas étonnant qu'un animal de dimensions aussi extraordinaires soit pris à première vue pour un éléphant. En réalité, le kobaoba, sous le rapport de la taille, vient immédiatement après l'éléphant, son museau large de dix-huit pouces, sa longue tête massive, son corps pesant, donnent l'idée d'une force et d'une grandeur supérieures peut-être à celles de l'éléphant lui-même; en somme, il a l'air d'une caricature de l'éléphant. On peut donc s'expliquer l'erreur de nos voyageurs, qui confondirent le kobaoba avec l'éléphant.

Au reste, cette erreur dura peu, Swartboy la dissipa en affirmant que l'animal qu'ils avaient sous les yeux était le rhinocéros blanc.

CHAPITRE XVIII

COMBAT SANGLANT

Lorsque le kobaoba fut aperçu pour la première fois, il sortait, comme nous l'avons dit, du fourré. Sans s'arrêter, il s'achemina vers l'étang dont nous avons parlé, et que son étendue pouvait faire passer pour un petit lac.

Quoique alimentée par la source, cette pièce d'eau en était éloignée de deux cents mètres, et elle était à peu près à la même distance du grand figuier-sycomore. Ses bords formaient une circonférence presque parfaite, elle aurait environ centres de mètdiamètre, de sorte que sa superficie pouvait être d'un peu plus de deux acres anglais (80 ares 9342). Elle avait des droits incontestables au titre de lac, que les jeunes gens lui avaient déjà conféré.

En haut de ce lac, c'est-à-dire du côté de la source à laquelle il empruntait ses eaux, la berge était élevée, et des rochers dominaient le petit ruisseau qui s'y versait à sa naissance. A l'extrémité opposée, le rivage était bas, et même en quelques endroits l'eau était presque au niveau de la plaine. Aussi voyait-on sur les bords qui formaient la limite occidentale du lac les traces d'animaux qui venaient y boire. Hendrik le chasseur avait observé les empreintes d'espèces qui lui étaient connues, et d'autres qu'il voyait pour la première fois.

C'était vers cet abreuvoir que se dirigeait le kobaoba, qui semblait le connaître de longue date. Près de la rigole par où s'écoulait le trop-plein du lac était une espèce de baie, au bord sablonneux de laquelle aboutissait une gorge en miniature, creusée sans doute à la longue par les animaux. En entrant dans cette anse ceux de la plus grande taille trouvaient assez d'eau pour boire sans se pencher et sans faire d'efforts.

Le kobaoba traversa cette gorge et entra dans le lac jusqu'aux genoux. Après avoir bu à longs traits à plusieurs reprises, en s'interrompant pour ronfler ou pour respirer avec un bruit de sifflement, il plongea dans l'eau son large museau, la fit jaillir en flots d'écume, et s'y vautra comme un porc. La moitié de son énorme masse disparut sous l'eau, mais il ne lui prit point fantaisie de s'avancer dans le lac pour prendre un bain plus complet.

La première pensée de Von Bloom et de Hendrik fut d'entourer le rhinocéros et de le tuer. Ils n'avaient pas de provisions, et Swartboy avait déjà fait un pompeux éloge de la chair de cette espèce. De son côté, Hendrik qui avait besoin de renouveler la baguette de son fusil, avait regardé avec convoitise la longue corne du koboaba, mais il était plus facile de désirer sa mort que de le coucher par terre ; nos chasseurs n'avaient pas de chevaux en état d'être montés, et l'attaquer à pied eût été s'exposer inutilement, car on courait risque d'être percé de sa longue pique ou écrasé sous ses larges pieds. Si l'on parvenait à se dérober à sa fureur, on n'était pas plus avancé, car toutes les espèces de rhinocéros dépassent l'homme à la course.

Comment donc se conduire avec lui ?

Le plan le meilleur était évidemment de se placer en embuscade dans un des fourrés du voisinage, et de tâcher de le tuer de loin. Il suffit parfois d'une seule balle pour tuer le rhinocéros, mais il est indispensable qu'elle atteigne le cœur ou quelque partie essentielle.

L'animal prenait ses ébats et s'y livrait avec tant d'abandon, qu'il était probable qu'il ne remarquerait point les chasseurs, pourvu qu'ils se missent sous le vent ; ils se levèrent pour approcher, mais l'exécution de leur projet fut retardée par Swartboy qui, dans un accès subit de gaité, se mit à gambader en murmurant :

— Le klow, le klow !

Un étranger aurait pris le Bosjesman pour un fou ; mais Von Bloom savait que sous le nom de klow les naturels désignent l'éléphant, et il s'empressa de porter les yeux du côté indiqué. Sur le ciel jaune de l'occident se dessinait une masse noire qu'un examen attentif fit reconnaître avec certitude pour un éléphant. Son dos arrondi dominait les broussailles, et ses larges oreilles pendantes s'agitaient. Il s'acheminait vers le lac en suivant presque exactement le chemin que le rhinocéros avait pris.

Bien entendu que cette apparition dérangea le plan des chasseurs : à la vue de l'éléphant ils ne s'occupèrent plus du kobaoba; ils avaient peu d'espoir de parvenir à tuer le gigantesque animal, et pourtant l'idée leur en était venue; ils avaient résolu de tenter l'aventure. Avant qu'ils eussent rien décidé, l'éléphant touchait au bord du lac; quoiqu'il marchât lentement, ses larges enjambées le faisaient avancer avec une rapidité qu'on n'aurait pas soupçonnée, et il était à quelques pieds de l'eau au moment où ceux qui l'épiaient se disposaient à entrer en conférence.

Il s'arrêta, tourna sa trompe en divers sens et parut écouter. Aucun bruit ne pouvait l'inquiéter; le kobaoba lui-même était tranquille.

Après une minute d'arrêt, l'éléphant entra dans la gorge que nous avons décrite, et les chasseurs purent l'observer à moins de trois cents pas de distance; son corps remplissait complétement le petit ravin; ses longues défenses jaunes, qui s'allongeaient à plus de trois pieds de ses mâchoires, se courbaient gracieusement, la pointe tournée vers le ciel.

— C'est un vieux mâle, dit Swartboy à voix basse.

Malgré la grosseur de l'éléphant, il a le pas aussi silencieux que celui d'un chat; à la vérité il sort de sa poitrine un grondement pareil à celui d'un tonnerre lointain. Néanmoins le rhinocéros ne s'aperçut pas de l'approche d'un ennemi qui venait lui disputer son sommeil; il continua à se vautrer en paix jusqu'à ce que l'ombre de l'éléphant fut projetée sur la surface de l'abreuvoir; alors le kobaoba se releva avec une agilité surprenante dans un être de sa structure, et rejeta l'eau de ses narines avec un bruit qui tenait à la fois d'un grognement et d'un sifflement.

L'éléphant fit entendre aussi son salut particulier; c'était un son de trompette que répéta l'écho des collines.

Les deux animaux étaient surpris de se rencontrer, et pendant quelques secondes ils se regardèrent avec une sorte de stupéfaction; mais bientôt ils donnèrent des signes d'irritation; il était évident qu'ils n'avaient nulle envie de vivre en bonne intelligence.

La situation était en effet embarrassante; l'éléphant ne pouvait entrer à l'eau si le rhinocéros ne quittait l'abreuvoir; et le rhinocéros ne pouvait sortir de l'abreuvoir tant que l'éléphant bloquait la gorge avec son énorme masse. Pourtant le kobaoba aurait pu se jeter à la nage et débarquer sur un autre point de la rive. Mais de tous les êtres de la création, le rhinocéros est peut-être le moins accommodant; il est en même temps le plus intrépide, ne redoute ni hommes ni bêtes, et donne même la chasse au redoutable lion.

Le kobaoba n'avait donc pas l'intention de céder la place à l'éléphant. Traverser le lac à la nage ou passer en glissant sous le ventre de son rival lui eussent semblé une insigne lâcheté.

Restait à savoir comment le point d'honneur serait réglé. L'affaire était devenue si intéressante que tous les chasseurs demeuraient immobiles, les yeux fixés sur les deux animaux. L'éléphant était le plus gros, mais il avait déjà éprouvé la force de son antagoniste; peut-être même avait-il senti les atteintes de sa longue protubérance qui dominait le museau du kobaoba. En tous cas, il ne se jeta pas précipitamment sur son adversaire, comme il l'aurait fait si quelque pauvre antilope avait osé lui barrer le passage. Toutefois sa patience avait des bornes, sa dignité était outragée, sa suprématie contestée; il voulait se baigner et boire, et lui était impossible de supporter plus longtemps l'insolence du rhinocéros. Poussant un cri dont retentirent de nouveau les rochers, il appuya ses défenses contre l'épaule de son ennemi, qu'il souleva et qu'il renversa dans l'eau.

Ce dernier plongea, souffla, disparut un moment, et chargea à son tour. Les spectateurs le virent viser avec sa corne les côtes de l'éléphant, qui eut soin de lui présenter la tête.

Le kobaoba fut renversé une seconde fois et revint à la charge avec fureur; l'eau jaillit autour d'eux en flocons d'écume et les enveloppa comme d'un nuage. Tout à coup l'éléphant sembla penser que la lutte ainsi entamée lui était désavantageuse. Il recula dans la gorge et attendit, la tête tournée vers le lac. Il se figurait peut-être qu'il était protégé par les escarpements de ce chemin creux. Malheureusement pour lui ils étaient trop bas et laissaient à découvert ses larges flancs, ils l'empêchaient seulement de se retourner et contrariaient la liberté de ses mouvements.

Dans le parti que prit le rhinocéros il y avait sans doute plus d'instinct que de calcul; cependant les spectateurs ne purent s'empêcher de croire qu'il avait conçu un plan stratégique. Au moment où l'éléphant se posta dans la gorge, le kobaoba monta sur la berge; puis il se retourna brusquement en baissant la tête, tendit horizontalement sa longue corne et l'enfonça entre les côtes de l'éléphant.

Le cri perçant que celui-ci poussa, les secousses imprimées à sa trompe et à sa queue prouvèrent qu'il avait reçu une blessure grave. Au lieu de conserver sa position dans la gorge, il courut au lac et y entra jusqu'au genou. Il prit de l'eau dans sa trompe et s'en arrosa le corps, en ayant soin d'en verser en abondance sur la plaie ouverte dans son flanc; il sortit ensuite pour courir après le rhinocéros, mais celui-ci ne l'avait pas attendu, il était parvenu à sortir de l'abreuvoir sans compromettre sa dignité, et s'imaginant sans doute qu'il avait remporté la victoire, il s'était perdu au milieu des broussailles.

CHAPITRE XIX

MORT DE L'ÉLÉPHANT

La bataille entre ces deux grands quadrupèdes n'avait pas duré dix minutes, et elle avait tellement absorbé l'attention des chasseurs qu'ils avaient renoncé à leur plan d'attaque. Ce ne fut qu'après la retraite du rhinocéros qu'ils délibérèrent sur les moyens de s'emparer de l'éléphant, avec le concours de Hans, qui les avait rejoints armé de son fusil.

Quand il eut cherché son ennemi, l'éléphant rentra dans le lac; il paraissait en proie à une vive agitation; sa queue était sans cesse en mouvement, et par intervalles il faisait entendre un gémissement plaintif bien différent de son cri ordinaire, qui résonne comme un clairon; il battait l'eau avec son corps, en absorbait des flots avec sa trompe et les rejetait sur son dos et sur ses épaules, mais ce bain de pluie ne le rafraîchissait pas.

— Il est en colère, dit Swartboy, et comme nous n'avons pas de chevaux pour l'éviter, il serait excessivement dangereux de nous laisser voir.

— Cachons-nous derrière le tronc du nwana, dit Von Bloom, je vais me mettre en observation d'un côté, et Hendrik se placera de l'autre.

Les chasseurs ne tardèrent pas à se lasser de leur embuscade, et, malgré le danger, ils résolurent d'attaquer l'animal. Ils savaient que s'ils le laissaient s'éloigner ils seraient forcés de se passer de souper, et ils avaient compté se régaler d'un morceau de sa trompe.

— Le temps est précieux, dit Von Bloom à ses fils; glissons-nous dans les broussailles. Nous ferons feu tous ensemble, et nous nous cacherons en attendant l'effet de nos coups.

Sans délibérer davantage, Von Bloom, Hans et Hendrik se dirigèrent vers l'extrémité occidentale du lac; le sol qu'ils parcouraient n'était pas entièrement couvert; les bouquets d'arbres et les buissons laissaient entre eux des intervalles qu'il fallait franchir avec la plus grande circonspection. Von Bloom montrait le chemin et ses deux fils le suivaient de près. Arrivés dans un massif qui bordait le lac, ils se traînèrent sur les mains et sur les genoux, écartèrent les feuilles et virent à vingt pas d'eux le puissant quadrupède. Il plongeait et s'élevait alternativement en s'arrosant avec sa trompe, et ne semblait nullement soupçonner la présence des chasseurs. Comme il avait le dos tourné, Von Bloom ne jugea pas à propos de tirer, car il était impossible de lui faire une blessure mortelle; il fallait attendre qu'il présentât le flanc.

Il cessa enfin de battre l'eau avec ses pieds et de l'élever dans sa trompe. Autour de lui le lac était rougi par le sang qui coulait de sa blessure; mais on ne le voyait pas, et il était impossible d'en apprécier la gravité. De la position où se trouvait Von Bloom et ses fils, ils n'apercevaient que sa large croupe; mais ils attendaient avec confiance, car ils savaient qu'il serait obligé de se retourner pour sortir de l'eau.

Pendant quelques minutes, il resta dans la même position; mais ils remarquèrent qu'il n'agitait plus la queue, qu'il s'affaiblissait, que son allure était molle et languissante. De temps en temps il tournait sa trompe vers sa plaie béante; cette blessure l'inquiétait, et ses souffrances se manifestaient par les sifflements perçants de sa respiration entrecoupée.

Von Bloom et ses fils commencèrent à s'impatienter. Hendrik sollicita l'autorisation de gagner un autre point du rivage, d'où il pourrait envoyer à l'éléphant une balle qui le forcerait à se retourner.

En ce moment même l'éléphant fit un mouvement comme pour sortir du lac. Sa tête et sa poitrine se montrèrent sur la berge. Les trois fusils furent pointés, et les trois chasseurs cherchèrent des yeux leurs points de mire; mais tout à coup l'animal chancela et s'abattit. Sa lourde masse s'abîma sous l'eau avec un bruit sinistre, et de grosses vagues roulèrent jusqu'à l'extrémité opposée du lac.

Il était mort!

Les chasseurs désarmèrent leurs fusils, quittèrent leur embuscade et coururent sur la plage. Ils examinèrent le cadavre, et virent dans son flanc le trou ouvert par la corne du rhinocéros. La plaie n'avait pas beaucoup d'étendue, mais l'arme terrible avait pénétré fort avant dans le corps. Une lésion des entrailles avait causé la mort du plus puissant des animaux.

Dès qu'on sut que l'éléphant avait succombé, toute la famille se groupa autour de lui. Gertrude, Jan et Totty, qui étaient restés cachés dans la charrette, descendirent de leur retraite. Swartboy accourut avec une hache et un coutelas, tandis que Hans et Hendrik ôtaient leurs vestes pour l'aider à dépecer cette grosse pièce.

Et que faisait cependant Von Bloom? Vous vous adressez là une question plus importante que vous ne supposez. C'était le moment d'une grande crise dans la vie du porte-drapeau.

Il était debout, les bras croisés, sur la rive du lac, au-dessus de la place où l'éléphant était tombé. Absorbé dans une méditation profonde, il tenait les yeux fixés sur le gigantesque cadavre. Ce n'était ni la chair ni le cuir épais qui attiraient son attention. Etait-ce donc la blessure fatale? Von Bloom se demandait-il comment elle avait donné la mort à un être aussi solidement construit?

Non : ses pensées suivaient un autre cours.

L'éléphant était tombé de telle sorte, que sa tête, entièrement hors de l'eau, reposait sur un banc de sable le long duquel s'allongeait sa trompe. Ses longues défenses jaunes se recourbaient des deux côtés comme des cimeterres.

On pouvait admirer dans toute leur magnificence ces armes d'ivoire, qui pendant longues années, pendant des siècles peut-être, avaient servi à déraciner les arbres de la forêt, avaient mis en fuite dans maint combat les plus redoutables adversaires.

C'était sur ces précieux trophées que les yeux de Von Bloom étaient fixés. Il avait les lèvres closes, et sa poitrine se soulevait. Une foule d'idées lui traversaient l'esprit; mais ce n'étaient pas des idées pénibles : le nuage de tristesse qui voilait son front s'était dissipé sans laisser de traces, sa physionomie rayonnait d'espérance et de joie.

— C'est la main du ciel, s'écria-t-il enfin, c'est une fortune, une fortune !

— Que voulez-vous dire, papa? demanda la petite Gertrude, qui était auprès de lui.

Enchantés de son air de bonheur, ses autres enfants se groupèrent à ses côtés et lui demandèrent tous ensemble d'où provenait son agitation. Swartboy et Totty n'étaient pas moins empressés que les membres de la famille de connaître sa réponse.

Le bon père ne crut pas devoir leur cacher plus longtemps le secret du bonheur qu'il entrevoyait dans l'avenir.

— Vous voyez ces belles défenses? dit-il.

— Eh bien ?

— En connaissez-vous la valeur ?

Ils répondirent négativement; ils savaient seulement qu'on en tirait l'ivoire avec lequel on fabriquait une multitude d'objets, et qui avait une grande valeur commerciale.

Jan possédait un couteau à manche d'ivoire, et la petite Gertrude avait un bel éventail de la même matière, qui avait appartenu à sa mère.

— Eh bien! mes enfants, reprit Von Bloom, si mes calculs sont exacts, ces défenses valent chacune vingt livres sterling de monnaie anglaise.

— Tant que cela! s'écrièrent les enfants.

— Oui, ajouta Von Bloom; j'estime que chacune d'elles peut peser vingt livres, et comme la livre d'ivoire se vend actuellement quatre schellings et six pense, les deux réunies peuvent nous rapporter de quarante à cinquante livres sterling.

— Avec cette somme, s'écria Hans, on aurait un excellent attelage de bœufs!

— Six bons chevaux! dit Hendrik.

— Un troupeau de moutons! ajouta le petit Jan.

— Mais à qui pouvons-nous les vendre? reprit Hendrik après un moment de silence; nous sommes éloignés des établissements coloniaux. Comment y transporter deux défenses d'éléphant ?

— Nous pourrons en transporter, interrompit Von Bloom, non pas deux, mais vingt, quarante, et peut-être davantage. Vous voyez maintenant que j'ai sujet de me réjouir.

— Quoi! s'écria Hendrik, vous pensez qu'il nous est possible de rencontrer encore d'autres éléphants ?

— J'en suis certain, car j'ai déjà remarqué les traces d'un grand nombre de ces animaux. Nous avons nos fusils, et il nous reste par bonheur d'abondantes munitions; nous sommes bons tireurs : qui nous empêchera de nous procurer ces précieuses masses d'ivoire?... Nous réussirons, mes chers amis, j'en ai la certitude. C'est Dieu qui nous envoie cette richesse au milieu de notre misère, quand nous avons tout perdu. Rassurez-vous donc, nous ne manquerons de rien, nous pouvons encore être riches.

Les enfants se souciaient peu de la richesse qui leur était promise; mais, voyant leur père si heureux, ils accueillirent ses paroles par un murmure d'approbation. Totty et Swartboy poussèrent en même temps des cris de joie qui retentirent sur la surface du lac et troublèrent les oiseaux dans leurs nids de feuillage; il n'y avait pas dans toute l'Afrique un groupe plus heureux que celui qui campait au bord de cet étang solitaire.

CHAPITRE XX

LES CHASSEURS

Le porte-drapeau avait résolu de se faire chasseur d'éléphants : c'était une profession à la fois émouvante et lucrative. Il n'était pas facile d'abattre en peu de temps un grand nombre d'animaux de taille aussi colossale; il fallait des mois entiers pour obtenir une quantité d'ivoire un peu importante; mais il avait résolu d'y consacrer au besoin plusieurs années. Il se proposait de mener une vie agreste, de faire de ses fils des enfants des bois, et il espérait être amplement indemnisé de sa patience et de ses labeurs.

Le soir, la joie régna autour du feu du camp. L'éléphant avait été laissé sur la berge, en attendant qu'il pût être dépecé; mais on avait eu soin d'enlever la trompe et d'en faire cuire une partie pour souper. Quoique la viande de l'éléphant soit mangeable en entier, sa trompe est considérée comme le morceau le plus délicat; elle a le goût de la langue de bœuf, et tous les enfants l'aimaient à l'excès : c'était surtout un régal pour Swartboy, qui avait eu souvent occasion d'en manger.

En outre, ils avaient abondance de lait; le rendement de la vache était du double depuis qu'elle était placée dans le meilleur endroit du pâturage.

Tandis qu'ils savouraient un rôti de trompe d'éléphant, la conversation roula naturellement sur ces monstrueux pachydermes.

Comme tout le monde connaît l'extérieur de l'éléphant, il serait superflu d'en faire une description; mais tout le monde ne sait pas qu'il en existe deux espèces distinctes, l'une en Afrique et l'autre en Asie. On les avait d'abord confondues, et c'est tout récemment qu'il a été démontré qu'elles offraient des différences bien caractérisées.

L'éléphant asiatique, plus généralement connu sous le nom d'éléphant des Indes, est d'une taille plus élevée et de proportions plus colossales ; mais il est possible que son développement soit dû, comme celui de beaucoup d'autres animaux, à la domesticité.

L'espèce africaine ne vit qu'à l'état sauvage, et quelques-uns des individus qui lui appartiennent ont atteint les dimensions des plus grands éléphants sauvages de l'Asie.

Les deux espèces se distinguent surtout l'une de l'autre par les oreilles et les défenses.

Les oreilles de l'éléphant d'Afrique se rejoignent au-dessus des épaules et pendent au-dessous de la poitrine. Celles de l'éléphant des Indes sont au moins d'un tiers moins grandes : le premier a des défenses qui pèsent quelquefois près de quatre cents livres, tandis que les défenses du second dépassent rarement le poids de cent livres. Il est toutefois des exceptions à cette règle, et en moyenne le poids de chacune des défenses de l'éléphant africain est évalué à deux cents livres. Dans cette dernière espèce, la femelle est également pourvue de défenses qui ne diffèrent de celles du mâle que par la longueur. La femelle de l'éléphant des Indes n'en a point, ou elle en a de si petites, qu'elles font à peine saillie sur la peau des lèvres.

Les autres différences essentielles entre les deux espèces consistent dans la forme du front, qui est concave chez l'éléphant des Indes et convexe chez l'éléphant d'Afrique, dans l'émail des dents, enfin dans les sabots des pieds de derrière, qui sont au nombre de quatre pour le premier et de trois pour le second.

Les éléphants d'Asie ne sont pas tous semblables. Ils se divisent en variétés bien distinctes, dont chacune diffère de l'autre presque autant que le type de l'espèce diffère de celui de l'éléphant africain.

Une variété connue en Orient sous le nom de mooknah a des défenses droites, dont la pointe se dirige en bas, tandis que ces singuliers appendices ont habituellement la pointe en haut.

Les Asiatiques reconnaissent deux grandes castes d'éléphants, le coomareah et le merghee. Une trompe large, les jambes courtes, un corps massif et trapu, une puissance musculaire considérable, tels sont les caractères du coomareah. Le merghee est de plus haute taille; mais sa trompe est moins grosse, et il est loin d'avoir la vigueur et la solidité du précédent. Grâce à ses longues jambes, il va plus vite que le coomareah; mais celui-ci, ayant la trompe plus développée, ce que les amateurs considèrent comme une beauté, et résistant mieux à la fatigue, est plus recherché sur les marchés orientaux.

Les éléphants blancs qu'on rencontre parfois sont simplement des albinos. Néanmoins, en diverses contrées de l'Asie, on les tient en estime particulière, et l'on en donne des prix exorbitants. Certains peuples ont même pour eux une vénération supertitieuse.

L'éléphant des Indes habite la plupart des régions orientales et méridionales de l'Asie, le Bengale, les royaumes d'Aracan, de Siam, de Pégu, Ceylan, Java, Sumatra, Bornéo, l'archipel de la Sonde et les Célébes. Il y est, depuis une époque immémoriale, réduit à l'état domestique, et employé à l'usage de l'homme; mais on le trouve aussi à l'état sauvage, tant sur le continent que dans les îles, et la chasse à l'éléphant est un des exercices favoris des Orientaux.

En Afrique, l'éléphant n'existe qu'à l'état sauvage. Aucune des nations de ce continent peu connu n'a pensé à le dompter et à s'en servir. Il n'est recherché que pour ses dents et pour sa chair. Quelques écrivains ont prétendu qu'il était plus féroce que son congénère indien, et qu'il eût été impossible d'en faire un animal domestique. C'est une erreur. Si l'éléphant africain n'a pas été dressé, c'est uniquement parce qu'aucune nation de l'Afrique moderne n'est arrivée à un degré de civilisation assez avancé pour tirer parti des qualités de ce précieux quadrupède. On peut l'apprivoiser aussi aisément que son cousin des Indes, et charger son dos d'une tour ou howdah. L'expérience en a été faite; mais la meilleure preuve de ce que nous avançons, c'est que la domestication de l'éléphant d'Afrique avait pris jadis un développement immense; ceux de l'armée carthaginoise appartenaient à l'espèce africaine.

Cette espèce, qui hante le centre et le midi de l'Afrique, a pour limites à l'est l'Abyssinie, à l'ouest le Sénégal. Il y a quelques années, on la trouvait au Cap de Bonne-Espérance; mais l'activité des chercheurs d'ivoire hollandais, l'usage meurtrier qu'ils ont fait de leurs grands fusils, l'ont chassée de ces parages, et on ne la voit plus au sud de la rivière Orange.

Quelques naturalistes, entre autres Cuvier, ont cru que l'éléphant d'Abyssinie appartenait à l'espèce indienne. C'est une idée maintenant abandonnée. Ce grand mammifère, qui se distingue par sa tête oblongue, par son front concave, par ses mâchelières composées de lames transverses et ondoyantes, fréquente, comme nous l'avons dit, les régions orientales et méridionales de l'Asie, ainsi que les grandes îles voisines ; mais rien ne donne lieu de croire à sa présence dans aucune partie de l'Afrique.

Il est à supposer que l'espèce africaine a des variétés qui n'ont pas été bien étudiées. On dit qu'on en voit dans les montagnes qui dominent le Niger une variété rouge et très-féroce ; mais les éléphants rouges qu'on a observés ne devaient peut-être leur couleur qu'à la poussière rouge où ils s'étaient roulés.

Dans les régions tropicales, les éléphants atteignent des proportions plus colossales que partout ailleurs.

Swartboy parla d'une variété connue par les chasseurs hottentots sous la dénomination de koes-cops. Elle diffère de toutes les autres en ce qu'elle est entièrement dépouvue de défenses, qu'elle a le caractère intraitable. Le koes-cops se jette avec fureur sur les animaux ou les hommes qu'il rencontre ; mais comme il ne fournit pas d'ivoire, et que par conséquent on n'a point d'intérêt à le tuer, les chasseurs l'évitent et lui cèdent la place.

Ce fut sur ce sujet que, toute la soirée, roula l'entretien de la famille réunie autour du feu du camp. Hans fournit de nombreux renseignements qu'il avait puisés dans les livres : mais ceux que donna le Bosjesman étaient peut-être plus dignes de foi.

Von Bloom et ses fils devaient bientôt acquérir une connaissance pratique des mœurs des proboscidiens, qui allaient devenir pour eux les êtres les plus intéressants de la création.

CHAPITRE XXI

DISSECTION DE L'ÉLÉPHANT

Le lendemain fut un jour de rude travail, mais tout le monde s'y livra avec joie. Il s'agissait de tirer parti des dépouilles du monstrueux pachyderme.

Quoique inférieur au bœuf, au mouton ou au porc, l'éléphant n'est pas à dédaigner sous le rapport comestible. Il n'y a point de raison pour que sa chair soit mauvaise, car il se nourrit de substances saines, exclusivement végétales, telles que les feuilles et les jeunes pousses des arbres, ou plusieurs espèces de racines bulbeuses qu'il arrache avec sa trompe et ses défenses. Toutefois la qualité de la nourriture n'est pas en général le critérium de la bonté de la viande. Le porc, qui se repaît d'immondices et se vautre dans la fange, nous fournit une prodigieuse diversité de mets savoureux ; tandis que le tapir de l'Amérique du Sud, animal de la famille des pachydermes, qui vit uniquement de racines succulentes, a la chair d'un goût amer et détestable.

Von Bloom et sa famille n'auraient pas volontiers fait un usage habituel de viande d'éléphant. S'ils avaient été certains de se procurer de l'antilope, l'énorme cadavre aurait pu être abandonné aux hyènes ; mais, faute de mieux, ils s'occupèrent de dépecer la victime du rhinocéros. Leur premier soin fut de couper les défenses, opération qui leur prit deux heures, et qui leur aurait pris le double de temps sans l'expérience de Swartboy qui manœuvrait la hache avec une grande dextérité.

Quand on eut extrait l'ivoire, on commença le dépècement. Il était assez difficile de tirer parti de la moitié du corps qui était sous l'eau, mais Von Boom n'avait pas besoin d'y toucher, la partie supérieure suffisait pour lui procurer d'amples provisions, et il se mit à la dépouiller avec le concours de ses enfants et de Swartboy.

Ils enlevèrent la peau par larges feuilles ; puis ils coupèrent en morceaux l'épiderme mou et flexible, que les indigènes emploient à fabriquer des outres et des seaux.

On le jetta comme inutile, car la charrette renfermait une assez grande quantité de vases propres à mettre de l'eau. Quand la chair fut à découvert, on la sépara des côtes en larges tranches. Les côtes elles-mêmes furent enlevées une à une avec la hache. Elles n'étaient intrinsèquement d'aucune valeur, mais il importait de les retirer pour avoir la graisse amoncelée autour des intestins, cette graisse devant être d'une grande ressource en cuisine pour des aventuriers auxquels le beurre manquait.

L'extraction de la graisse ne se fit pas sans quelques difficultés, dont Swartboy triompha courageusement. Il grimpa dans l'intérieur de l'immense carcasse, tailla et creusa avec activité, et fit passer successivement à ses compagnons des morceaux qu'il emportèrent à quelque distance. Le triage en fut effectué, la graisse fut serrée avec soin dans un morceau de la seconde peau, et l'opération fut ainsi terminée. Les quatre pieds, qui, avec la trompe, constituent la partie plus délicate, avaient été coupés à l'articulation du fanon. Il fallait maintenant recourir à des procédés de conservation. Les voyageurs avaient du sel, mais en trop petite quantité pour songer à l'utiliser. Heureusement Swartboy et Von Bloom lui-même connaissaient les procédés qu'on emploie dans les contrées où le sel est rare, et qui consistent simplement à couper la viande en minces lanières et à l'exposer au soleil quand elle est desséchée ; de la sorte, elle peut se garder pendant des mois entiers. Si le temps est couvert, un feu lent peut remplacer les rayons du soleil. Des pieux (fourchus) furent plantés de distance en distance, d'autres placés horizontalement, et les lanières qu'on avait découpées y furent suspendues en innombrables festons. Avant la nuit, les environs du camp offraient l'aspect d'une blanchisserie ; seulement les objets étendus, au lieu d'être blancs, avaient une belle teinte d'un rose clair.

L'œuvre n'était pas encore achevée, il restait à conserver les pieds, qui exigent un traitement différent. Swartboy, qui en connaissait seul le secret, creusa un trou de deux pieds de profondeur, et d'un diamètre un peu plus grand. Avec la terre qu'il en avait tirée, il forma tout autour une espèce de banquette. Par ses ordres les enfants amassèrent du bois et des branches sèches, et en bâtirent sur le trou un bûcher pyramidal auquel ils mirent le feu; il creusa ensuite trois autres trous exactement semblables, qu'on recouvrit également de combustibles, et bientôt quatre foyers incandescents s'allumèrent sur le sol. Obligé d'attendre qu'ils fussent consumés, Swartboy lutta résolûment contre le sommeil.

Lorsqu'il ne resta plus du premier bûcher que des cendres rouges, le Bosjesman les enleva soigneusement avec une pelle, et ce travail, si simple en apparence, lui coûta plus d'une heure. L'excessive chaleur qu'il avait à supporter le forçait par intervalles à s'interrompre. Von Bloom et ses fils le relayèrent, et tous les quatre furent bientôt couverts de sueur, comme s'ils fussent sortis d'un four. Quand le premier trou fut entièrement débarrassé de charbon, Swartboy et Von Bloom y déposèrent un des pieds, et le recouvrirent avec le sable qui avait été enlevé primitivement et qui était aussi chaud que du plomb fondu. On ramassa dessus des charbons, et un nouveau feu fut allumé. Les trois autres pieds furent traités de même. Pour qu'ils fussent cuits suffisamment et en état d'être conservés, il fallait les laisser dans le four jusqu'à la complète extinction des bûchers. Swartboy devait ensuite ôter les cendres, retirer les pieds avec une broche de bois, les nettoyer, les parer, et ils étaient dès lors bons à manger, si on ne préférait les mettre en réserve.

Comme les feux ne pouvaient guère s'éteindre avant l'aurore, nos voyageurs, harassés de leurs travaux extraordinaires, achevèrent leur souper de trompe bouillie, et allèrent se coucher sous l'ombre tutélaire du nwana.

CHAPITRE XXII.

LES HYÈNES.

La fatigue aurait dû procurer aux travailleurs un doux sommeil; mais il ne leur fut pas permis de le goûter. A peine avaient-ils les yeux fermés, que des bruits étranges les arrachèrent à cet état de rêverie qui précède l'assoupissement. Il leur sembla entendre des éclats de rire qu'on aurait pu attribuer à des voix humaines. Ils ressemblaient parfaitement aux ricanements aigus d'un nègre en délire. On aurait dit que les hôtes de quelque Bedlam de nègres avaient brisé les portes de leur prison, et se répandaient dans la campagne. Les sons devenaient de plus en plus perçants il était évident que ceux par lesquels ils étaient poussés se rapprochaient du camp. C'étaient des cris confus, si variés que le plus habile ventriloque aurait vainement essayé de les reproduire. Les voix hurlaient, grommelaient, soupiraient, grognaient, sifflaient, caquetaient, aboyaient. Tantôt elles lançaient une note brève et aiguë, tantôt elles traînaient longuement un gémissement plaintif. Par intervalles régnait un profond silence; puis le sauvage concert recommençait, et le signal en était donné par ce ricanement humain qui surpassait en horreur tous les autres sons.

Vous supposez que ce chœur épouvantable dut jeter l'alarme dans le camp. Il n'en fut rien. Personne n'eut peur, pas même Gertrude, pas même le petit Jean. S'ils n'avaient pas été familiarisés avec ces étranges clameurs, ils auraient éprouvé l'effet qu'elles devaient naturellement produire; mais Von Bloom et sa famille avaient trop longtemps vécu dans les déserts africains pour ne pas savoir à quoi s'en tenir. Dans les hurlements, dans les jacassements dans les glapissements, ils avaient reconnu les cris du chacal.

Le rire, c'était celui de l'hyène.

Au lieu d'être effrayés et de sauter à bas de leurs lits, nos aventuriers écoutèrent tranquillement. Von Bloom et les enfants couchaient dans la charrette; Swartboy et Totty étaient étendus sur le sol auprès des feux, dont la lumière les garantissait de l'approche de toutes bêtes fauves.

Cependant, en cette circonstance, les hyènes et les chacals semblaient être aussi nombreux que hardis. Quelques minutes après avoir annoncé leur présence, ils faisaient un tintamarre qui eût été désagréable, quand même on n'aurait pas su à quels animaux l'attribuer.

Enfin, ils se rapprochèrent tellement, qu'il était impossible de regarder de n'importe quel côté sans voir briller à la lueur des feux des yeux rouges ou verdâtres. On pouvait remarquer encore les dents blanches des hyènes, qui ouvraient leurs gueules hideuses pour pousser leur rauque éclat de rire.

Avec un pareil spectacle devant les yeux, avec un pareil vacarme dans les oreilles, il n'était guère facile de dormir, malgré l'excès de la fatigue. Non-seulement on ne pouvait songer au sommeil, mais encore tous, sans en excepter le porte-drapeau, commencèrent à s'inquiéter. Jamais ils n'avaient vu de bandes aussi considérables; il n'y avait pas autour du camp moins d'une cinquantaine de chacals et de deux douzaines d'hyènes tachetées. Von Bloom savait que dans les circonstances ordinaires ces derniers animaux n'étaient pas dangereux. Cependant ils attaquaient parfois l'homme, ce que lui rappelèrent ensemble Swartboy, instruit par l'expérience, et Hans, éclairé par ses lectures.

Les hyènes étaient si voraces qu'il devenait nécessaire de faire contre elles une démonstration. Von Bloom, Hans et Hendrik, armés de leurs fusils, sortirent de la charrette, tandis que Swartboy saisissait son arc et ses flèches. Tous les quatre se tinrent derrière le tronc du figuier-sycomore, du côté opposé à celui où les feux étaient allumés. C'était une position bien choisie; ils s'y trouvaient cachés et pouvaient observer sans être vus tout ce qui se présentait à la lueur des brasiers.

Ils étaient à peine installés quand ils s'aperçurent qu'ils avaient commis une impardonnable négligence Pour la première fois ils devinèrent que la chair de l'éléphant attirait seule un si grand nombre d'hyènes, et qu'ils avaient eu le tort de la pendre trop bas.

En effet, tandis qu'ils surveillaient les festons rougeâtres, une bête au poil hérissé se dressa sur ses pattes de derrière, enleva un morceau choisi et disparut dans les ténèbres. On entendit les pas de ses compagnes qui s'élançaient pour prendre leur part du butin, et bientôt toute la bande aux yeux étincelants et aux dents blanches se tint prête à un assaut général.

Aucun des chasseurs n'avait fait feu; leur poudre et leur plomb étaient trop précieux pour être inutilement gaspillés, et l'agilité que les hyènes mettaient dans leurs mouvements rendait presque impossible de les viser. Animées par leur succès, elles s'avançaient en bon ordre et seraient indubitablement parvenues à emporter presque toute la provision de biltongue; c'est ainsi qu'on désigne la viande d'éléphant conservée par la dessication.

— Nos fusils ne nous servent à rien, dit Von Bloom, mettons-les de côté et occupons-nous de serrer le biltongue; autrement, si nous voulons le défendre, nous sommes dans la nécessité de veiller jusqu'à demain.

— Mais comment, demanda Hendrik, le placer hors de la portée des hyènes?

— Nous pourrions, répondit le fermier, l'empiler dans la charrette; malheureusement notre chambre à coucher se trouverait rétrécie, il vaudrait mieux tâcher d'exhausser nos traverses; mais dans l'obscurité il est difficile de couper d'autres pieux.

— J'ai une proposition à faire, dit Hans : il faut lier ensemble quelques-unes de nos perches, et nous établirons sur les fourches supérieures nos traverses horizontales. La viande ainsi suspendue sera à l'abri des hyènes et des chacals.

Le projet de Hans fut adopté à l'unanimité. En réunissant plusieurs perches, on donna à l'échafaudage une douzaine de pieds de haut; les traverses ayant été posées, Vom Bloom les garnit de biltongue en montant sur un des coffres de la charrette.

Lorsque cette opération fut terminée, le trio des chasseurs reprit son poste à l'ombre du nwana, avec l'intention d'épier la conduite des maraudeurs.

Ils n'eurent longtemps à attendre. Au bout de cinq minutes, la bande revint à la charge en hurlant, en ricanant et en glapissant comme par le passé ; seulement ces différents cris n'exprimèrent cette fois que le désappointement et la fureur.

Hyènes et chacals virent du premier coup d'œil que les appétissantes guirlandes n'étaient plus à leur portée ; toutefois ils ne voulurent pas déserter la place sans s'être assurés bien positivement du fait ; les plus gros et les plus courageux des deux espèces se placèrent sous l'échafaudage et s'efforcèrent d'atteindre le biltongue. Après des bonds réitérés mais infructueux, ils se découragèrent et ils allaient s'éloigner tranquillement, à l'exemple du renard de la fable, lorsque Von Bloom, furieux d'être si désagréablement dérangé à cette heure indue, résolut de se venger des persécuteurs. Il donna le signal, et trois coups de fusils partirent à la fois. Cette décharge inattendue dispersa l'ennemi, qui laissa sur le sol trois cadavres. Deux hyènes avaient mordu la poussière, et la flèche empoisonnée de Swartboy avait pénétré dans les flancs d'un chacal.

Les chasseurs chargèrent leurs fusils et reprirent leur poste ; mais après une demie-heure d'attente, ils crurent pouvoir se retirer. Une heureuse diversion s'était opérée, les hyènes et les chacals avaient découvert les restes de l'éléphant et s'étaient jetés dessus.

Pendant toute la nuit, on les entendit se quereller, gronder, rire et japper autour de leur proie, qu'ils allaient chercher en plongeant dans les eaux du lac.

Vom Bloom et ses enfants ne s'amusèrent pas à écouter ce bruit ; dès qu'ils furent certains que les bêtes féroces ne reviendraient plus au camp, ils rentrèrent dans leur lit et goûtèrent le doux sommeil qui suit une journée de travail.

CHAPITRE XXIII

L'OUREBI

Le lendemain matin, les hyènes et les chacals avaient disparu sans laisser la moindre parcelle de la chair de l'éléphant.

L'énorme squelette était entièrement dépouillé, les rudes langues de hyènes en avaient même poli les os. Chose plus étonnante encore, deux chevaux, qui achevaient dans la prairie leur triste existence, avaient été abattus pendant la nuit et disséqués aussi nettement que l'éléphant. C'était une preuve que les animaux voraces abondaient autour du camp, et leur présence était de bon augure, car ils ne se montrent que dans les localités giboyeuses.

En examinant les bords du lac, on constata que des bêtes de diverses espèces y étaient venues boire.

On reconnut le sabot rond et solide du couagga et de son congénère le dauw, puis l'empreinte nettement dessinée de l'antilope gemsbock et la trace plus large de l'élan. Au milieu de toutes les marques éparses sur le rivage, Von Bloom ne manqua pas d'observer celles du lion; on ne l'avait pas entendu rugir; mais il était certain qu'il hantait la contrée, à la piste des couaggas, des gemsbock et des élans, qui sont sa proie favorite.

La famille travailla peu ce jour-là. La préparation du biltongue et la surveillance que les maraudeurs avaient exigée avaient épuisé les forces de Von Bloom et de ses compagnons. Ils étaient disposés à l'oisiveté. Cependant Swartboy nettoya les pieds d'éléphant après les avoir tirés du four, et disposa le biltongue de manière à en accélérer la dessication. Von Bloom emmena loin du camp les trois chevaux qui restaient et qui n'avaient pas deux jours à vivre. Il mit fin à leurs souffrance et fit acte de charité en leur envoyant à chacun une balle à travers le cœur.

De tous les bestiaux du porte-drapeau, il ne restait plus que la vache, de laquelle on appréciait les services, et qui était l'objet de soins particuliers. Sans le lait qu'elle fournissait en abondance, l'alimentation de la famille aurait été d'une nature assez sauvage. Tous les jours on conduisait la précieuse bête dans le meilleur pâturage, et le soir elle rentrait dans un kraal d'épines qu'on avait construit pour elle à peu de distance du nwana. Ces épines, dont les racines étaient placées à l'intérieur, formaient avec leurs cimes touffues des chevaux de frise qu'aucun animal n'était tenté de franchir. Une haie pareille est impénétrable même pour le lion, à moins qu'il n'ait été provoqué et qu'il ne se connaisse plus.

Pour permettre à la vache d'entrer et de sortir, on avait ménagé une ouverture dont la porte était un grand buisson.

Après la vache, le seul animal domestique du camp était le faon de springbok, le favori de Gertrude ; mais le jour même, il eut un compagnon non moins gracieux que lui et de proportions encore plus délicates. C'était le faon d'un ourebi, une des antilopes élégantes dont on trouve tant de variétés dans les plaines et dans les bois de l'Afrique méridionale.

Cette jolie bête fut un cadeau de Hendrik, qui apporta en même temps pour dîner de la venaison que tout le monde, à l'exception de Swartboy, préféra au rôti d'éléphant.

Il était sorti vers midi, croyant avoir vu un animal rôder près du camp. Après avoir fait un demi-mille dans les broussailles, sur la lisière de la prairie, il aperçut deux individus d'une espèce qui lui était inconnue, mais qui, à en juger par leur conformation, devaient être des antilopes ou des daims. Comme Hans lui avait dit qu'il n'y avait pas de daims dans le sud de l'Afrique, il en conclut qu'il avait sous les yeux deux antilopes. Une seule portait des cornes ; c'étaient par conséquent un mâle et une femelle. Le premier n'avait pas deux pieds de hauteur. Sa robe était d'un fauve pâle ; ses yeux étaient surmontés de sourcils blancs ; il avait le ventre blanc et de longs poils de la même couleur sous la gorge. Des touffes de poils jaunâtres pendaient au-dessus de ses genoux. Ses cornes n'étaient pas recourbées en forme de lyre comme celle de l'antilope springbok, mais elles s'élevaient presque verticalement à la hauteur de quatre pousses. Elles étaient noires, rondes et légèrement annelées. La femelle, qui n'avait pas de cornes, était beaucoup plus petite que son compagnon.

Après avoir fait toutes ces observations, Hendrik en conclut judicieusement que ces antilopes étaient des ourebis.

Il tâcha de les rapprocher avec assez de précaution pour ne pas donner l'alarme à ces bêtes craintives ; mais il ne pouvait sans imprudence dépasser un buisson de jong dora derrière lequel il se tint caché, et qui était encore à deux cents yards des ourebis.

De temps en temps le mâle dressait son cou gracieux, poussait un léger bêlement et jetait autour de lui des regards soupçonneux; Hendrik jugea par ces symptômes qu'il approcherait difficilement des ourebis à portée de sa petite carabine.

Il avait eu soin de se placer sous leur vent ; mais, au bout de quelque temps, il aperçut avec douleur qu'elles broutaient au vent, à la manière des springboks et de quelques autres espèces. Par conséquent elles marchaient régulièrement, les naseaux tournés vers le côté d'où soufflait le vent et mettaient à chaque pas un plus grand intervalle entre eux et lui.

Il fallait donc renoncer à la chasse ou faire un long circuit pour barrer le passage aux ourebis. L'exécution de cette dernière manœuvre était lente, pénible et d'un résultat douteux : Hendrik aurait beau multiplier les marches et les contre-marches, glisser de buisson en buisson, se tapir dans les herbes, il était probable que les ourebis le sentiraient avant qu'il fût à bonne portée ; car c'est précisément afin de pouvoir être avertis par le flair de la présence d'un ennemi qu'elles broutent toujours contre le vent.

La plaine était vaste ; les abris étaient lointains et clairsemés : aussi Hendrik, découragé, abandonna-t-il le projet d'attaquer les ourebis par devant.

Il était sur le point de regagner le camp, lorsqu'il lui vint à l'idée d'employer la ruse. Il savait que, chez plusieurs espèces d'antilopes, la curiosité est plus forte que la crainte. Il avait souvent, par divers stratagèmes, attiré près de lui des springboks. Pourquoi les ourebis n'obéiraient-elles pas aux mêmes impulsions ?

— Tentons l'aventure ! se dit-il. Au pis aller, j'en serai quitte pour battre en retraite, ce que je serais obligé de faire dès à présent, si je ne courais une dernière chance.

Sans perdre un instant, il chercha dans sa poche un grand mouchoir rouge qui lui avait plus d'une fois servi en pareille occasion. Malheureusement il ne trouva rien.

Il fouilla dans les deux poches de sa veste et de ses larges culottes, puis dans son gilet; mais, hélas! le mouchoir rouge avait été oublié dans la charrette!

Comment le remplacer? En ôtant sa veste et en l'élevant en l'air? Elle n'était pas d'une couleur assez vive.

Fallait-il mettre son chapeau au bout de son fusil? La réussite de cet expédient était plus probable; cependant il avait le désavantage de trop rappeler la forme humaine que redoutaient les animaux en général et les ourebis en particulier.

Enfin Hendrik eut une heureuse idée.

Il avait entendu dire que la curiosité des antilopes était excitée non-seulement par les couleurs voyantes, mais encore par les formes bizarres, par les mouvements singuliers. Il se souvint d'un stratagème que les chasseurs avaient souvent employé avec succès et dont l'exécution était facile.

Il s'agissait de se tenir sur les mains, la tête en bas. C'était un exercice gymnastique que le jeune homme avait maintes fois pratiqué pour son amusement, et dans lequel il avait acquis l'habileté d'un acrobate.

Sans plus tarder, il déposa sa carabine à terre, et, se tenant sur la tête et sur les mains, il se mit à remuer les pieds en l'air, en les frappant l'un contre l'autre et en les croisant de la manière la plus fantastique.

Il avait le visage tourné du côté des ourebis; mais il ne pouvait les voir, car l'herbe avait un pied de haut. Cependant, par intervalles, il laissait retomber ses pieds et regardait entre ses jambes pour juger de l'effet de sa ruse.

Elle réussit. Le mâle, en apercevant l'objet inconnu, fit entendre un sifflement aigu, et partit avec la vitesse d'un oiseau, car l'ourebi est une des plus agiles antilopes d'Afrique. La femelle suivit, mais plus lentement, et se trouva bientôt en arrière.

Le mâle se ravisa tout à coup. Comme s'il eût eu honte de son peu de galanterie, il fit volte-face, et alla au-devant de sa compagne.

Quel pouvait être l'objet inconnu? C'était ce que le mâle semblait se demander. Ce n'était ni un lion, ni un léopard, ni une hyène, ni un chacal, ni un renard, ni un loup, ni un chien sauvage, ni aucun de ses ennemis bien connus. Ce n'était pas non plus un Bosjesman, puisqu'il paraissait avoir deux têtes. Qu'était-ce donc ?

L'objet était resté en place, il n'avait pas l'air de vouloir poursuivre une proie ; peut-être n'était-il pas dangereux.

Ainsi raisonna le mâle. Sa curiosité dominant sa crainte, il voulut, avant de s'éloigner, voir de plus près la chose mystérieuse qui attirait son attention. Peu importait ce qu'elle pouvait être ; à la distance qui l'en séparait, elle était hors d'état de lui nuire ; et si elle courait après lui, il comptait la laisser bien loin en arrière, puisque sa vélocité dépassait celle de tous les bipèdes ou quadrupèdes africains.

Il s'approcha donc de plus en plus, en allant en zigzag à travers la plaine, jusqu'à ce qu'il fut arrivé à moins de cent pas de l'étrange objet qui l'avait d'abord effarouché. Sa compagne semblait animée du même sentiment de curiosité, et ses grands yeux étincelaient d'un vif éclat. De temps en temps, l'un et l'autre s'arrêtaient comme pour tenir conseil, et se demander s'ils savaient à quoi s'en tenir sur le caractère de l'animal étranger. Il était évident que leur perplexité se prolongeait, car l'étonnement se peignait dans leurs regards et dans leurs allures.

Enfin l'étrange objet se perdit un moment sous l'herbe, et quand il reparut il avait subi une métamorphose, il en partait des reflets brillants qui fascinèrent tellement l'ourebi mâle, qu'il resta immobile et les yeux fixes.

Fatale fascination ! ce fut son dernier regard. Un éclair jaillit ; une balle traversa le cœur du pauvre animal, et il ne vit plus les brillants reflets.

La femelle accourut auprès de lui, et sans deviner la cause de sa mort subite, elle vit bien qu'il était mort. Son sang rouge s'échappait de sa blessure ; ses yeux étaient vitreux ; il était muet et sans mouvement.

Elle se disposait à fuir ; mais pouvait-elle se séparer immédiatement de la dépouille inanimée de son compagnon ; elle lui devait quelques pleurs ; elle avait des devoirs de veuve à remplir ; mais elle n'en eut pas le temps. L'amorce pétilla de nouveau ; le tube brillant lança son jet de flamme, et la femelle tomba sur le corps du mâle.

Le jeune chasseur se releva, et ne voyant point d'autre gibier dans la plaine, il ne reprit pas le temps de recharger son fusil, comme il en avait l'habitude. Il courut ramasser ses deux victimes, mais qu'elle fut sa surprise de trouver auprès d'elles une troisième antilope encore vivante. C'était un faon qui n'était guère plus gros qu'un lapin, et que l'herbe avait jusqu'alors caché. Il poussait de faibles bêlements en bondissant autour du corps inanimé de sa mère.

Tout chasseur qu'il était, Hendrik ne put se défendre d'une certaine émotion en contemplant ce tableau. Mais il songea que ce n'était pas en pure perte pour satisfaire un caprice qu'il avait tué ces antilopes. Sa conscience ne lui reprochait rien.

Le petit faon était une trouvaille pour Jan, qui avait souvent désiré en posséder un, afin de n'avoir rien à envier à sa sœur; on pouvait nourrir l'orphelin avec le lait de la vache, et Hendrik se promit de le faire élever avec soin. Il s'en empara sans difficulté, car la jeune ourebi refusait de quitter la place où sa mère était tombée.

Hendrik lia ensemble le mâle et la femelle, attacha une forte corde autour des cornes de l'ourebi mâle, et les traîna tous deux derrière lui, la tête la première et dans le sens du poil, ce qui rendait la traction plus facile. Il n'eut pas de peine à les tirer sur la pelouse, tout en portant le faon dans ses bras.

La satisfaction fut générale lorsqu'on vit arriver ce renfort de venaison. Jan fut particulièrement enthousiasmé du jeune faon, et n'envia plus à Gertrude la possession de sa jolie gazelle.

CHAPITRE XXIV

LES AVENTURES DU PETIT JAN

Il aurait mieux valu que Jan n'eût jamais vu la petite ourebi, car la nuit même l'innocente créature causa dans le camp une panique terrible.

L'ordre du coucher avait été le même que la nuit précédente.

Von Bloom et les quatre enfants s'étaient installés dans la charrette.

Totty était étendue dessous, entre les roues.

Le Bosjesman avait allumé à peu de distance un grand feu, près duquel il s'était endormi, enveloppé dans son kaross de peau de mouton.

La famille n'avait pas été importunée par les hyènes, ce qui se concevait aisément. Les trois chevaux qu'on avait tués dans la journée absorbaient l'attention de ces désagréables visiteuses, dont on entendait les rires affreux du côté où gisaient les cadavres. Ayant largement à souper, elles n'avaient aucun prétexte pour s'aventurer dans le voisinage du camp, où elles avaient été mal accueillies la veille.

Ce fut ainsi que raisonna Von Bloom avant de s'endormir; mais il se trompait. Quoique les hyènes eussent dévoré les chevaux, c'était une erreur de croire que leur appétit insatiable serait assouvi. Longtemps avant le jour, si Von Bloom avait été réveillé, il aurait entendu près du camp le rire frénétique des hyènes, dont les yeux verts scintillaient aux clartés mourantes du feu de Swartboy.

Dans un moment d'insomnie, il avait bien entendu les bêtes féroces; mais sachant que le biltongue était hors d'atteinte, et s'imaginant qu'elles ne pouvaient nuire à personne, il ne daigna pas s'occuper de leurs bruyantes démonstrations.

Cependant il fut réveillé en sursaut par le cri perçant d'un animal aux abois ; et ce cri fut suivi d'un autre brusquement étouffé.

Von Bloom reconnut le bêlement plaintif de l'ourebi.

— Ce sont les hyènes qui la tuent, pensa-t-il.

Tous les membres de la famille, éveillés en même temps, eurent la même idée ; mais ils n'eurent pas le temps de l'exprimer. Un nouveau bruit les fit tressaillir, et ils se levèrent avec autant de précipitation que si une bombe eût éclaté sous la charrette : du côté d'où était parti le bêlement de l'antilope, la voix du petit Jan se fit entendre.

Grand Dieu ! qu'arrivait-il ?

A une clameur brusque et perçante succéda le tumulte confus d'une lutte ; puis Jan appela au secours à grands cris, et les sons de sa voix furent de plus en plus affaiblis par la distance.

Jan était enlevé !

Cette pensée frappa Von Bloom, Hans et Hendrik, et les remplit de consternation. Ils avaient à peine les yeux ouverts, et, ne jouissant pas encore de toute la lucidité de leur esprit, ils ne savaient à quoi se résoudre.

Les cris réitérés de Jan leur rendirent toute leur énergie. Sans même prendre leurs fusils, ils sautèrent à bas de la charrette et coururent au secours de leur frère.

Totty était levée et versait des larmes, mais elle ignorait ce qui s'était passé.

Ils ne s'arrêtèrent pas à l'interroger, leur attention fut attirée par les vociférations de Swartboy, et ils virent courir dans les ténèbres un tison ardent qui était sans doute porté par ce fidèle serviteur.

Ils suivirent comme un fanal la torche embrasée. La voix du Bosjesman tonnait dans le lointain ; mais, hélas ! les cris du petit Jan retentissaient plus loin encore.

Sans chercher à comprendre ce dont il s'agissait, ils hâtèrent le pas, en proie à de sinistres appréhensions.

Tout à coup le tison descendit rapidement, remonta, redescendit, se releva de nouveau, et les clameurs de Swartboy redoublèrent.

Evidemment il administrait à quelque animal une terrible correction.

Mais on n'entendait plus la voix de Jan; était-il mort?

Son père et ses frères s'avancèrent, et bientôt un étrange spectacle s'offrit à leurs yeux. Jan gisait au pied d'un buisson, aux racines duquel il se cramponnait. Autour de son poing droit était enroulé le bout d'une longue lanière, et à l'autre bout était attaché la jeune ourebi, horriblement mutilée. Swartboy était près de lui, tenant son tison, qui flamboyait avec un nouvel éclat depuis qu'il s'en était servi pour étriller une hyène affamée.

L'hyène s'était évadée sans demander son reste, mais personne ne songea à la poursuivre; on ne s'occupait que du petit Jan.

L'enfant fut relevé; tous les yeux l'examinèrent avec empressement, et un cri de joie partit de toutes les poitrines quand on s'aperçut qu'il n'était pas blessé. Les épines l'avaient égratigné, la corde qu'il tenait avait laissé sur son poing un sillon bleuâtre; il était un peu troublé, mais il reprit promptement ses sens et donna l'assurance qu'il n'éprouvait aucune douleur; il expliqua ensuite les détails de sa mystérieuse aventure.

Il s'était couché dans la charrette avec ses frères, mais il ne s'était pas endormi comme eux; il était préoccupé de sa chère ourebi, qui, faute de place, avait été reléguée sous la charrette.

Jan se mit en tête de la contempler encore avant de s'endormir. Sans dire un mot à personne, il descendit, détacha doucement l'ourebi, qu'on avait liée à l'une des roues, et la conduisit auprès du feu pour la mieux voir.

Après l'avoir admirée pendant quelque temps, Jan pensa que Swartboy ne serait pas fâché de partager ses impressions, et il secoua le Bosjesman sans cérémonie. Celui-ci n'était nullement disposé à se réveiller pour regarder un animal de l'espèce duquel il avait mangé des centaines; mais il aimait son jeune maître et ne se formalisa pas d'un caprice qui le privait du sommeil.

Tous deux se mirent à causer des grâces de l'ourebi; mais ce genre de conversation finit par devenir monotone, et Swartboy proposa de dormir. Jan y consentit, à condition qu'il coucherait auprès du feu.

— J'irai, dit-il, chercher ma couverture dans la charrette, et vous n'aurez pas besoin de partager avec moi votre kaross.

— Y songez-vous? répondit Swartboy; quelle fantaisie! Si votre père se lève et ne vous trouve pas à côté de lui, que dira-t-il?

— Il n'aura pas de reproches à me faire, j'ai eu froid dans la charrette, et il est tout naturel que je me rapproche du feu. Je vous en prie, laissez-moi coucher auprès de vous.

Le petit lutin employa tant d'artifices que Swartboy, qui ne pouvait rien lui refuser, finit par se rendre. Il n'y avait pour lui aucun inconvénient à coucher en plein air, car le temps n'était pas à la pluie.

Jan remonta sans bruit dans la charrette, y prit sa couverture et vint se coucher à côté de Swartboy. De peur de perdre l'ourebi, il lui attacha au cou une lanière dont il s'assujettit fortement l'autre extrémité autour du poignet.

Pendant quelque temps encore, il demeura en contemplation devant sa bête favorite; mais enfin le sommeil le gagna, et l'image de l'ourebi devint confuse devant ses yeux.

A partir de cet instant, Jan ne pouvait se rendre exactement compte de ce qui lui était arrivé. — J'ai été éveillé, dit-il en terminant son récit, par une brusque secousse et par les bêlements de mon ourebi; et au moment où j'ouvrais les yeux, je me suis senti violemment traîné sur le sol; j'ai cru d'abord que Swartboy me jouait quelque mauvaises farce, mais à la lueur du foyer, j'ai vu un gros animal noir qui emportait l'ourebi et nous entraînait tous les deux. Jugez si je me suis mis à crier.

J'ai tâché de me retenir à l'herbe, à la terre, aux branches d'arbre; mais il m'a été impossible de rien saisir. Enfin, passant auprès d'épais buissons, j'ai pu m'accrocher aux racines, et je m'y suis tenu de toute ma force.

Pourtant l'animal noir me tirait toujours, je n'aurais pu résister longtemps sans le brave Swartboy, qui est arrivé avec son tison et qui a rossé d'importance la méchante bête. Elle n'a pas demandé son reste, allez!

Quand il acheva ses explications, Jan s'était complètement remis; mais la pauvre ourebi, cruellement mutilée, n'avait pas plus de prix qu'un rat mort.

CHAPITRE XXV

DIGRESSION SUR LES HYÈNES

Les hyènes ne sont que des loups d'une espèce particulière. Elles leur ressemblent par les mœurs et l'aspect général ; mais elles ont la tête plus massive, le museau plus large, le cou plus court et la robe plus velue et plus hérissée ; un de leur traits caractéristiques est l'inégalité des membres inférieurs : les jambes de derrière étant plus faibles et plus courtes que celle de devant, la croupe est beaucoup plus basse que les épaules, et la ligne du dos, au lieu d'être horizontale comme chez la plupart des animaux, s'abaisse obliquement vers la queue.

Dans les temps fabuleux de la zoologie, le cou épais et lourd de l'hyène avait fait croire qu'elle n'avait pas de vertèbres cervicales. Ses fortes mâchoires lui permettent de broyer des os dont les autres bêtes de proie ne sauraient tirer aucun parti : elle brise les plus gros ; et, après en avoir extrait la moëlle, elle les réduit en pâte et les avale. La nature ne laisse rien perdre, et c'est dans les contrées où abondent ces grands os que l'hyène se rencontre.

Les hyènes sont les loups de l'Afrique, c'est-à-dire qu'elles représentent sur ce continent une espèce qui n'y existe pas. Le maraudeur des Pyrénées ou son frère jumeau d'Amérique n'auraient point sans elle d'analogue en Afrique, car le chacal est de trop petite taille pour être considéré comme un loup.

De tous les loups, l'hyène est le plus laid, le plus repoussant. Ce serait l'animal le plus hideux de la création sans les babouins, avec lesquels elles ont d'ailleurs quelques rapports de physionomie et d'habitudes.

Pendant longtemps on n'a connu qu'une seule espèce d'hyène, l'hyène vulgaire ou rayée sur laquelle on a débité une foule de fables absurdes. Aucun animal, pas même le vampire, pas même le dragon, n'a joué un rôle si important dans le monde surnaturel. D'après les récits fantastiques du moyen âge, l'hyène exerçait sur ses victimes la fascination du regard, les attirait et les dévorait. Elle changeait de sexe chaque année ; on prétendait même qu'elle avait le pouvoir de se métamorphoser en jeune homme pour séduire les jeunes filles et les entraîner au fond des bois ; elle imitait admirablement la voix humaine. Rôdant autour des maisons, elle prêtait l'oreille, et quand elle avait entendu prononcer le nom d'un membre de la famille, elle le répétait en poussant des cris de détresse. Celui qu'elle avait appelé sortait imprudemment et devenait sa victime.

Ces histoires bizarres étaient crues comme article de foi ; mais ce qui peut sembler étrange, c'est qu'elles ne sont pas totalement dépourvues de fondement, et il y a en effet dans le regard de l'hyène une puissance particulière qui emporte l'idée de fascination, quoique à ma connaissance personne ne s'y soit jamais laissé prendre. On a pu également se figurer que l'hygène imitait la voix humaine, par la simple raison que cette voix ressemble à la sienne. Je ne prétends pas dire que le cri de l'hyène soit exactement celui d'un homme, mais il présente avec certains cris particuliers une identité remarquable. Je connais plusieurs individus qui ont positivement des voix d'hyène, et l'imitation la plus exacte du rire humain est le cri de l'hyène tachetée.

Malgré l'horreur qu'il inspire, on ne peut l'entendre sans être égayé par cette singulière parodie, dont les sons métalliques et saccadés rappellent la voix des nègres ; j'ai déjà comparé ce rire à celui d'un nègre en état de folie.

L'hyène rayée, quoique la mieux connue, est selon moi la moins intéressante de son genre. Elle est plus répandue que ses congénères ; on la trouve dans presque toute l'Afrique, dans les parties méridionales de l'Asie, et même dans le Caucase et l'Altaï. C'est la seule espèce qui existe en Asie ; toutes les autres sont originaires de l'Afrique, qui est la véritable patrie de l'hyène.

Les naturalistes n'admettent que trois espèces d'hyènes ; mais je suis convaincu qu'il y en a cinq ou six autres non moins distinctes, sans y comprendre le protales ou petite hyène fossoyeuse, et le chien sauvage du Cap, dont nous aurons à nous occuper dans le cours de notre récit.

L'hyène rayée est ordinairement d'une couleur gris-cendré, avec de légères teintes jaunâtres et des stries irrégulières d'un brun foncé. Ces raies sont rangées obliquement le long du corps et suivent la direction des côtes ; elles ne sont pas marquées avec la même netteté chez tous les individus.

Le poil de l'hyène est rude, épais, et forme sur le cou, les épaules et le dos, une crinière lorsque l'animal est irrité.

L'hyène commune est loin d'être brave ; c'est en réalité la plus faible et la moins féroce de son genre. Elle est vorace, mais elle vit uniquement de charogne et n'ose pas attaquer des êtres vivants d'une taille deux fois moindres que la sienne. Elle se jette avec avidité sur les plus petits quadrupèdes, mais un enfant de douze ans peut aisément la mettre en fuite.

La seconde espèce, désignée sous le nom d'hyène de Bruce, est celle dont le célèbre voyageur fut si souvent importuné pendant qu'il parcourait l'Abyssinie. Presque tous les naturalistes l'ont confondue avec l'hyène vulgaire, à laquelle elle ne ressemble que par les stries, encore sont-elles différemment disposées et d'une couleur différente. L'hyène de Bruce, deux fois plus grande que le type de l'espèce, la surpasse en force, en courage et en férocité. Elle attaque sans hésitation tous les animaux et l'homme lui-même. Elle entre la nuit dans les villages pour enlever les bestiaux et les enfants. Ces faits, qui paraissent invraisemblables, sont constatés par les témoignages les plus authentiques.

L'hyène de Bruce a la réputation d'entrer dans les cimetières et de déterrer les cadavres pour s'en repaître. Quelques naturalistes ont nié le fait ; mais pourquoi ? On sait que dans presque toutes les parties de l'Afrique les morts ne reçoivent point de sépulture, et qu'ils sont déposés dans les champs, où les hyènes viennent les dévorer ; on sait aussi que l'hyène creuse la terre. Est-il invraisemblable qu'elle découvre les cadavres, qui sont sa nourriture naturelle ? C'est l'habitude du loup, du chacal, du coyotte et même du chien. Je les ai vus tous ensemble à l'œuvre sur le champ de bataille. Pourquoi ne serait-ce pas celle de l'hyène ?

Une troisième espèce, très-distincte des précédentes, est l'hyène tachetée (*hyena crocuta*). On l'appelle parfois aussi l'hyène rieuse, à cause de la particularité dont nous avons eu occasion de parler.

Cette espèce est plus grande que l'hyène vulgaire, dont elle diffère peu par la couleur ; seulement, au lieu d'être rayés, ses flancs sont couverts de taches. Elle a les mœurs de l'espèce Abyssinienne ; mais elle est cantonnée dans la partie la plus méridionale de l'Afrique, où les colons hollandais la nomment tigre-loup, tandis que l'hyène vulgaire est connue sous la simple dénomination de loup.

Une quatrième espèce, l'hyène velue (*hyena villosa*), a pour signe caractéristique de grands poils droits qui tombent le long de ses flancs. Elle est de la grosseur d'un chien du mont Saint-Bernard, et n'est pas sans analogie avec le blaireau. La couleur de sa robe est un brun foncé en dessus et un gris sale en dessous.

Il est impossible de la confondre avec ses congénères, et cependant de savants naturalistes, entre autres de Blainville, l'ont décrite comme appartenant à la même espèce que l'hyène vulgaire. Les plus ignorants fermiers de l'Afrique méridionale ne s'y trompent pas.

Le nom de loup des sables qu'ils donnent à cette quatrième espèce indique ses habitudes, car elle fréquente les bords de la mer et ne se trouve jamais dans les localités où abondent les hyènes communes.

On a eu tort d'appeler cette espèce hyène brune, car elle n'est nullement caractérisée par sa couleur. Ce nom convient mieux à celle qui habite le grand désert, et dont les poils plus courts sont d'un brun uniforme. Sans doute, lorsque le centre de l'Afrique aura été complétement exploré, plusieurs espèces nouvelles seront ajoutées à cette liste déjà nombreuse.

Les mœurs des hyènes se rapprochent de celles des grands loups. Elles vivent dans des grottes ou dans des crevasses de rochers. Quelques-unes s'emparent des terriers que d'autres animaux ont creusés, et qu'elles élargissent avec leurs griffes. Elles n'ont pas les pattes assez rétractiles pour monter sur les arbres ; c'est dans leurs mâchoires et leurs dents que consiste leur principale force.

Les hyènes sont des animaux solitaires ; il est vrai qu'on les voit par bandes autour des carcasses, mais si elles sont attirées par une proie commune, elles se dispersent pour en emporter les lambeaux. D'une voracité excessive, elles mangent jusqu'aux morceaux de cuir et aux vieux souliers. Malgré leur lâcheté elles montrent de l'audace envers les pauvres indigènes, qui ne les chassent pas en vue de les exterminer. Elles entrent dans les misérables kraals et emportent souvent les enfants. Il est certain que plusieurs centaines d'enfants ont été tués par les hyènes dans l'Afrique méridionale.

Vous vous demandez sans doute pourquoi on ne leur déclare pas la guerre? pourquoi on tolère leurs déprédations? Vous supposez que la vie humaine est regardée comme moins précieuse en Afrique qu'en Angleterre. Il n'en est rien. Si les sauvages n'assurent pas à leur famille une protection suffisante, les hommes civilisés ne sont guère moins coupables, et, au nombre de leurs lois, il en est plus d'une qui font de nombreuses victimes. Bien plus, l'existence humaine est parfois inutilement exposée. Une fête de la cour, une revue, la réception d'un empereur, entraînent presque toujours des accidents funestes.

CHAPITRE XXVI

UNE MAISON DANS LES ARBRES

Von Bloom réfléchit que les hyènes allaient être pour lui un grand fléau; elles menaçaient ses provisions, ses effets, et même ses enfants, car, en emmenant les aînés dans ses expéditions, il était obligé de laisser au camp les plus jeunes. D'autres animaux, plus redoutables encore, venaient boire dans le lac, et la nuit même on avait entendu sur ses bords le rugissement des lions. Il importait de mettre Gertrude et Jan à l'abri de leurs atteintes.

Il fallait donc bâtir une maison; mais cette construction demandait du temps, les pierres étaient à un mille de distance et ne pouvaient être apportées qu'à la main. D'ailleurs à quoi bon se donner tant de peine pour un édifice provisoire; Von Bloom n'avait pas l'intention de se fixer dans ce lieu, où les éléphants viendraient sans doute à manquer bientôt.

On pouvait construire une maison de bois, mais, à l'exception des figuiers-sycomores qui étaient plantés de distance en distance avec une sorte de symétrie, on ne trouvait que des mimosas, des euphorbes, des strélitzias, des aloès aborescents, des zamies aux souches épaisses. Toutes ces plantes embellissaient le paysage, mais ne pouvaient fournir aucun bois de charpente. Quand aux nwanas, ils étaient tellement gros, qu'il eût été aussi difficile d'en abattre un seul que de bâtir une maison, et l'on aurait eu besoin d'une scierie mécanique pour les découper en planches.

Une enceinte de broussailles, une frêle muraille de perches et de lattes n'auraient pas suffisamment garanti la sécurité des habitants; un rhinocéros, un éléphant furieux, en auraient en quelques instants effectué la démolition.

En outre, s'il fallait en croire Swartboy, qui était originaire d'un pays voisin, quelques peuplades antropophages hantaient les environs : comment se défendre de leurs attaques dans une maison mal close et peu solide ?

Von Bloom était embarrassé. Il ne pouvait commencer ses chasses avant d'avoir réglé la question de son domicile. Il importait de disposer un emplacement où les enfants seraient en sûreté pendant son absence.

Tandis qu'il y réfléchissait, il jeta par hasard les yeux sur le nwana, et son attention se fixa sur ses énormes branches, qui éveillèrent dans son esprit d'étranges souvenirs. Il se rappela avoir entendu dire que dans certaines parties de l'Afrique, et sans doute à peu de distance de celle où il était, les indigènes vivaient dans les arbres.

En effet, une tribu tout entière, composée de cinquante individus, s'établit parfois sur un seul arbre, où elle brave les bêtes féroces et les sauvages. Les huttes sont posées sur des plates-formes que soutiennent les grosses branches horizontales ; l'on y monte au moyen d'échelles qui sont retirées pendant la nuit.

Von Bloom connaissait ces détails, qui sont de la plus complète exactitude.

— Ne puis-je, se dit-il, à l'exemple des Hottentots, construire un asile dans la gigantesque nwana ? J'y trouverais toute la sécurité désirable, toute ma famille y dormirait en paix, et quand j'irais à la chasse, je laisserais mes enfants avec la certitude de les revoir sains et saufs au retour. L'idée est excellente, mais est-elle praticable ?... Voyons ! il ne faut que des planches pour établir une plate-forme, le reste sera facile ; le feuillage, à la rigueur, me servirait de toit... Mais où trouver des planches ? Hélas ! il n'y en a point dans les environs.

En cherchant autour de lui, Von Bloom jeta les yeux sur sa charrette.

— Voilà des planches ! s'écria-t-il dans un premier transport de joie. Mais quoi ! briser cette belle voiture, me priver de la seule ressource que j'aie pour retourner un jour à Graaf Reinet !... Non, non ! jamais ! Imaginons un autre expédient... Mais j'y pense ; je n'ai pas besoin de briser ma charrette ; elle peut se démonter et se remonter à volonté... Je puis l'utiliser sans en ôter un seul clou... Le fond de la caisse sera ma plate-forme... Hurrah !

Enthousiasmé de son projet, le porte-drapeau s'empressa de le communiquer à ses enfants. Tous y adhérèrent avec empressement, et comme ils avaient la journée devant eux, ils se mirent à l'œuvre immédiatement.

Ils coupèrent d'abord dans le taillis du bois, dont ils fabriquèrent, non sans peine, un grossière échelle de trente pieds de hauteur. Elle atteignait aux premières branches du nwana, d'où ils pouvaient organiser un escalier pour arriver à toutes les autres.

Von Bloom monta, examina avec soin les branches nombreuses qui partaient horizontalement du tronc, et en choisit deux des plus fortes, situées à la même hauteur et s'écartant insensiblement l'une de l'autre.

Dix minutes suffirent pour démonter la charrette ; puis tous les travailleurs réunirent leurs forces pour monter le fond de la caisse. A l'une de ses extrémités furent attachées de grosses courroies, qu'on fit passer par-dessus une branche plus élevée que celle sur laquelle devait reposer le plancher. Swartboy grimpa sur l'arbre pour diriger l'énorme pièce de bois, et toute la famille se suspendit aux courroies pour la haler. Le petit Jan lui-même tira de son mieux, mais toute sa puissance musculaire ne pouvait guère être évaluée à plus d'une livre commerciale.

Le fond de la charrette fut hissé et placé d'aplomb sur les branches horizontales destinées à le supporter. De bruyantes acclamations retentirent en bas, et Swartboy y répondit du haut du nwana.

Le plus difficile était fait. Les parois de la charrette furent enlevées pièce à pièce et remises à leur place. On élagua quelques branches afin de remonter la capote du véhicule ; et quand le soleil se coucha, la maison aérienne était logeable.

On y coucha le soir même, ou plutôt, comme le dit Hans en plaisantant, on y percha.

Mais la famille ne regardait pas sa nouvelle habitation comme terminée. On y travailla le lendemain. Au moyen de longues perches, on établit devant la charrette une large terrasse. Les perches furent liées ensemble avec des baguettes de saule pleureur (*salix Babylonica*), arbre originaire de ces contrées, et qui croissait en abondance sur les bords du lac. La terrasse reçut un épais enduit de glaise prise au même endroit, et cimentée avec cette terre glutineuse dont sont composées les fourmilières.

Grâce à ces arrangements, on pouvait allumer du feu et faire la cuisine dans le nwana.

Quand le principal corps de logis fut achevé, Swarthoy construisit une plate-forme pour lui et une seconde pour Totty, dans une autre partie de l'immense figuier-sycomore. Au-dessus de chacune d'elles, pour préserver leurs habitants de la pluie et de la rosée, fut placé un pavillon de la grandeur d'un parapluie ordinaire. Ces deux pavillons avaient un aspect bizarre, dont on se rendait compte aisément quand on savait que c'étaient les oreilles de l'éléphant.

CHAPITRE XXVII.

LA BATAILLE DES OUTARDES

Rien ne pouvait plus empêcher le porte-drapeau de poursuivre le but de sa vie nouvelle, la chasse aux éléphants. Il résolut de commencer sans retard. Il sentait qu'il serait en proie à une terrible incertitude tant qu'il n'aurait pas abattu plusieurs de ces gigantesques animaux. Etait-il sûr maintenant d'en pouvoir tuer un seul, et s'il n'y réussissait pas, à quoi serviaient ses calculs anticipés ? Que devenaient ses espérances de fortune ? Un échec pouvait le rejeter dans une condition pire que celle qu'il avait supportée, car il aurait perdu non-seulement son temps, mais encore son énergie. Le succès excite les facultés, ranime le courage, inspire à l'homme une juste confiance en soi-même ; la défaite le rend timide et le pousse au désespoir. Sous le rapport psychologique, il est dangereux d'échouer dans une entreprise quelconque, et c'est pourquoi, avant d'exécuter aucun projet, il importe d'être bien certain qu'il est praticable.

Celui de Von Bloom l'était-il ? Il l'ignorait encore ; mais c'était son unique ressource. Aucun autre moyen d'existence ne s'offrait à lui présentement ; il fallait de toute nécessité essayer de celui-ci. Il avait foi dans ses calculs, il avait l'espoir qu'ils ne seraient pas trompés ; mais la chose restait à l'état de théorie. Il était donc naturel qu'il eût hâte de débuter et de courir la chance.

Il sortit donc à la pointe du jour, accompagné de Hendrik et de Swartboy. Il n'avait pu se décider à laisser ses enfants sous la seule protection de Totty, qui était elle-même presque un enfant. Hans était chargé de veiller sur eux et de garder le camp.

Les chasseurs suivirent d'abord le ruisseau qui sortait du lac, parce que c'était de ce côté que les arbres étaient en plus grand nombre ; et ils savaient que les éléphants hantaient plus volontiers les contrées basses que les plaines découvertes.

Le cours d'eau était bordé d'une large ceinture de ces taillis qu'on désigne sous le nom de jungles. Plus loin se montraient çà et là des bouquets d'arbres, des massifs de verdure, au delà desquels commençaient les prairies, presque dépourvues d'arbres, mais couvertes d'un riche tapis de gazon. A ces prairies succédait le Karoo, désert aride, qui s'étendait à l'orient et à l'occident jusqu'aux limites de l'horizon. La lisière septentrionale était formée, comme nous l'avons dit, par une chaîne de collines escarpées, derrière lesquelles il n'y avait que des solitudes desséchées. Au sud, on apercevait des bois qui, sans mériter le nom de forêts, étaient cependant assez vastes pour servir de retraite aux éléphants.

Les arbres étaient principalement des mimosas de diverses espèces, dont les feuilles, les racines et les jeunes pousses sont la nourriture favorite des grands ruminants. On remarquait aussi quelques mokalas aux cimes en parasol ; mais c'était les nwanas dont les feuillages massifs, dominant tout le paysage, qui lui donnaient un caractère particulier.

Le lit du ruisseau allait en s'élargissant, mais en revanche la quantité d'eau courante diminuait, et à un mille du camp elle disparaissait complètement. On ne trouvait plus çà et là que des mares stagnantes. Toutefois, le lit continuait à augmenter de largeur, et il était évident qu'après les grandes pluies il devait contenir assez d'eau pour former une rivière importante.

Les deux rives étaient couvertes de buissons si épais que le canal desséché était la seule voie praticable. Chemin faisant, les chasseurs firent lever diverses espèces de petit gibier, auquel Hendrik aurait volontiers envoyé un coup de fusil, mais son père s'y opposa.

— Tu pourrais, lui dit-il, effrayer le gros gibier que nous cherchons et que nous rencontrerons sans doute d'un moment à l'autre. Il vaut mieux attendre ; en retournant au camp, je t'aiderai à tuer une antilope qui fera notre souper. Provisoirement ne songeons qu'au but de notre expédition, et tâchons de nous procurer une paire de défenses.

Rien n'empêchait Swartboy de se servir de son arc, arme silencieuse, qui ne pouvait causer la moindre alerte. Il avait été emmené tant pour porter la hache et autres ustensiles que pour prendre part à la chasse. Il n'avait oublié ni son arc ni son carquois, et il était sans cesse occupé à chercher des yeux quelque animal, pour lui décocher une de ses armes empoisonnées.

Il trouva enfin un but digne de son attention. En traversant la plaine pour éviter les sinuosités du ruisseau, les chasseurs entrèrent dans une clairière au milieu de laquelle se tenait un énorme oiseau.

— Une autruche ! s'écria Hendrik.

— Non, dit Swartboy, c'est un paon.

— Il a raison, dit Von Bloom.

Cette désignation était nécessairement inexacte, car il n'existe pas de paons en Afrique; et il ne se trouvent à l'état sauvage que dans l'Asie méridionale et dans les îles de l'archipel Indien. Cependant le volatile avait quelque analogie avec un paon, par sa queue longue et massive, par ses ailes tachetées et ocellées, enfin par les plumes marbrées de son dos. A la vérité, il n'avait point les brillantes couleurs du plus fier des oiseaux, mais il était aussi majestueux et beaucoup plus grand. Sa taille et son attitude expliquaient la méprise d'Hendrik.

C'était un oiseau très-différent du paon et de l'autruche, l'outarde kori ou grande outarde de l'Afrique méridionale, que les colons hollandais ont qualifiée de paon à cause de son plumage ocellé.

Swartboy et Von Bloom savaient que le kori était un manger délicieux, mais ils savaient aussi que cet oiseau craintif se laissait difficilement approcher; comment donc le Bosjesman pouvait-il l'atteindre avec ses flèches ?

L'outarde était à plus de deux cents pas, et si elle avait aperçu ses ennemis, elle aurait doublé la distance en courant, car les oiseaux de cette famille, sans avoir recours à leurs ailes, comptent sur leurs longues jambes pour échapper aux dangers qui les menacent. Ils sont plus agiles que l'autruche même, et quand on les chasse avec des chiens, on ne les force qu'après un longue poursuite.

L'outarde n'avait pas encore vu les chasseurs. Ils l'avaient remarquée au moment où ils sortaient d'un taillis, et s'étaient arrêtés aussitôt.

De quelle manière Swartboy pouvait-il s'en approcher ? le sol était aussi dégarni qu'une prairie nouvellement fauchée, et la clairière n'avait qu'une largeur médiocre. Swartboy était même surpris d'y voir un kori, car ces oiseaux ne fréquentent ordinairement que les vastes plaines, pour être à même d'apercevoir de loin leurs ennemis.

L'outarde conservait sa position au centre de la clairière, et ne montrait aucune velléité de se déranger. Tout autre qu'un Bosjesman aurait renoncé à la chasser, mais Swartboy ne désespéra pas. Après avoir recommandé à ses compagnons de se tenir tranquilles, il s'avança sur la lisière de la jungle, et prit position derrière un buisson touffu. Il se mit ensuite à imiter, avec une parfaite exactitude, le cri que pousse le kori quand il provoque un adversaire au combat.

De même que le tétras, l'outarde est polygame, et dans certaines saisons de l'année elle est d'une jalousie terrible et d'une humeur belliqueuse. Swartboy savait que les koris étaient dans la saison des combats, et en parodiant leurs cris de défi, il espérait attirer à portée de sa flèche celui qu'il avait sous les yeux.

Dès que le kori entendit l'appel, il se dressa de toute sa hauteur, étendit sa queue immense, et laissa pendre ses ailes, dont les plumes mères traînèrent sur le sol ; puis il répondit à la provocation. Ce qui étonna Swartboy, ce fut d'entendre simultanément deux cris semblables.

Ce n'était pas une illusion ; avant que le Bosjesman eût le temps de réitérer son stratagème, un second appel retentit d'un autre côté.

Swartboy ouvrit de grands yeux à l'aspect d'un second kori qui semblait être tombé des nues, mais qui, plus vraisemblablement, était sorti du couvert des buissons ; en tous cas, avant que le chasseur l'eût remarqué, l'animal était près du centre de la clairière.

Les deux oiseaux se virent, et l'on put juger à leurs mouvements qu'une lutte entre eux était imminente.

Après avoir passé quelque temps à se pavaner, à faire la roue, à prendre les attitudes les plus menaçantes, à pousser les cris les plus insultants, les deux koris arrivèrent à un état d'exaltation suffisant pour commencer le combat. Ils s'abordèrent avec vaillance, en se servant de trois espèces d'armes ; tantôt ils se frappaient respectivement de leurs ailes ; tantôt ils se piquaient avec leurs becs, ou, quand ils en trouvaient l'occasion, se donnaient des coups de pieds que la longueur et la force musculaire de leurs jambes rendaient dangereux.

Swartboy savait que, lorsqu'ils seraient au fort de l'action, il pourrait approcher sans être remarqué, et il attendit patiemment le moment propice.

Au bout de quelques minutes, il reconnut qu'il n'aurait pas besoin de se déranger, puisque les oiseaux se dirigeaient de son côté.

Il tendit son arc, posa une flèche sur la corde, et observa les combattants.

En moins de cinq minutes, ils étaient à trente yards de son embuscade. Le sifflement de sa flèche aurait pu être entendu par une des outardes si elle avait écouté. L'autre n'aurait rien entendu, car avant que le son parvînt jusqu'à elle un trait empoisonné lui traversait les oreilles.

Elle tomba morte, et l'autre kori, s'imaginant d'abord qu'il avait remporté la victoire, se promena fièrement autour du cadavre; mais il parut changer d'avis en voyant le trait planté dans la tête de la victime ; certes, ce n'était pas lui qui avait fait cela!

Peut-être, s'il avait eu le temps de la réflexion, aurait-il pris la fuite; mais avant qu'il eût éclairci ses idées, une autre flèche l'étendit sur le gazon !

Swartboy vint alors prendre possession de sa proie : les deux jeunes mâles qu'il avait tués promettaient d'être excellents à la broche. Il les suspendit à une branche élevée, pour les mettre à l'abri de la voracité des hyènes et des chacals; puis les chasseurs rentrèrent dans le lit du ruisseau.

CHAPITRE XXVIII

SUR LA PISTE DE L'ÉLÉPHANT

Après avoir fait une centaine de pas, ils traversèrent une des mares dont nous avons parlé. Elle était assez grande, et la vase de ses bords portait les empreintes de nombreux animaux.

En remarquant de loin ces empreintes, Swartboy prit les devants. Tout à coup ses yeux s'élargirent, ses lèvres frémirent, et il se tourna vers ses compagnons pour crier :

— *Mein baas ! mein baas* (mon maître) ! il est venu ici un klow, un éléphant de la grande espèce !

Il était impossible de confondre les traces de l'éléphant avec celles de tout autre animal. Elles avaient une longueur de vingt-quatre pouces et une largeur presque égale. Profondément imprimées dans la boue, elles formaient des trous assez grands pour y planter un poteau. Les chasseurs contemplèrent ces traces avec d'autant plus de plaisir qu'elles étaient fraîches, et que la vase remuée n'était pas encore recouverte d'une croûte. Elles devaient avoir été faites dans la nuit, et annonçaient la présence d'un vieil éléphant de très-haute taille.

Il s'agissait seulement de savoir si ses défenses n'avaient pas été brisées par accident; car dans ce cas elles ne repoussent jamais. Elles tombent lorsque l'éléphant est jeune et qu'elles ne sont pas plus grosses que des pattes de homard, mais celles qui les remplacent durent toute la vie, et si elle se rompent, elles ne reparaissent jamais. Quoique leur perte soit un grand malheur pour l'éléphant, il devrait, s'il était bien avisé, les briser contre le premier arbre venu ; ce serait probablement un moyen de prolonger son existence, car les chasseurs ne daigneraient plus employer leurs munitions à le tuer.

Après avoir tenu conseil, Von Bloom et Hendrik, précédés de Swartboy, suivirent la piste, qui passait à travers la jungle.

Ordinairement l'éléphant laisse des marques de son passage en broutant les arbres qu'il rencontre. Dans la circonstance actuelle, il n'avait pas mangé ; mais le Bosjesman, qui avait l'agilité d'un lévrier, n'en suivit pas moins la trace, laissant derrière lui ses compagnons essoufflés.

Ils traversèrent plusieurs clairières et en trouvèrent une au milieu de laquelle s'élevait une énorme fourmilière. L'éléphant devait s'y être arrêté, et même s'y être couché.

Von Bloom avait toujours entendu dire que les éléphants dormaient debout, mais Swartboy était mieux informé.

— Il est vrai, dit-il, qu'ils se tiennent quelquefois debout durant leur sommeil, mais surtout dans les contrées où ils ne sont pas tourmentés ; que celui-ci se soit couché, c'est bon signe, nous voyons par là que jusqu'à présent les klows sont restés paisibles possesseurs du pays. Il est par conséquent facile de les approcher et de les tuer ; et s'ils déguerpissent plus tard, ce sera seulement quand nous en aurons abattu un bon nombre.

Cette dernière considération était de la plus haute importance. Lorsque les éléphants ont appris à leurs dépens ce que signifie la détonation du fusil, il suffit souvent d'une seule chasse pour les décider à s'éloigner. Non-seulement les individus qu'on a poursuivis se dérobent aux coups des chasseurs, mais encore tous les autres partent comme s'ils eussent été avertis par leurs camarades, et bientôt il n'en reste plus un seul dans la contrée. Ces émigrations sont le plus grand obstacle que rencontre le chasseur d'éléphants, qu'elles obligent à des déplacements perpétuels.

Au contraire, lorsque les éléphants sont restés longtemps tranquilles, un coup de fusil ne les épouvante pas, et pour quitter la place, il faut qu'ils soient chassés avec persévérance.

Swartboy fut donc enchanté de voir que le vieil éléphant s'était couché, et tira de ce fait une foule de conclusions.

Il était certain que l'éléphant s'était couché. A la place où son dos avait porté, le cône élevé par les fourmis s'était affaissé ; les formes de son corps étaient dessinées dans la poussière, et l'une de ses défenses avait laissé dans l'herbe une profonde rainure. Le judicieux Bosjesman décida, après examen, que ces défenses devaient être d'une dimension considérable.

Swartboy donna à ses compagnons de curieux détails sur le plus grand des quadrupèdes.

— L'éléphant, dit-il, ne se couche jamais sans avoir pour point d'appui de ses épaules un rocher, un arbre ou une fourmilière; autrement, il serait exposé à rouler sur le dos; quand il est renversé, les pieds en l'air, il a beaucoup de peine à se relever, et se trouve presque aussi embarrassé qu'une tortue. Parfois il dort debout, appuyé contre le tronc d'un arbre dont il s'était d'abord approché pour chercher de l'ombre. Il affectionne certains arbres auxquels il revient régulièrement pour faire un somme pendant la grande chaleur du jour. C'est le moment où il repose; car, au lieu de dormir la nuit, il l'emploie à se repaître et à chercher un abreuvoir. Dans les pays où il n'est pas inquiété, il mange aussi le jour, et je crois pouvoir attribuer son activité nocturne à la crainte que lui inspire l'homme, son ennemi le plus acharné et le plus vigilant.

Pendant que Swartboy communiquait ces renseignements, on continuait à suivre les traces de l'éléphant, qui avaient changé de nature à partir de la fourmilière. Le sommeil lui avait rendu l'appétit, les buissons épineux avaient été saccagés par sa trompe flexible; des branches avaient été arrachées, dépouillées entièrement de leurs feuilles, et les parties ligneuses qu'il avait abandonnées étaient éparses çà et là sur le sol; il avait déraciné des arbres, dont quelques-uns étaient de grande dimension.

L'éléphant en agit ainsi lorsque le feuillage ne se trouve pas à portée de sa trompe; il n'hésite pas à abattre l'arbre trop élevé, afin de le dépouiller à loisir. Comme il est friand de diverses espèces de racines savoureuses, il lui arrive parfois, pour les atteindre, de creuser la terre avec ses défenses, surtout quand elle a été détrempée par les pluies. Après avoir soulevé le pied de l'arbre avec son puissant levier, il le saisit à l'aide de sa trompe et se nourrit des racines. Il recherche principalement les plus grosses espèces de mimosas; mais il est capricieux, et après avoir emporté un arbre pendant l'espace de plusieurs yards, il le rejette souvent sans y toucher. Le passage d'une troupe d'éléphants suffit pour ravager une forêt.

L'éléphant n'a besoin que de sa trompe pour arracher les arbustes, mais il lui faut faire usage de ses défenses quand l'arbre est d'une certaine grosseur. Il les glisse sous les racines, remue le sol, ordinairement sablonneux, et envoie en l'air par une brusque secousse les racines, le tronc et les branches.

Sur la route que parcouraient les chasseurs, ils trouvaient à chaque pas des preuves étonnantes de la force de l'éléphant, et ne pouvaient se défendre d'un sentiment de terreur. Si dans ses moments de repos, le gigantesque animal commettait tant de dévastations, de quoi n'était-il pas capable pour peu qu'on l'irritât ?

Quoique plus expérimenté que le fermier et son fils, et même à cause de son expérience particulière, le Bosjesman n'était pas sans inquiétude. Il avait lieu de croire que l'animal qu'ils poursuivaient était ce que les chasseurs indiens appellent un rôdeur.

Dans les circonstances ordinaires, on peut passer au milieu d'un troupeau d'éléphants aussi impunément qu'au milieu d'un troupeau de bœufs ; ils ne deviennent dangereux que lorsqu'ils sont attaqués ou blessés. Le rôdeur est une exception à la règle générale ; il est habituellement vicieux et se rue sans la moindre provocation sur les hommes ou les animaux qu'il rencontre ; il semble se complaire dans la destruction, et malheur à tout être vivant qui se trouve sur son passage et n'est pas assez agile pour lui échapper ! Le rôdeur ne s'associe jamais aux autres animaux de son espèce, il erre solitaire dans les bois ; on croirait que c'est un exilé, banni pour son mauvais caractère ou pour ses méfaits, et dont la proscription même a aigri les inclinations perverses.

Il est à craindre, dit Swartboy, que nous ayons affaire à un rôdeur. Les éléphants vont par bandes de vingt, trente et même cinquante ; ils sont toujours au moins deux : cela m'est suspect. Les dégâts qu'il a commis, les larges empreintes qu'il a laissées, semblent indiquer qu'il appartient à la dangereuse famille des rôdeurs, dont nous avons déjà vu un échantillon. Celui que le rhinocéros à tué en était un ; autrement il se serait retiré pour éviter le combat.

Ces explications augmentèrent les alarmes des chasseurs ; cependant aucun d'eux ne songea à reculer.

Les empreintes étaient de plus en plus fraîches, les racines des arbres renversés portaient la marque des dents de l'éléphant, et elles étaient encore humides de son abondante salive. Les branches brisées des mimosas exhalaient encore leurs parfums, qui n'avaient pas eu le temps de se dissiper; tout annonçait que l'animal était proche.

Précédés par le Bosjesman, Von Bloom et son fils faisaient le tour d'un massif, lorsque leur guide s'arrêta brusquement. Ses yeux roulèrent dans leurs orbites, ses lèvres s'agitèrent, mais l'émotion lui coupa la parole; il ne fit entendre que des sifflements inarticulés. Il était inutile qu'il s'expliquât d'avantage; ses compagnons devinèrent qu'il avait vu l'éléphant, et se cachant en silence derrière des broussailles, ils regardèrent à leur tour l'imposant quadrupède.

CHAPITRE XXIX

LE RODEUR

L'éléphant se tenait au milieu d'un massif de mokhalas. Ces arbres, que les botanistes désignent sous le nom d'acacias de la girafe, ont des tiges élancées, surmontées d'un épais feuillage qui affecte la forme d'un parasol. La girafe, avec son long cou et ses lèvres préhensiles, atteint sans difficulté leurs feuilles pinnées, d'un vert tendre, qui sont son aliment favori.

L'éléphant, dont la trompe ne peut jamais s'élever à la même hauteur, serait souvent dans la situation du renard de la fable s'il n'avait un moyen de mettre à sa portée la nourriture qu'il désire. Il brise l'arbre, à moins que le tronc soit d'une dimension exceptionnelle.

Lorsque les yeux de nos chasseurs s'arrêtèrent sur l'éléphant, il venait de casser près de la racine un mokhala, dont il dévorait les feuilles avec avidité.

— Prenez garde! murmura précipitamment Swartboy lorsqu'il eut recouvré sa présence d'esprit, prenez garde, baas! n'approchez pas; c'est un vieux klow, je vous promets qu'il est méchant comme un diable.

Von Bloom et Hendrik regardèrent l'animal et ne lui trouvèrent rien qui le distinguât des autres de son espèce; mais le Bosjesman avait des yeux exercés, et il était incapable de se tromper. Il possédait cette science physiognomonique qui nous fait distinguer un homme vertueux d'un scélérat, sur des indices qu'on saisit sans pouvoir les définir.

Von Bloom et Hendrik trouvèrent en effet que l'éléphant avait mauvaise mine, et suivirent les conseils de Swartboy; ils restèrent immobiles dans les broussailles, en se demandant s'ils devaient attaquer un aussi formidable animal. La vue de ses longues défenses était trop séduisante pour que Von Bloom renonçât à faire au moins une tentative. Avant de le laisser fuir, il voulait lui envoyer quelques balles.

Il chercha dans sa tête un plan d'attaque, mais il n'avait pas le temps de le mûrir. L'éléphant se montrait inquiet; il pouvait s'éloigner d'un moment à l'autre, et se perdre au milieu des fourrés. Von Bloom prit le parti de s'avancer le plus près possible et de lâcher son coup de fusil. Il se disait qu'une seule balle au front tuait un éléphant, et pourvu qu'il choisît une bonne position, il se croyait assez bon tireur pour toucher droit au but.

Malheureusement la conviction de Von Bloom était basée sur une erreur accréditée par les théoriciens qui ont chassé l'éléphant dans leur cabinet. En consultant d'autres hommes d'étude, les anatomistes, ces messieurs pourraient s'assurer que l'éléphant peut recevoir impunément une balle dans la tête, grâce à la position de sa cervelle et à la conformation de son crâne.

Préoccupé d'une fausse idée, Von Bloom commit une grave erreur. Au lieu de chercher à prendre l'animal de flanc, ce qui aurait été facile, il fit un détour à travers les broussailles pour venir le frapper au milieu du front.

Hendrik et Swartboy restèrent à leur place.

A peine Von Bloom était-il installé, qu'il vit la monstrueuse bête s'avancer d'un pas majestueux. En une douzaine d'enjambées, elle allait atteindre le chasseur embusqué. Elle ne proférait aucun cri; mais on entendait le gargouillement de l'eau qui ondulait dans son vaste estomac.

Von Bloom avait pris position derrière le tronc d'un gros arbre.

L'éléphant ne l'avait pas vu, et aurait peut-être passé sans le remarquer, si le chasseur l'avait permis.

Von Bloom en eut un moment l'idée. Quoique ce fût un homme de cœur, la vue du géant des forêts le faisait frissonner malgré lui; mais à l'aspect des brillantes masses d'ivoire qui le menaçaient, il se rappela pourquoi il s'était exposé. Il songea à la nécessité de refaire sa fortune et d'assurer l'avenir de ses enfants.

Il posa résolûment son long roer sur un nœud de l'arbre et prit son point de mire. La détonation retentit; des nuages de fumée enveloppèrent le chasseur. Il entendit la voix stridente et cuivrée de l'éléphant, le bouillonnement de l'eau dans ses entrailles, le craquement des branches; et quand la fumée se dissipa, il reconnut avec douleur que l'animal était encore sur ses pieds et n'avait nullement souffert.

La balle avait atteint son but; mais au lieu de pénétrer dans le crâne, elle s'était aplatie sur l'os frontal, et n'avait eu d'autre effet que d'exciter au plus haut degré la fureur de l'éléphant. Quoiqu'il ignorât la cause du chatouillement importun qu'il avait ressenti, il frappait les arbres avec ses défenses, arrachait les branches et les lançait en l'air. S'il avait aperçu Von Bloom, il l'aurait infailliblement mis en pièces; mais le chasseur eut la présence d'esprit de rester immobile derrière le gros arbre.

Swartboy ne montra pas tant de prudence. Il était sorti avec Hendrik du massif de mokhalas, avait traversé la clairière et se dirigeait du côté de Von Bloom. Quand il vit que l'éléphant n'était pas blessé, il perdit courage, quitta Hendrik et se sauva dans le taillis en poussant des cris de détresse.

Ces cris attirèrent l'attention de l'éléphant, qui, prenant la direction d'où ils partaient, rentra dans la clairière que traversait le fugitif. Au moment où l'animal passait devant Hendrik, celui-ci lui envoya une balle qui l'atteignit à l'épaule et le rendit plus furieux que jamais.

Sans s'arrêter, l'éléphant se rua sur les pas de Swartboy, auquel, dans son ignorance, il attribuait peut-être la blessure qu'il avait reçue.

Le Bosjesman était à peine sorti des massifs de mokhalas, et n'avait pas plus de dix pas d'avance. Il se proposait de regagner le bois et de monter sur un arbre; mais, hélas! il était trop tard! il entendait les pas lourds, le mugissement de son ennemi courroucé, dont il croyait sentir l'ardente haleine. Il était encore loin du bois, et n'avait aucune chance d'arriver jusqu'à l'arbre sur lequel il voulait grimper. Ne sachant quel parti prendre, il s'arrêta et fit volte-face. C'était par désespoir et non par bravade qu'il affrontait son adversaire. Il savait qu'il serait certainement dépassé à la course, et comptait éviter la terrible attaque par quelque manœuvre adroite.

Le Bosjesman était au milieu de la clairière, et l'éléphant marchait droit à lui.

Swartboy n'avait point d'armes; il avait jeté pour courir plus vite, son arc, son carquois et sa hache, qui lui auraient été d'ailleurs inutiles. Il ne portait son kaross, ou manteau de peau de mouton, qu'il avait gardé avec intention.

L'éléphant approcha, la trompe étendue. Swartboy lui lança son kaross de manière à le faire retomber sur le long et flexible cylindre; puis il sauta lestement de côté, et prit la fuite dans une direction opposée à celle qui suivait l'éléphant.

Malheureusement la trompe balaya le sol avec le kaross, qu'elle avait saisi, et qui rencontrant les jambes de Swartboy, le renversa à plat ventre sur le gazon.

L'agile Swartboy se releva aussitôt et voulut courir; mais l'éléphant n'avait pas été dupe du stratagème du kaross, et après avoir jeté ce vêtement inutile, il se précipita brusquement sur Swartboy. Les demi-cercles d'ivoire passèrent par derrière entre les jambes du Bosjesman, et le lancèrent à plusieurs pieds en l'air.

Du bord de la clairière, Von Bloom et Hendrik furent témoins de sa périlleuse ascension; mais, à leur grand étonnement, ils ne le virent pas redescendre.

Était-il tombé sur les défenses de l'éléphant? Y était-il retenu par la trompe? Non : le Bosjesman n'était ni sur la tête ni sur le dos de l'animal qui, non moins étonné que les chasseurs de la disparition de sa victime, la cherchait de tous côtés.

Où Swartboy était-il allé?

En ce moment l'éléphant rugit avec fureur, entoura de sa trompe un mokhala et le secoua violemment.

Von Bloom et Hendrik levèrent les yeux vers la cime, s'attendant à y trouver Swartboy. En effet, il était juché sur les branches, au milieu desquelles il avait été lancé. Il comprenait que sa position était précaire, et la terreur se peignait sur sa physionomie; mais il n'eut pas le temps d'exprimer ses alarmes. L'arbre craqua, se brisa et tomba en entraînant le pauvre Bosjesman.

Par hasard, le mokhala tomba du côté de l'éléphant, dont Swartboy dans sa chute effleura la croupe. Les branches avaient amorti le choc; il n'était pas blessé, mais il se voyait complètement à la merci de son adversaire.

Il était perdu !

Une idée s'offrit à lui. Avec l'instinct du désespoir, il sauta sur une des jambes de derrière de l'éléphant et l'étreignit avec énergie; il mit en même temps ses pieds nus sur les rebords des sabots du pachyderme, et ce point d'appui lui permit de s'installer solidement.

Dans l'impossibilité de le faire déguerpir ou de l'atteindre avec sa trompe, surpris et épouvanté de ce nouveau genre d'attaque, l'éléphant poussa un cri terrible et s'enfuit à travers les jungles, la queue et la trompe en l'air.

Swartboy resta à son poste jusqu'à ce qu'il fût au milieu des taillis, et saisissant une occasion favorable, il se glissa doucement à terre. Dès qu'il eut touché le sol il se releva et courut de toute sa force dans une direction opposée.

Il n'avait pas besoin de s'essouffler. Non moins effrayé que lui, le prosboscidien poursuivit sa marche en faisant un large abattis d'arbres et de branches; il ne s'arrêta qu'après avoir mis plusieurs milles entre lui et le théâtre de cette fâcheuse aventure.

Von Bloom et Hendrik avaient rechargé leurs fusils et avançaient au secours de Swartboy ; mais il le rencontrèrent qui venait au devant d'eux, heureux et fier de sa miraculeuse délivrance.

Les chasseurs échauffés proposèrent de suivre la piste.

— A quoi bon ? dit Swartboy, qui avait assez du vieux rôdeur. Sans chevaux et sans chiens nous n'avons pas la moindre chance de le rejoindre. Le mieux est d'y renoncer sans barguigner.

Von Bloom le comprit et regretta plus vivement la perte de ses chevaux. Il est facile à un homme à cheval d'atteindre l'éléphant, et à des chiens de le réduire aux abois, mais il ne lui est pas moins facile d'échapper à un chasseur à pied, et une fois qu'il a pris la fuite, ce serait peine perdue que de le poursuivre.

L'heure était trop avancée pour chercher d'autres éléphants. Les chasseurs désappointés abandonnèrent la chasse et s'acheminèrent tristement vers le camp.

CHAPITRE XXX.

LES GNOUS

« Un malheur, dit le proverbe, n'arrive jamais seul. »
En approchant du camp, les chasseurs purent s'apercevoir que tout n'était pas en règle, Totty, Gertrude et Jan étaient en haut de l'échelle, et leurs regards inquiets n'annonçaient rien de bon.

Où était Hans ?

Dès que les chasseurs furent en vue, Jan et Gertrude descendirent les échelons et vinrent confirmer les tristes conjectures qu'on avait formées.

Hans était absent depuis plusieurs heures.

— Où est-il allé ? demanda Von Bloom.

— Nous ne savons pas, répondit Jan ; nous craignons qu'il ne lui soit arrivé quelque malheur.

— Mais dans quelles circonstances a-t-il quitté le camp ?

— Un grand nombre de bêtes de forme étranges sont venues boire dans le lac. Vite Hans a pris son fusil et s'est mis à les poursuivre ; il nous a recommandé de nous tenir dans l'arbre, de ne pas bouger avant son retour, en disant qu'il allait revenir de suite. Il s'est en allé au bas du lac ; mais les buissons nous l'ont bientôt caché, et nous ne l'avons plus revu !

— Y a-t-il longtemps ?

— Oh ! très-longtemps, dit Gertrude. Il est parti presque aussitôt que vous. Ne le voyant pas revenir, nous nous sommes d'abord inquiétés, puis nous avons pensé qu'il vous avait rencontrés, qu'il vous aidait à chasser, et que c'était pour cela qu'il ne rentrait pas.

— Avez-vous entendu un coup de fusil ?

— Non ; les étranges bêtes avaient disparu avant que Hans eût eu le temps de se préparer. Nous supposons qu'avant de pouvoir les rattraper il a dû faire un bon bout de chemin, et voilà pourquoi nous n'avons rien entendu.

— Quelles étaient les bêtes dont vous parlez ?

— De gros animaux d'un jaune brun, reprit la petite fille. Ils avaient des crinières hérissées ; de longues touffes de poils pendaient de leur poitrail entre leurs jambes de devant.

— Ils étaient gros comme des poneys, ajouta Jan ; ils gambadaient et caracolaient comme des poneys, auxquels ils ressemblaient beaucoup.

— Ils avaient plutôt l'air de lions, interrompit Gertrude.

— De lions ! s'écrièrent Von Bloom et Hendrik, avec l'accent de la terreur.

— Oui, reprit Gertrude, il m'ont fait l'effet d'être de l'espèce des lions.

— Et à moi aussi, dit Totty.

— Combien étaient-ils ?

— Au moins une cinquantaine. Nous n'avons pu les compter, car ils étaient sans cesse en mouvement, galopaient d'un lieu à l'autre et se donnaient des coups de cornes.

— Ah ! ils avaient des cornes ! s'écria Von Bloom, que cette affirmation rassurait.

— Certainement, répondirent à la fois Totty et les deux enfants.

— C'étaient, dit Jan, des cornes pointues qui descendaient en partant du front et remontaient ensuite tout droit. Ces animaux avaient aussi des crinières ; leur cou se courbait comme celui d'un cheval ; leur nez était garni d'une touffe de poils semblable à une brosse. Ils avaient les membres arrondis comme des poneys et de longues queues blanches qui balayaient la terre comme celle des poneys. Je vous le répète, sans leurs cornes, sans les longs poils dont leur nez et leur poitrine étaient garnis, je les aurais pris pour des poneys. Ils galopaient comme les poneys qui jouent dans les prairies ; ils couraient en baissant la tête, secouaient leurs crinières, hennissaient, ronflaient, absolument comme des poneys. Parfois encore ils beuglaient comme des taureaux ; et j'avoue que, par la tête, ils ressemblaient à des taureaux ! j'ai remarqué aussi qu'ils avaient le sabot fendu comme celui des bœufs. Oh ! je les ai bien vus, pendant que Hans chargeait son fusil ! Ils étaient au bord de l'eau ;

mais quand il approcha, ils décampèrent tous à la file. Celui qui les guidait et celui qui fermait la marche étaient de la plus forte taille.

— C'étaient des gnous ! s'écria Swartboy.

— Oui, dit Von Bloom ; la description que fait Jan ne peut s'appliquer qu'à eux.

En effet, Jan avait exactement esquissé les particularités caractéristiques du gnou (*catoblepas gnus*), le plus singulier peut-être de tous les ruminants ; il a le museau du bœuf, l'encolure du cheval, le cou massif et courbé, la queue blanchâtre et terminée par un flocon de poils. L'enfant avait parfaitement saisi ces traits distinctifs. Gertrude elle-même n'avait pas commis une erreur impardonnable, car les vieux gnous, avec leur robe fauve et leur crinière flottante, ont avec le lion des points d'analogie frappante quand on les aperçoit de loin, et les plus fins chasseurs s'y trompent quelquefois.

Cependant les observations de Jan étaient plus conformes à la vérité que celles de Gertrude. S'il avait été plus près, il aurait remarqué en outre que les gnous avaient l'air farouche, des cornes pareilles à celles du bison d'Afrique, les jambes effilées du cerf et la croupe ronde du poney. Il aurait vu encore que les mâles étaient plus gros et d'un jaune plus foncé que les femelles, que les petits étaient de couleur claire et blanchâtre comme du lait.

Les gnous qui étaient venus boire au lac faisaient partie de ceux que les colons hollandais appellent *wildebeest* (bœufs sauvages), et les Hottentots gnous. Ce dernier nom leur vient de ce qu'ils poussent parfois un gémissement sourd, exactement représenté par le mot gnou-o-ou.

Ils errent en bandes nombreuses dans les solitudes de l'Afrique australe ; ils sont inoffensifs, à moins qu'ils ne soient blessés ; car alors, surtout quand ils sont vieux, ils frappent le chasseur avec les cornes et les sabots.

Les gnous courent avec une rare vitesse, mais l'aspect d'un ennemi ne les fait pas fuir au loin ; ils se tiennent en observation à quelque distance, caracolent, décrivent des cercles autour du chasseur, le menacent en baissant la tête vers le sol, et soulèvent avec leurs pieds des tourbillons de poussière. Le cri qu'ils font entendre tient à la fois du beuglement du taureau et du rugissement du lion.

Pendant que le troupeau est au pâturage, les vieux gnous font sentinelle et le gardent en avant et en arrière ; s'ils se met en marche, c'est presque toujours sur une seule ligne, comme Jan l'avait observé.

Les vieux gnous se tiennent à l'arrière, entre le troupeau et le chasseur, en se frappant réciproquement de leurs cornes, comme s'ils se livraient un combat sérieux ; mais aussitôt que l'ennemi vient à portée, ils font trêve et partent au galop en décrivant les zigzags les plus capricieux.

Il existe une seconde espèce du même genre dans le sud de l'Afrique, et plus au nord une troisième dont les mœurs sont peu connues. Toutes deux sont de plus haute taille que le gnou vulgaire, qui atteint rarement plus de quatre pieds de hauteur, tandis que ses congénères en ont près de cinq. Les trois espèces sont distinctes, et ne se réunissent jamais, quoiqu'on les rencontre souvent en compagnie d'autres animaux. Elles sont particulières au continent de l'Afrique.

Le gnou moucheté (*catoblepas gorgon*) est connu des chasseurs et des colons du Sud sous le nom de bœuf sauvage bleu. Sa robe azurée est rehaussée sur les flancs par des stries d'une autre nuance; ses habitudes sont les mêmes que celles du gnou commun ; mais il est plus lourd et sa forme est encore plus singulière.

Le *catoblepas taurina*, qui constitue la troisième espèce, est appelé kokoou par les indigènes. Il se rapproche du gnou moucheté par les mœurs et la configuration. Au reste on le connaît à peine, car il habite les parties de l'Afrique centrale qui ont été le moins explorées

Ces trois espèces, qui diffèrent si complètement de tous les animaux connus, ont droit à former un genre séparé. Jusqu'à présent les naturalistes les ont placées parmi les antilopes léiocères, c'est-à-dire à cornes entièrement lisses, mais sans aucune raison plausible. Les gnous ont moins d'affinités avec l'antilope qu'avec le bœuf; c'est ce qu'ont bien compris les chasseurs et les cultivateurs des frontières, qui les ont qualifiés de bœufs sauvages.

La chair du gnou est recherchée, surtout quand il est jeune. Le cuir sert à fabriquer des harnais et des lanières ; sa longue queue soyeuse est un objet de commerce. On voit autour des fermes du Cap de grands morceaux de cornes de gnous et de springboks, restes d'animaux tués à la chasse.

La chasse au gnou est l'exercice favori des jeunes colons. On cerne quelquefois dans les vallées des bandes considérables de ces animaux, que l'on décime à volonté. Parfois aussi on les attire en leur montrant un mouchoir rouge ou une pièce de drap écarlate, sur lesquels ils se jettent avec fureur, car ils ont pour ces couleurs une grande aversion. On les réduit facilement à l'état de domesticité ; mais on ne les admet pas volontiers dans les fermes, à cause d'une maladie de peau qui les emporte chaque année par milliers, et qu'ils pourraient communiquer au bétail. On suppose sans peine que Von Bloom et ses compagnons ne s'amusèrent pas à disserter sur le gnou. Leur unique préoccupation était l'absence prolongée de Hans. Ils se disposaient à se mettre à sa recherche, quand il arriva courbé sous le poids d'un lourd fardeau.

Un cri de joie salua sa venue.

CHAPITRE XXXI

LA FOURMILIÈRE

ans fut assailli d'une volée de questions :

— Où êtes-vous allé? qui vous a retenu? qu'est-ce qui vous est arrivé? n'êtes-vous pas blessé?

— Je me porte à merveille, répliqua-t-il, et je vous raconterai mes aventures quand Swartboy aura écorché ce cochon de terre, que Totty fera cuire pour notre souper. En ce moment je suis trop affamé pour avoir le courage de parler.

En disant ces mots, Hans se débarrassa d'un animal qu'il portait sur les épaules, et qui était de la grosseur d'un mouton. Cet animal étrange, que Hans nommait improprement cochon de terre, était couvert de longues soies d'un gris teinté de rouge. Il avait une longue queue qui allait en s'amincissant comme une carotte, un museau de glabre d'environ un pied de long, la bouche très-petite, des oreilles droites et pointues comme une paire de cornes; un corps plat, des jambes courtes et musculeuses; ses griffes étaient démesurées, surtout aux pattes de devant, où, au lieu de s'étendre, elles se repliaient comme des poings fermés ou comme les mains d'un singe.

— Mon cher enfant, dit Von Bloom, nous t'accordons du repos, d'autant plus que notre appétit n'est pas moins vif que le tien. Mais nous pouvons réserver pour demain ton cochon de terre; nous avons ici une couple d'outardes qui seront plus faciles à accommoder.

— Soit, repartit Hans; avec la faim qui me dévore, je ne tiens pas à manger une chose plutôt qu'une autre, et je me régalerais même d'une tranche de vieux couagga si j'en avais. J'espère pourtant que Swartboy, s'il n'est pas trop las, voudra bien écorcher mon gibier. Prenez bien garde de l'abîmer, brave Swartboy; c'est un animal qu'on ne trouve pas tous les jours.

— Laissez-moi faire, mynheer Hans; je m'entends à écorcher un goup.

Le singulier animal que Hans appelait cochon de terre (aardvark), et que le Bosjesman connaissait sous le nom de goup, n'était ni plus ni moins que l'oryctérope ou mangeur de fourmis d'Afrique (*oryeteropus capensis*).

Quoique les colons le désignent sous la qualification de cochon de terre, l'oryctérope du Cap n'a rien de commun avec l'espèce porcine. La forme de son museau, ses longues soies, l'habitude qu'il a de fouiller la terre, lui ont valu cette fausse dénomination. De tous les animaux qui creusent les terriers, c'est assurément le plus expéditif; il surpasse même le blaireau, et un jardinier armé d'une bonne bêche ne parviendrait pas à faire un trou en aussi peu de temps que lui. Sa taille, ses mœurs et sa conformation sont à peu près celles de son cousin de l'Amérique du Sud, le tamanoir (*myrmecophaga gubata*), que l'on considère comme le type des fourmiliers ou mangeur de fourmis. Mais l'oryctérope du Cap perce les murailles épaisses d'une fourmilière, et dévore les termès avec autant de facilité que le myrmécophage de la vallée des Amazones. Il a, comme le tamanoir, la queue et le museau longs, la bouche petite et la langue extensible. Cependant, les naturalistes, qui se sont occupés du tamanoir, ont presque entièrement négligé l'oryctérope.

Le premier figure avec honneur dans les muséums et les ménageries, tandis que personne ne se dispute la possession du second. D'où vient cette inégalité? Sans doute de ce que le cochon de terre est d'une colonie hollandaise que l'on a récemment calomniée. Je prétends faire cesser l'injustice dont le cochon de terre a été trop longtemps victime, et je soutiens qu'il n'a pas moins de droit que le tamanoir à être regardé comme le type des myrmécophages. Il faut voir comme il détruit des fourmilières, dont quelques-unes ont vingt pieds de haut; comme il allonge sa langue visqueuse pour la rentrer couverte de fourmis blanches. De même que le tamanoir, il engraisse et fournit une chair aussi salubre que délicate, quoiqu'elle sente légèrement l'acide formique. Ses jambons, convenablement préparés, sont supérieurs à ceux d'Espagne ou de Westphalie. Je vous conseille d'en essayer.

Swartboy, qui appréciait les qualités comestibles de cet étrange gibier, se mit à le dépecer avec empressement. Quoique commun dans l'Afrique australe, et même abondant dans certains districts, l'oryctérope est rare sur le marché. Il suffit pour le tuer de lui appliquer un coup sur le museau ; mais il est difficile de le surprendre. Il est timide et prudent ; ce n'est guère que la nuit qu'il sort de son terrier, et il fait si peu de bruit en marchant, il s'avance avec tant de précaution, qu'il est presque impossible de l'approcher. Il a les yeux d'une petitesse extrême, et sa vue n'est pas meilleure que celle de la plupart des animaux nocturnes ; mais son odorat est d'une prodigieuse finesse, et ses longues oreilles saisissent les plus légers bruits.

Le cochon de terre n'est pas le seul myrmécophage de l'Afrique australe. Il a pour concurrent un quadrupède tout différent, le moris ou pangolin. Ce dernier est sans poils ; mais son corps est couvert d'écailles imbriquées qu'il redresse à volonté. Il ressemble plutôt à un grand lézard ou à un petit crocodile qu'à un mammifère ; mais ses habitudes sont exactement celles de l'oryctérope. Il se terre, ouvre pendant la nuit les fourmilières, darde sa langue au milieu des insectes et les dévore avidement.

Lorsqu'il est surpris loin de sa retraite souterraine, il se roule en boule comme le hérisson et quelques espèces de tatous de l'Amérique méridionale, auxquels il ressemble par sa cotte de mailles squammeuse.

Il y a plusieurs espèces de pangolins qui ne sont pas africaines : les unes se trouvent dans l'Asie méridionale, les autres dans les îles indiennes. Celle du sud de l'Afrique est connue des naturalistes sous le nom de pangolin à longue queue ou pangolin de Temminck.

Pendant que Swartboy, armé de son couteau, découpait avec soin l'oryctérope, Totty avait fait rôtir à la hâte une outarde. Il lui manquait peut-être un tour de broche ; mais nos voyageurs étaient trop affamés pour être difficiles, et ils trouvèrent le dîner excellent.

Quand ils furent rassasiés, Hans commença l'histoire de sa journée.

CHAPITRE XXXII.

DÉSAGRÉMENT D'ÊTRE POURSUIVI PAR UN GNOU

« Il n'y avait pas une heure que vous étiez partis, quand un troupeau de gnous s'approcha du lac. Ils étaient venus sur une seule file; mais ils l'avaient rompue pour s'ébattre dans l'eau avant que j'eusse la moindre velléité de les inquiéter.

» Je savais qu'ils étaient dignes d'un coup de fusil; pourtant leurs gambades me divertissaient tellement, que je les laissai boire en paix. Ce fut au moment où ils allaient se retirer que je songeai qu'il était bon de varier notre régime de biltongue. Remarquant dans la bande beaucoup de ces jeunes gnous, dont j'avais entendu vanter la chair, je résolus de m'en procurer un.

» Je montai à l'échelle pour aller prendre mon fusil. Quelle imprévoyance j'avais commise en ne le chargeant pas au moment de votre départ ! Mais pouvais-je m'attendre à une pareille invasion ?

» Les gnous sortaient de l'eau; je chargeai mon arme en toute hâte, et dès que j'eus mis la bourre, je descendis. Avant d'être au bas de l'échelle, je m'aperçus que j'avais oublié ma poire à poudre et ma carnassière; mais j'étais trop pressé pour remonter. Les gnous se mettaient en marche; je craignais d'arriver trop tard, et d'ailleurs mon intention n'était que d'en tuer un.

» Je courus vers eux en cherchant à me tenir caché dans les buissons; mais je reconnus bientôt que je n'avais pas besoin de tant de précautions. Loin d'être peureux comme ceux qui rôdaient autour de notre ancien kraal, ils avaient l'air de me narguer. Ils s'approchaient de moi à la distance de cent verges, sans que ma présence les gênât dans leurs évolutions. Plusieurs fois deux vieux gnous, qui semblaient former l'arrière-garde, s'avancèrent à la portée de fusil; mais je les dédaignais, sachant que leur chair était coriace.

Je voulais atteindre un des jeunes veaux dont les cornes n'avaient pas encore commencé à se recourber.

» Quoique le troupeau ne se montrât point farouche, je ne pouvais parvenir à m'en approcher suffisamment. Les guides placés à la tête l'entraînaient hors de ma portée, et les protecteurs de l'arrière-garde le poussaient en avant à mesure que je gagnais du terrain.

» Il y avait plus d'une demi-heure que je me livrais à cette poursuite inutile, et l'animation de la chasse m'avait fait complètement oublier combien il était imprudent de m'éloigner ainsi du camp. J'avais toujours l'espoir de réussir et de rentrer avec une riche proie. Je persévérai donc, et j'arrivai dans un lieu dépourvu d'arbres, où se dressaient comme de grandes tentes de fourmilières placées à distance égale les unes des autres. Quelques-unes n'avaient pas moins de douze pieds de haut. Au lieu d'affecter, comme celles des fourmis communes, la forme hémisphérique d'un dôme, elles étaient coniques et flanquées de cônes plus petits qui s'élevaient à leurs pieds comme des tourelles. C'étaient les habitations de l'espèce de grosses fourmis blanches que les entomologistes appellent termès belliqueux (*termes bellicosus*).

» D'autres monticules, à la forme cylindrique, au sommet arrondi, ressemblaient à des paquets de linge surmontés chacun d'une cuvette renversée. Ils servaient de domicile à l'espèce dite *termes mordax*, quoiqu'une autre espèce (*termes atrox*) se bâtisse des nids presque identiques.

» Je ne m'arrêtai pas à examiner ces curieux édifices. Je n'en parle que pour vous faire comprendre ce qui va suivre.

» La plaine était couverte d'éminences coniques et cylindriques. En m'abritant derrière une d'elles, je crus pouvoir arriver sans difficultés à portée de fusil des gnous.

» Je fis un détour pour prendre les devants, et me glissai derrière une fourmilière conique près de laquelle paissait le gros du troupeau. Quel fut mon désappointement, lorsqu'en regardant entre les tourelles je vis les femelles et les petits emmenés loin de moi!

» Les deux vieux gnous restaient seuls de mon côté.

» Ma bile s'échauffait ; je commençai à croire que les patriarches du troupeau avaient positivement l'intention de se moquer de moi. Leurs manœuvres étaient des plus inexplicables : tantôt ils gambadaient à travers la plaine, comme pour me braver, tantôt leurs têtes s'entrechoquaient comme s'ils eussent voulu se livrer bataille. Je dois vous avouer qu'avec leurs fronts hérissés de poils noirs, leurs cornes pointues, leurs yeux rouges et étincelants, c'étaient des voisins assez désagréables, et que même, en la supposant stimulée, leur animosité m'inquiétait.

» Ils se mettaient à genoux et se penchaient en avant jusqu'à ce que leurs têtes se rencontrassent : ils se relevaient ensuite, et chacun d'eux faisait un bond comme pour se rejeter sur son camarade et le fouler aux pieds. S'étant manqués réciproquement, ils étaient entraînés par l'impétuosité de leur course, revenaient sur leurs pas, et retombaient à genoux pour se livrer bataille.

» Ils m'exaspérèrent au point que je résolus d'en finir. — Ah ! coquins, me dis-je, vous ne voulez pas me permettre de tuer vos camarades, eh bien, je vais me venger sur vous ! Tremblez, vous payerez cher votre témérité et votre insolence.

» Au moment où j'allais les ajuster, les deux gnous se préparèrent à un nouveau combat. Jusqu'alors leurs luttes ne m'avaient semblé qu'un jeu ; mais cette fois ils étaient réellement animés l'un contre l'autre : les armures de leurs fronts se choquaient avec fracas, leurs beuglements avaient quelque chose de sinistre, la fureur se peignait dans leurs yeux.

» Un d'eux fut abattu à plusieurs reprises. Chaque fois qu'il essayait de se relever, son antagoniste se précipitait sur lui et le renversait de nouveau. Les voyant sérieusement aux prises, je n'hésitai pas à marcher vers les combattants. Aucun d'eux ne remarqua mon approche : le vaincu ne songeait qu'à se garantir des coups terribles qui pleuvaient sur lui, le vainqueur ne s'occupait que de compléter son triomphe.

» Quand je fus à trente pas, j'ajustai ; je choisis le gnou qui avait le dessus, tant pour le punir d'avoir manqué de générosité en frappant un antagoniste à terre que parce qu'il me prêtait le flanc.

» Je tirai.

» La fumée me cacha les deux gnous ; quand elle se dissipa, je vis le vaincu toujours agenouillé ; mais, à ma grande surprise, celui que j'avais visé était debout, aussi solide qu'auparavant. Je devais pourtant l'avoir touché ; j'avais entendu sa chair grasse frissonner sous la balle ; mais je ne l'avais nullement estropié.

» Où l'avais-je blessé ?

» Je n'eus pas le temps d'y réfléchir ; car redressant sa queue et baissant son front velu, il accourut au galop sur moi. Le désir de la vengeance se peignait dans ses regards ; ses rugissements étaient épouvantables. Je vous assure que je fus moins épouvanté l'autre jour quand je rencontrai le lion.

» Je ne sus que faire pendant quelque secondes. D'abord je m'étais mis sur la défensive, et j'avais involontairement pris mon fusil par le canon pour m'en servir comme d'une massue ; mais il était facile de voir que mes faibles coups n'arrêteraient pas la course furieuse d'un animal aussi fort, et qu'il me renverserait infailliblement. Comment me soustraire à son ressentiment ? En tournant les yeux autour de moi, j'aperçus par bonheur la fourmilière que je venais de quitter. En montant dessus, j'étais hors d'atteinte ; mais aurais-je le temps d'y arriver ?

» Je m'enfuis comme un renard dépisté. Vous, Hendrik vous me dépassez à la course dans les circonstances ordinaires ; mais je doute que vous eussiez pu gravir plus vite que moi cette fourmilière.

» Il n'était pas trop tôt. Au moment où, en m'appuyant sur les tourelles, j'escaladais le cône principal, la fumée qui sortait des naseaux du gnou montait jusqu'à moi.

» Heureusement j'étais en sûreté, et ses cornes acérées ne pouvaient m'atteindre.

CHAPITRE XXXIII.

LE SIÈGE

» Sans la fourmilière j'aurais été perdu. Le gnou auquel j'avais affaire était un des plus gros et des plus féroces de son espèce. Il devait être d'un âge avancé, comme l'indiquaient les teintes foncées de sa robe, et ses cornes noires et massives à la base, qui se rejoignaient presque aux extrémités. Ma lutte n'eût pas été longue avec lui ; mais je ne le redoutais pas, et du haut de mon observatoire j'épiais tranquillement ses manœuvres.

» Il fit tous ses efforts pour me débusquer. Il livra plus de douze assauts au monticule, établit des logements dans les tourelles les plus basses, mais sans pouvoir atteindre un poste à la conquête duquel j'avais employé toutes mes facultés physiques.

» Parfois, dans son désespoir, il venait si près de moi que j'aurais pu toucher ses cornes avec le bout de mon canon. Jamais je n'avais vu d'animal si furieux. Ma balle lui avait fracassé la mâchoire, et la douleur lui donnait le vertige ; mais comme je m'en aperçus plus tard, ce n'était pas la seule cause de ses emportements.

» Après avoir vainement essayé de gravir le cône, il changea de tactique et se mit à le miner comme pour l'abattre. A plusieurs reprises, il recula, revint à la charge, et comme il employait toute sa force, je crus un moment qu'il parviendrait à renverser l'édifice qu'il battait en brèche. Quelques tourelles tombèrent sous ses coups ; l'argile durcie du monticule principal fut ouverte par ses cornes, dont ils se servait comme de pioches retournées. Et il exposa à mes regards les chambres et les galeries que les insectes avaient creusées.

» Néanmoins je ne tremblais pas ; j'avais le conviction qu'il ne tarderait pas à épuiser sa rage, et qu'après son départ je pourrais

10

descendre sans danger ; mais après avoir attendu longtemps, je fus étonné de voir que, loin de se calmer, il devenait de plus en plus furieux.

La place où j'étais assis était chaude comme un four, pas un souffle n'agitait l'atmosphère, et les rayons ardents du soleil étaient réfléchis par l'argile blanche de la fourmilière. Des ruisseaux de sueur me découlaient du front, et j'étais à chaque instant obligé de prendre mon mouchoir pour les essuyer. Toutes les fois que je le déployais, la colère du gnou redoublait. Il se ruait contre la muraille escarpée en poussant d'affreux rugissements.

» Je me demandai d'abord pourquoi je le provoquais en m'essuyant la figure. C'était un mystère dont je cherchais vainement l'explication ; mais enfin je m'aperçus que mon mouchoir était d'une brillante couleur écarlate, et je me souvins d'avoir entendu dire que le rouge excitait au plus haut degré la fureur des animaux de cette espèce. Je me hâtai de serrer mon mouchoir dans l'espérance d'apaiser ce redoutable adversaire ; mais il était trop irrité pour revenir facilement à son état de tranquillité habituelle. Il réitéra ses assauts avec des cris de plus en plus farouches, entremêlés de gémissements que lui arrachait la souffrance causée par sa blessure. Il savait que j'étais l'auteur de ses maux, et paraissait déterminé à ne pas quitter la place sans s'être vengé. Il employait ses sabots et ses cornes à démolir le monticule.

» Je commençais à être las de ma situation, sans craindre que le gnou m'atteignît. J'étais troublé par l'idée des malheurs qui pouvaient arriver, pendant mon absence, à mon frère et ma sœur. Je fus distrait de ces préoccupations par un nouveau danger, aussi terrible que celui que me faisait courir le gnou furieux. Il avait détruit les ouvrages avancés de la fourmilière, et mis à découvert les passages qui communiquaient des tourelles au centre du dôme. Les termès, qui se tiennent ordinairement sous terre, chassés tout à coup de leurs logements, avaient grimpé par milliers sur l'éminence. Les yeux fixés sur ceux du gnou, je n'avais pas fait attention à leur marche, lorsque je sentis leur bande formidable monter le long de mes jambes. Dans le premier moment de ma surprise je faillis me précipiter sur les cornes du bœuf sauvage.

» Cette armée d'insectes semblait animée d'un même esprit ; elle avait l'intention de m'attaquer, et mettait dans ses mouvements stratégiques une régularité merveilleuse. Elle se composait des soldats, qui se distinguent, comme vous savez, des travailleurs par la grosseur de leur tête et la longueur de leurs mandibules. Je fus glacé d'horreur en pensant aux cruelles morsures que ces soldats pouvaient me faire, et j'éprouvai une terreur dont n'approche pas celle que j'avais ressentie à l'aspect du lion. Ma première impression fut que j'allais être dévoré. Il me revint en mémoire que des hommes avaient été assaillis pendant leur sommeil et tués par les fourmis blanches, et je me persuadai que j'éprouverais un sort semblable si je ne m'échappais au plus tôt.

CHAPITRE XXXIV

L'ORYCTÉROPE

» Que faire? comment éviter mes ennemis? Si je sautais en bas, j'étais sûr d'être mis en pièces par le gnou; si je restais en place, les hideux insectes ne manqueraient pas de me dévorer. Déjà je sentais leurs dents redoutables à travers mes bas de laine épais; mes habits ne pouvaient me protéger. J'étais monté sur le sommet du cône, et je m'y tenais avec peine. Les morsures des insectes me faisaient sautiller comme un acrobate. Ils s'avançaient en colonne serrée sur mes souliers, mais ce n'était encore qu'une avant-garde. D'autres sortaient par myriades de leurs galeries, et se préparaient à m'accabler sous leur nombre. Pour échapper à un horrible genre de mort, ma seule chance était d'affronter le gnou. Le hasard pouvait me servir; en me défendant avec mon fusil, j'avais l'espoir de tenir l'animal en respect jusqu'à ce que je trouvasse moyen de gravir une autre fourmilière.

» J'allais sauter, lorsque je fus frappé d'une idée qui aurait dû me venir plus tôt. Les termès n'avaient points d'ailes; ils montaient le cône à pas lents; qui m'empêchait de les écarter avec ma veste?

» Je mis de côté mon fusil inutile, et ôtant précipitamment ma veste, je m'en servis comme d'un balai. En quelques secondes, et sans le moindre effort, j'avais fait tomber du bout du dôme des milliers de soldats. A la vérité, il en restait encore quelques-uns sous mon pantalon, mais ils n'étaient pas en force, et leurs morsures ne pouvaient me causer qu'une douleur passagère.

» Perché sur le sommet du monticule, j'écartais les bandes de termès à mesure qu'elles se présentaient. Leur attaque ne m'inquiétait plus; mais, d'un autre côté, ma position ne s'était pas améliorée, car le gnou maintenait le blocus avec une étrange persévérance.

» Toutefois, pensant qu'il finirait par se lasser, je prenais mon mal en patience; mais des terreurs nouvelles vinrent m'assaillir. Pendant que je piétinais sur le sommet du cône, l'argile pétrie s'enfonça tout à coup sous mes pieds. Je disparus peu à peu sans pouvoir m'arrêter, et j'écrasai sans doute la grande reine dans sa chambre, car je restai enseveli jusqu'au cou. Quoique effrayé et surpris de cette descente soudaine, j'aurais recouvré promptement ma présence d'esprit sans un incident inattendu. Le fond sur lequel mes pieds reposèrent était mobile ! il me souleva, glissa rapidement, et manqua pour me laisser enfoncer encore davantage.

» Avais-je atteint le grand essaim des fourmis blanches ? je ne le supposais pas d'après la sensation que j'avais éprouvée. J'avais touché un corps gras et solide, qui avait supporté tout mon poids avant de se dérober sous moi.

» Je fus saisi d'un effroi presque superstitieux, et ne restai pas cinq secondes dans la fourmilière. Je retirai les pieds avec tant de précipitation, que quand même ils auraient reposé sur une fournaise ardente, ils auraient à peine eu le temps d'être brûlés. Je me replaçai sur la cime du cône ouvert et démantelé; mais pouvais-je m'y maintenir ? Je sondai du regard la sombre cavité, et j'en vis sortir d'innombrables bataillons de termès. Ma veste ne suffisait plus pour les chasser.

» Je regardai le gnou avec lequel j'allais avoir à lutter. Immobile à quatre pas de la base de la fourmilière, il la contemplait d'un œil inquiet. Ses allures étaient complètement changées, et quelque chose semblait aussi l'avoir épouvanté. En effet, au bout d'un instant, il fit entendre un cri perçant, s'éloigna, et alla se remettre en observation à une plus grande distance.

» Etait-ce la rupture du toit et ma chute imprévue qui l'avaient effrayé ? Je le crus d'abord ; mais je remarquai qu'il fixait les yeux sur la base du monticule, où, pour ma part, je ne voyais rien d'alarmant.

» Pendant que je cherchais à m'expliquer sa conduite, le gnou poussa un nouveau cri, releva la queue et partit au galop.

» Enchanté d'être débarrassé de sa compagnie, je ne m'occupai pas plus longtemps des causes de sa fuite. Il étai parti, c'était l'essentiel. Je ramassai mon fusil et me disposai à descendre de la position élevée dont j'étais fatigué.

» A moitié chemin, je jetai par hasard les yeux sur la base de la fourmilière, et j'aperçus l'objet qui avait terrifié le vieux gnou. D'un trou pratiqué dans le mur d'argile sortait un long museau cylindrique, sans poil, surmonté d'une paire de longues oreilles droites comme les cornes d'une gazelle. L'animal auquel appartenait ce museau et ces oreilles avait un aspect repoussant, dont j'aurais été troublé moi-même si je n'avais reconnu la plus inoffensive de toutes les créatures, l'oryctérope. Sa présence m'expliqua pourquoi le gnou avait battu en retraite, et pourquoi les fourmis étaient si pressées de sortir de leur nid.

» Sans faire le moindre bruit, je pris mon fusil par le canon, me penchai, et j'assénai un coup de crosse sur le museau saillant. C'était me montrer bien peu reconnaissant du service que cette pauvre bête m'avait rendu en effrayant le gnou ; mais je cédais à mes instincts de chasseur, et elle tomba morte dans le boyau que ses griffes avaient creusé.

» Je n'étais pas au bout de mes aventures, qui semblaient ne devoir jamais finir. J'avais chargé l'oryctérope sur mes épaules, et je me dirigeais vers notre demeure lorsqu'à mon grand étonnement je vis que le gnou vaincu était toujours à la même place, la tête contre terre et à demi couché sur la plaine. Cette situation extraordinaire attira mon attention, et je m'imaginai que s'il ne s'était pas enfui c'était parce que son antagoniste l'avait grièvement blessé.

» J'eus d'abord l'idée de le laisser tranquille, car il pouvait avoir conservé assez de force pour me combattre avec avantage, et mon fusil vide n'était qu'une faible défense. J'hésitais à m'approcher ; mais, la curiosité l'emportant, je m'avançai avec précaution.

» Il n'avait reçu aucune blessure, et pourtant il était aussi complétement estropié que s'il eût eu les genoux fracassés. Dans sa lutte avec l'autre gnou, une de ses jambes de devant avait passé, je ne sais trop comment, par-dessus ses cornes. Elle y était restée, et non seulement il ne pouvait en faire usage, mais encore il avait la tête clouée au sol.

» Mon premier mouvement fut de le tirer d'embarras ; toutefois, je me ravisai en songeant à la fable du laboureur et du serpent gelé. J'eus ensuite l'idée de le tuer ; mais n'ayant pas de balle, je ne me souciai pas de l'assommer à coups de crosse.

» D'ailleurs, j'aurais été obligé de le laisser mort sur la place, où les chacals n'auraient pas manqué de le dévorer. Il était probable qu'ils le respecteraient tant qu'il serait vivant, et je pris le parti de ne pas le déranger, dans l'espoir que nous le retrouverions vivant le lendemain. »

Ce fut ainsi que Hans termina le récit ds ses aventures.

CHAPITRE XXXV

LA CHAMBRE A COUCHER DE L'ÉLÉPHANT

Le porte-drapeau était loin d'être satisfait de sa journée. Malgré le vif intérêt avec lequel il avait écouté l'histoire de Hans, il était préoccupé quand il réfléchissait à ses propres aventures. Sa première tentative de chasse avait échoué ; ne pouvait-il pas en être toujours ainsi ? L'éléphant avait échappé avec la plus grande facilité. Quoiqu'il eût été atteint dans deux parties du corps où les blessures auraient dû être mortelles, les balles n'avaient servi qu'à le rendre plus dangereux. Sa peau n'avait pas été plus entamée que si on l'eût tiré avec des pois bouillis. A la vérité, il n'avait reçu que deux coups de fusil. Or, deux coups bien dirigés suffisent pour abattre un éléphant femelle et quelquefois un mâle, mais il en faut quelquefois une vingtaine pour faire mordre la poussière à un vieil éléphant, et nos chasseurs pouvaient-ils s'attendre à en trouver un d'assez bonne composition et disposé à essuyer leur feu jusqu'à ce que mort s'en suivît ?

D'ordinaire l'éléphant sur lequel on a tiré fait plusieurs milles sans s'arrêter, et des cavaliers sont seuls en état de le poursuivre. Plus que jamais Von Bloom déplorait la perte de ses pauvres chevaux.

Hans le consola en lui prouvant, par différents exemples dont il se souvenait, que l'éléphant ne prenait pas toujours la fuite lorsqu'on l'attaquait. En effet, celui qu'ils avaient rencontré, après avoir reçu leur coup, n'avait manifesté aucune intention de battre en retraite. Sans le bizarre stratagème de Swartboy, il aurait conservé sa position et donné le temps à ses adversaires de le frapper peut-être mortellement.

— Tentons une nouvelle épreuve, dit Von Bloom, et nous réussirons peut-être. Si nous ne sommes pas plus heureux, nous chercherons des ressources dans d'autres entreprises.

En conséquence, le lendemain, avant le lever du soleil, les chasseurs se remirent en campagne ; ils avaient pris une précaution à laquelle ils n'avaient pas songé la veille. Se rappelant qu'une balle de plomb pénètre difficilement dans le cuir du grand pachyderme, ils fondirent de nouvelles balles. Ils possédaient de vieille vaisselle qui avait orné la table du porte-drapeau de Graaf-Reinet au jour de sa prospérité. C'étaient des chandeliers, des cloches, des éteignoirs, des huiliers et divers autres objets de métal hollandais. Ils en condamnèrent quelques-uns à l'alambic de la poêle, les amalgamèrent avec du plomb, et se procurèrent ainsi des balles assez dures pour entamer la peau du rhinocéros lui-même.

Comme la veille, ils se dirigèrent vers les bois, et avant d'avoir fait un mille, ils découvrirent des traces récentes d'éléphant. Elles passaient au plus épais d'une jungle épineuse, impénétrable pour tout être créé, à l'exception de l'éléphant, du rhinocéros ou de l'homme armé d'une hache.

Une famille entière devait y avoir passé, composée d'un mâle, d'une ou deux femelles et de plusieurs petits de différents âges ; ils avaient marché en ligne, suivant l'habitude des éléphants, et avaient frayé au milieu des broussailles un chemin large de plusieurs pieds. Le mâle, qui marchait en tête, avait, d'après ce que disait Swartboy, brisé tous les obstacles avec sa trompe et ses défenses. En effet, d'énormes branches étaient abattues ou écartées violemment comme par la main de l'homme.

Les routes de ce genre aboutissent d'ordinaire à l'eau. Elles en facilitent les abords et racourcissent la distance : preuve saisissante du rare instinct ou de la sagacité des éléphants, qui conçoivent et exécutent des plans dignes d'un habile ingénieur.

Les chasseurs s'attendaient donc à trouver prochainement un cours d'eau ; cependant les empreintes pouvaient également y conduire ou s'en éloigner.

Au bout d'un quart de mille ils arrivèrent à une nouvelle route qui croisait celle qu'ils suivaient. Comme celle-ci, elle avait été faite par une famille d'éléphants, et les traces étaient aussi fraîches. Après s'être demandé un moment laquelle ils devaient prendre, ils résolurent de continuer à marcher en droite ligne.

A leur grand désappointement, ils débouchèrent dans un endroit moins couvert où les éléphants s'étaient dispersés, et suivant tour à tour les traces des mâles, des femelles et des petits, ils s'égarèrent et perdirent la piste.

Tout à coup Swartboy courut vers un grand acacia, en invitant ses compagnons à le suivre. Avait-il vu un éléphant? Hendrik et Von Bloom se l'imaginèrent, enlevèrent à la hâte les fourreaux de leurs fusils, et rejoignirent le Bosjesman.

Il était seul au pied de l'acacia, et montrait du doigt la terre battue autour de l'arbre. On aurait dit que plusieurs chevaux y avaient été attachés pendant longtemps, qu'ils avaient foulé l'herbe et usé l'écorce en se frottant contre le tronc.

— Qu'est-ce que cela signifie? demandèrent à la fois Hendrik et Von Bloom.

— C'est la chambre à coucher de l'éléphant, répondit Swartboy.

Toute autre explication était inutile. Les chasseurs se rappelèrent que les éléphants avaient l'habitude de s'appuyer contre les arbres pour dormir. L'acacia était un de ces arbres; ils en acquéraient la preuve; mais à quoi pouvait-elle leur servir?

— Le vieux klow reviendra, dit Swartboy.

— Vous croyez?

— Oui, baas! les empreintes sont fraîches; le grand éléphant dormait ici la nuit dernière.

— Eh bien! faut-il l'attendre, et tirer dessus quand il reparaîtra?

— Non, baas; vous n'avez pas besoin d'user vos balles. Nous allons faire son lit, et vous verrez comme il se couchera.

En disant ces mots, le Bosjesman ricana et fit une grimace expressive.

— Que voulez-vous dire? demanda Von Bloom.

— Laissez faire le vieux Swartboy, et je vous promets que l'éléphant est à nous! Je sais un moyen de le prendre sans employer vos fusils.

Le Bosjesman communiqua son plan, auquel son maître, craignant de voir se renouveler l'échec de la veille, adhéra avec empressement. On avait par bonheur tous les instruments nécessaires pour l'exécution : une hache bien affilée, une forte courroie et des couteaux.

On se mit à l'œuvre sans perdre de temps.

CHAPITRE XXXVI

ON FAIT LE LIT DE L'ÉLÉPHANT

Si l'éléphant revenait, ce devait être pendant les heures les plus chaudes de la journée. Les chasseurs n'avaient donc guère plus de soixante minutes pour faire son lit, suivant la facétieuse expression du Bosjesman. Ils commencèrent leurs opérations avec ardeur sous la direction supérieure de Swartboy, aux instructions duquel ils se conformèrent aveuglément.

Il leur fut d'abord ordonné de couper trois pieux de bois dur, chacun d'environ trois pieds de long, gros comme un bras d'homme, et pointu par un bout.

Le bois de fer *(olea undulata)* croissait en abondance aux alentours. On en coupa trois morceaux de dimensions convenables, qui furent équarris avec la hache et taillés en pointe avec les couteaux.

Cependant, à côté de l'arbre contre lequel l'éléphant avait coutume de s'appuyer, et à environ trois pieds du sol, Swartboy avait enlevé l'écorce. Il fit ensuite une entaille si profonde que l'acacia, abandonné à lui-même, serait infailliblement tombé; mais Swartboy l'avait consolidé en attachant aux branches supérieures une courroie qui se rattachait aux rameaux d'un arbre voisin.

Ces mesures étaient prises du côté opposé à l'entaille, la courroie seule retenait l'arbre, et il suffisait, pour le renverser, de lui imprimer la moindre secousse dans l'autre sens.

Swartboy replaça le morceau d'écorce qu'il avait enlevé et fit disparaître les copeaux avec un soin minutieux. A moins d'un examen très-attentif, il était impossible de deviner que l'acacia eût été jamais entamé par la hache.

Il restait à planter les pieux que Von Bloom et Hendrik avaient préparés. Swartboy se chargea de cette opération, qu'il accomplit avec une prestesse merveilleuse en moins de dix minutes; il avait creusé trois trous dont la profondeur dépassait un pied, et qui n'avaient pas en diamètre un demi-pouce de plus que les pieux.

Vous êtes curieux sans doute de savoir comment il s'y prit. Vous auriez creusé à la bêche un trou qui aurait été nécessairement aussi large que la bêche même; mais Swartboy n'avait point de bêche, et, s'il en avait eu une, il ne s'en serait pas servi, puisqu'elle eût fait des fosses beaucoup trop grandes pour répondre à ses vues.

Le Bosjesman employa un bâton pointu avec lequel il remua d'abord la terre dans un espace déterminé. Il déblaya le trou, y remit son bâton, enleva de nouveau la terre, et continua de la sorte jusqu'à ce que la profondeur lui parût suffisante. Les trois trous furent disposés en triangle au pied de l'acacia, mais du côté opposé à celui que l'éléphant devait choisir pour se reposer.

Swartboy plaça dans chaque trou un pieu, la pointe en l'air et le consolida au moyen de terre pétrie et de cailloux. Pour cacher la couleur blanche du bois fraîchement coupé, il enduisit les pieux de terre.

Ces préparatifs terminés, les chasseurs se retirèrent, mais ils ne s'éloignèrent pas. Ils montèrent sur un arbre touffu, et se logèrent au milieu du feuillage. Le porte-drapeau arma son long roer, Hendrick apprêta sa carabine; et tous deux se disposèrent à faire feu dans le cas où le piége ingénieusement tendu par Swartboy ne réussirait pas.

Il était midi, la chaleur était intense et aurait incommodé les chasseurs s'ils n'eussent été protégés par un épais ombrage. Swartboy tira de favorables augures des circonstances atmosphériques. Il était vraisemblable que l'éléphant, accablé par la chaleur, viendrait chercher le frais dans son gîte favori.

Il ne pouvait tarder à venir. Au bout de vingt minutes, on entendit un bruit étrange; c'était celui qui venait de son estomac. L'instant d'après, il sortit de la jungle d'un pas indolent. Loin de soupçonner aucun danger, il se plaça lui-même près du tronc de l'acacia, dans la position que Swartboy avait prédit qu'il prendrait. Il avait la tête tournée, mais pas assez pour empêcher les chasseurs d'admirer ses magnifiques défenses, longues d'au moins six pieds; pendant qu'ils contemplaient ce superbe trophée, l'animal leva sa trompe, et versa au milieu des feuilles un torrent d'eau, qui retomba sur son corps en globules étincelants.

Swartboy prétendit qu'il tirait cette eau de son estomac. Les naturalistes peuvent contester l'exactitude de l'observation; cependant ces jets de pluie furent réitérés, et à chacun d'eux, la quantité d'eau était toujours aussi considérable. Evidemment, sa trompe n'aurait pu seule contenir cette masse liquide.

Les chasseurs, qui souffraient de la chaleur et de la soif, comprirent sans peine le plaisir que ce bain de pluie causait à l'éléphant. Les gouttes cristallines qui retombaient sur son dos, en coulant du haut de l'acacia, lui faisaient oublier la fatigue et pousser des grognements de satisfaction.

Ce bain était le prélude de son sommeil. Sa tête s'inclina; ses oreilles cessèrent de battre et sa trompe demeura immobile, enroulée autour de ses défenses.

Les chasseurs l'observaient avec un intérêt facile à concevoir.

Tout à coup son corps se penche; il touche l'arbre, qui se fend avec fracas, et l'énorme masse noire tombe sur le côté. Un cri terrible, qui fait frémir jusqu'aux feuilles, retentit dans les bois, puis au craquement des branches se mêlent des gémissements confus. Ce sont ceux du gigantesque animal renversé. Les chasseurs restent immobiles à leur place sans faire usage de leurs armes. L'éléphant empalé a reçu le coup de la mort. Son agonie est de courte durée; on entend siffler dans sa trompe la respiration saccadée qui précède le dernier moment, et à ce bruit sinistre succède un bruit plus sinistre encore.

Les chasseurs descendent de l'arbre et s'approchent de l'éléphant. Il est mort! les terribles chevaux de frise ont rempli leur destination.

Il fallut une heure entière pour enlever les défenses; mais nos chasseurs ne reculèrent pas devant ce travail, et furent même enchantés d'avoir à porter au camp un fardeau sous lequel ils pliaient.

Hendrik se chargea des fusils et des ustensiles.

Von Bloom et Swartboy s'emparèrent chacun d'une défense.

Le cadavre de l'éléphant fut abandonné, et les vainqueurs reprirent triomphalement la route de leur demeure.

CHAPITRE XXXVII

LES ANES SAUVAGES DE L'AFRIQUE

Malgré le succès de cette chasse, l'esprit de Von Bloom n'était pas en repos; à la vérité, l'ivoire était conquis, mais de quelle manière! Le succès avait dépendu en grande partie du hasard et n'était pas un gage de succès futurs. Il pouvait se passer des mois entiers avant qu'on retrouvât une autre chambre à coucher d'éléphant.

Telles étaient les réflexions du porte-drapeau le soir de son heureuse expédition; mais elles étaient moins agréables encore deux semaines après.

Il avait redoublé d'efforts; il avait chassé pendant douze jours consécutifs, et n'avait ajouté à son trésor qu'une seule paire de défenses! C'étaient celles d'une femelle; elles n'avaient pas deux pieds de long, et leur valeur était médiocre.

Pourtant presque chaque jour on avait rencontré des éléphants sur lesquels on avait pu tirer; mais ce n'était pas une consolation. Il était démontré que la fuite leur était facile, et qu'on avait peu de chances de les prendre tant qu'on les poursuivrait à pied.

Les chasseurs à pied peuvent approcher de l'éléphant, lui envoyer une balle; mais quand il se met à trotter à travers la jungle, il devient inutile de le suivre; il fait plusieurs lieues sans s'arrêter, et si les chasseurs parviennent à le rejoindre de manière à lui envoyer un second coup de fusil, ce n'est que pour le voir ensuite disparaître dans les fourrés, où l'on finit par perdre ses traces.

A cheval, le chasseur distance sans peine l'éléphant. Une particularité du grand pachyderme, c'est que, dès qu'il s'aperçoit que son ennemi, quel qu'il soit, est capable de l'atteindre, il dédaigne de faire un pas de plus. Le chasseur le tire alors à loisir.

Un autre avantage du chasseur monté est de pouvoir éviter les attaques de l'éléphant furieux.

Il n'est pas étonnant que Von Bloom soupirât après la possession d'un cheval, d'un noble compagnon qui eût assuré le succès de ses chasses. Ses regrets étaient d'autant plus vifs, qu'après avoir exploré la contrée, il l'avait trouvée remplie d'éléphants. Il en avait vu par centaines à la fois, tous peu disposés à s'effrayer d'un coup de feu. Peut-être n'avaient-ils jamais entendu la détonation d'un fusil avant que le long roer du porte-drapeau leur cinglât les oreilles.

Avec un cheval, Von Bloom était sûr d'en pouvoir tuer plusieurs et de recueillir de l'ivoire pour une somme importante.

Sans cheval, toutes ses espérances avortaient.

En songeant à cette alternative, il retombait dans ses idées noires. Il voyait ses fils condamnés à vivre en enfants des bois, sans livres, sans éducation, sans société, et sa jolie Gertrude vouée à la vie sauvage ainsi qu'au célibat. Que n'aurait-il pas donné pour avoir un couple de chevaux !

Le porte-drapeau était assis dans le grand nwana, sur la plate-forme qui dominait le lac. De ce point on apercevait la verdoyante prairie qui s'étendait à l'est du rivage et au-delà de laquelle commençaient les bois.

En ce moment, un troupeau traversait la plaine et s'avançait vers l'abreuvoir. Les animaux qui le composaient avaient l'encolure et la taille de petits chevaux ; ils marchaient en ligne, d'un pas assuré, comme une caravane sous la direction d'un chef prudent. Quelle différence entre leurs allures et les mouvements fantasques des gnous !

Ils avaient toutefois quelque analogie avec ces derniers ; ils tenaient aussi du cheval, de l'âne et du zèbre. Au cou, aux joues, aux épaules, ils portaient des bandes exactement pareilles à celles du zèbre, mais moins distinctes, et qui ne se reproduisaient ni sur le corps, ni sur les jambes. Ils rappelaient l'âne par la couleur générale de leur robe ; mais la tête, le cou, la partie supérieure du corps étaient d'une nuance plus foncée, et légèrement teintée de brun rouge.

C'étaient, en réalité, des animaux de l'espèce du zèbre, des couaggas.

Les naturalistes modernes ont divisé le genre des solipèdes en deux espèces, l'âne et le cheval. Les caractères de la première sont une longue crinière flottante, une queue lisse, des callosités verruqueuses aux jambes. Les animaux dont l'âne est le type ont la crinière courte et droite, la queue grêle et garnie de poils à l'extrémité seulement ; leurs jambes de derrière sont dépourvues de callosités, mais ils en ont, comme le cheval, aux jambes de devant.

L'espèce chevaline a de nombreuses variétés. Les races arabe, anglaise, normande, limousine, corse, mecklembourgeoise, danoise, espagnole, présentent entre elles des différences sensibles ; mais toutes ont les mêmes caractères distinctifs, depuis le grand cheval de brasseur de Londres jusqu'au poney de Shetland.

Les variétés de l'âne sont presque aussi nombreuses, mais elles sont généralement moins connues.

L'âne vulgaire (*asinus vulgaris*) se modifie suivant les contrées, et dans quelques-unes il est aussi élégant et aussi estimé que le cheval. Des races d'Arcadie, de Mirebalais, d'Espagne, d'Egypte, de Malte, jouissent d'une réputation méritée. On suppose qu'elles doivent toutes leur origine à l'âne sauvage (*asinus onager*), que l'on désigne encore sous les noms d'onagre et de koulan. L'onagre, qui habite l'Asie et le nord-est de l'Afrique, a la taille plus élevée, les oreilles moins longues, le pelage d'un gris quelquefois jaunâtre. Sa peau dure et élastique sert à faire des cribles, des tambours, et le cuir est connu en Orient sous la dénomination de sagri, et en Europe sous celle de chagrin.

L'hémione ou dzigguetai (*asinus hemionus*) habite le centre et le midi de l'Asie. Sa couleur est isabelle, mais sa crinière est noire, ainsi qu'une ligne qui s'étend le long de la colonne vertébrale.

Dans le Ladak se trouve l'âne kiang ; en Perse, le khur (*asinus homar*) ; dans la Tartarie chinoise, le yo-to-tze (*asinus equulus*) Toutes ces espèces asiatiques vivent à l'état sauvage, et se distinguent par les formes, par la couleur et même par les habitudes. Quelques-unes sont plus agiles à la course que les meilleurs chevaux.

Ne pouvant, dans ce livre, donner de chaque espèce une minutieuse description, nous nous bornons à des observations qui rentrent dans notre cadre sur les ânes sauvages d'Afrique, dont il existe six ou sept espèces.

En première ligne nous placerons l'onagre, qui, comme nous l'avons dit, s'étend de l'Asie aux parties contiguës de l'autre continent.

Le koomrah, qu'on a classé parmi les chevaux, mais qui se rapproche davantage de l'âne, hante les forêts de l'Afrique septentrionale, où il vit solitaire, contrairement aux habitudes de la plupart de ses congénères.

Le zèbre (*equus zebra*) est peut-être le plus beau de tous les quadrupèdes. Il a le pelage symétriquement rayé de bandes brunes transversales disposées sur un fond jaunâtre. Sa hauteur est d'environ quatre pieds au garrot, sa longueur de six ou sept pieds depuis le museau jusqu'à l'origine de la queue. Il est défiant, indomptable, et assez vigoureux pour lutter sans trop de désavantage même contre les grands carnassiers.

Le dauw ou onagre, qu'on nomme aussi zèbre de Burchell, a la taille de l'âne vulgaire, mais il en diffère par la grâce et le fini de ses formes. Sa crinière est striée de bandes brunes et blanches, et une ligne noire bordée de blanc suit entièrement sa colonne vertébrale. Il n'est rayé ni sur les jambes ni sur la queue. Sa robe n'est pas d'une nuance aussi pure que celle du zèbre, et les bandes n'en sont pas si nettement marquées.

Le dauw du Congo (*equus hippotigris*) doit être le cheval-tigre des Romains. Ce qui nous donne lieu de le croire, c'est qu'il habite le nord de l'Afrique, tandis que les autres espèces appartiennent exclusivement à la partie méridionale.

Le nom du couagga (*equus couagga*) est une onomatopée tirée de son hennissement, qui tient un peu de l'aboiement du chien.

Les espèces asines de l'Afrique australe diffèrent entre elles par leurs penchants et leurs mœurs. Le zèbre, qui se tient dans les montagnes, est farouche et sauvage. Le dauw hante les plaines désertes, mais il est aussi intraitable que le précédent. Le couagga, qui vit également dans les plaines, est d'un naturel timide et docile; on peut le dresser avec autant de facilité qu'un cheval. Si les fermiers du Cap le laissent en paix, c'est qu'ils ont des chevaux en abondance; mais Von Bloom se trouvait dans une position exceptionnelle, et il pensa sérieusement à dompter des couaggas.

CHAPITRE XXXVIII

LE COUAGGA ET L'HYÈNE

Jusqu'à ce jour, le porte-drapeau avait à peine daigné faire attention aux couaggas. Il en avait vu souvent un troupeau, peut-être le même, venir boire au lac. Il aurait pu en tuer plusieurs; mais à quoi bon? Leur chair jaune et huileuse n'est mangeable que pour les naturels affamés; leur cuir, que l'on emploie parfois à faire des sacs, est de peu de valeur. Par ces motifs, nos aventuriers avaient laissé en paix les couaggas, ne se souciant pas d'user leur poudre à détruire d'aussi inoffensives créatures. Tous les soirs régulièrement ils s'étaient rendus au lac et s'étaient retirés après avoir bu, sans exciter la moindre attention.

La position était bien changée, et le nouveau projet qui occupait l'esprit de Von Bloom donnait tout à coup aux couaggas autant d'importance qu'aux éléphants. Il admirait les bandes dont leurs têtes étaient ornées, leurs jambes fines, leurs formes rebondies. Ces animaux dédaignés, que le fermier tue seulement pour la nourriture de ses Hottentots, devenaient précieux à ses yeux. Ne pouvait-il pas les soumettre à la selle et au harnais, et s'en servir comme de chevaux pour la chasse à l'éléphant? ce n'était nullement impraticable, et l'espérance se ranima dans le cœur du porte-drapeau.

Rayonnant de joie, il communiqua ses idées à sa famille, et tous s'étonnèrent de ne pas y avoir songé plus tôt.

Mais comment prendre les couaggas? Von Bloom, Hans, Hendrik et Swartboy ouvrirent une conférence pour en délibérer.

On ne pouvait rien faire le jour même, et le troupeau s'éloigna sans être inquiété. Les chasseurs savaient qu'il reviendrait le lendemain, et l'attendaient à son retour.

Hendrik conseilla de se servir des armes à feu. En frappant le couagga à la partie supérieure du cou, près du garrot, on le blesse sans le tuer. Il se rétablit promptement et s'apprivoise de même; mais en général il reste dans un état d'abattement dont il ne se relève pas.

Hans trouva cette pratique trop cruelle.

— Nous serions exposés à tuer plusieurs couaggas avant d'en atteindre un seul au bon endroit. Nous avons encore d'abondantes munitions; pourtant il importe de les ménager. Ne vaudrait-il pas mieux tendre des piéges? J'ai entendu dire qu'on prend aux lacets des animaux aussi gros que les couaggas.

— Ce plan ne me sourit guère, objecta Hendrik; il y a de graves inconvénients. En admettant que nous nous emparions du chef-du troupeau, ses camarades, qui le verront pris, s'enfuiront à la hâte et ne reviendront plus au lac. Dans ce cas, à quoi nous serviront nos piéges? Il nous faudra longtemps pour retrouver un autre abreuvoir de couaggas, tandis que nous pouvons toujours les chasser dans les plaines.

— Je ne sais à quoi m'arrêter, dit à son tour Von Bloom, et je m'en rapporte à la vieille expérience de Swartboy, qui garde le silence et qui doit avoir quelque bon tour dans son sac.

— Il faut creuser une fosse, dit Swartboy, et je m'en charge c'est par ce moyen que mes compatriotes prennent les gros animaux.

— Ce plan, reprit Von Bloom, me semble plus plausible que le précédent.

— Il n'est pas meilleur, dit Hendrik, et par les mêmes raisons. Le premier de la bande peut tomber dans la trappe, mais les autres n'auront pas la sottise de l'y suivre, et ils s'en iront pour ne plus reparaître. Si nous opérions pendant la nuit, plusieurs couaggas pourraient donner tête baissée dans le piége, sans que le reste du troupeau en fût alarmé, mais vous savez que ces animaux viennent toujours boire en plein jour.

Ces objections étaient sérieuses, et les membres de la conférence les discutèrent longuement. Chacun recueillit ses souvenirs, en cherchant à régler le point d'attaque sur les habitudes connues des couaggas.

Von Bloom avait remarqué qu'ils entraient invariablement dans l'eau par la gorge où s'était livré le combat du rhinocéros et de l'éléphant. Après avoir bu, ils suivaient à gué le rivage et sortaient par une autre brèche de la berge. La régularité purement accidentelle qu'ils mettaient dans leurs mouvements était due sans doute à la configuration du terrain.

L'exactitude de cette observation ayant été admise par tous, Von Bloom proposa de la mettre à profit.

— Sans doute, dit-il, Hendrik a raison. Une fosse creusée sur le sentier par lequel les couaggas arrivent au lac ne servirait qu'à prendre leur chef, et tous les autres s'esquiveraient au galop. Mais plaçons notre piège sur la route qu'ils prennent pour sortir de l'eau, et nous obtiendrons un résultat tout différent. Je suppose qu'elle soit creusée et d'une largeur convenable; les couaggas ont fini de boire et s'en vont : en ce moment nous paraissons du côté de la gorge, nous jetons l'alarme dans le troupeau, qui se précipite en avant, et notre fosse est remplie.

Des applaudissements accueillirent ce projet, et la motion de Swartboy avec cet amendement fut adoptée à l'unanimité. Il ne restait plus qu'à creuser la fosse, à la couvrir convenablement et à en attendre l'effet.

Pendant qu'on méditait leur capture, les couaggas étaient restés en vue et prenaient leurs ébats dans la plaine. Ce spectacle faisait éprouver le supplice de Tantale à Hendrik, qui aurait eu envie de montrer son adresse en mettant son procédé à exécution. Pourtant le jeune chasseur réfléchit qu'il serait imprudent de tirer sur ces animaux, jusqu'alors sans défiance, et il se contint, de peur de les empêcher de revenir à l'abreuvoir. Il se contenta de les surveiller de loin, avec un intérêt qu'ils ne lui avaient jamais fait éprouver.

Quoique près du grand figuier-sycomore, les couaggas ne se doutaient pas de la présence de leurs ennemis cachés au milieu des branches. Ils ne songeaient pas à lever les yeux, et rien au pied de l'arbre n'était de nature à les alarmer. Les roues de la charrette avaient été depuis longtemps mises à couvert sous les buissons, pour qu'elles ne fussent pas endommagées par l'ardeur du soleil. Il n'y avait sur le sol aucune trace propre à indiquer l'existence d'un camp, et on aurait pu passer sous l'arbre sans remarquer l'habitation aérienne des chasseurs. Le porte-drapeau avait pris les plus minutieuses précautions pour la dissimuler, car, n'ayant pas encore poussé loin ses explorations, il ignorait si la contrée ne renfermait pas des ennemis plus dangereux que les hyènes et les lions eux-mêmes.

Tandis que l'on observait les couaggas, un d'eux se distingua par une manœuvre singulière. Il broutait paisiblement, lorsqu'il s'approcha d'un buisson qui croissait isolément dans la plaine. Tout à coup les chasseurs le virent faire un bond en avant, et du milieu des broussailles sortit aussitôt une hyène rayée. Au lieu de faire face à son adversaire, elle poussa un hurlement d'alarme, et s'enfuit de toute la vitesse de ses jambes. De la part d'un animal aussi fort et aussi féroce, cette conduite remplit les chasseurs d'étonnement et d'indignation.

L'hyène se dirigeait vers un massif d'arbres, mais elle n'eut pas le temps d'y arriver. Le couagga la serrait de près, en poussant ce cri de couaag, auquel il doit son nom. Les sabots de ses pieds de devant tombèrent sur le dos de l'hyène ; en même temps il saisit entre ses dents le cou de la bête carnassière, et le serra comme dans un étau.

Les spectateurs s'attendaient à voir l'hyène se débarrasser de cette étreinte, mais ils se trompaient. Ce fut en vain qu'elle se débattit. Le couagga la secouait avec ses fortes mâchoires et la foulait avec ses sabots. Bientôt elle cessa de crier, et son cadavre mutilé fut abandonné sur la plaine. On serait tenté de croire que cet incident fit sentir à nos chasseurs la nécessité d'être prudent avec le couagga. Un animal doué par la nature de dents aussi formidable ne paraissait nullement disposé à supporter le mors et la bride. Mais il est bon de savoir que le couagga a pour l'hyène une singulière antipathie. Il entre en fureur à la vue d'un seul de ces animaux, ce qui ne l'empêche pas de se conduire tout différemment à l'égard de l'homme. Au reste, dans cette circonstance, le solipède l'emporte sur le carnassier, sur lequel il exerce une sorte de domination. Quelques fermiers des frontières du Cap ont tiré parti de ces faits, et pour éloigner les hyènes de leurs troupeaux, ils y joignent un certain nombre de couaggas, qui remplissent le rôle de gardiens et de protecteurs.

CHAPITRE XXXIX.

LE PIÈGE

Malgré la curiosité que lui inspiraient les couaggas, Von Bloom se leva avec tant de brusquerie qu'il attira sur lui l'attention de ses compagnons. Il venait d'être frappé d'une idée subite ; c'était qu'il fallait travailler immédiatement à creuser la fosse.

Le soleil allait se coucher dans une demi-heure, et l'on pouvait supposer qu'il était inutile de se presser ; mais le porte drapeau se chargea de prouver à ses coadjuteurs qu'il y avait péril en la demeure.

— Si nous ne commençons dès à présent, dit-il, et si nous ne travaillons une partie de la nuit, nous n'arriverons jamais à temps. Ce n'est pas une petite affaire que d'ouvrir une fosse assez grande pour contenir à la fois une demi-douzaine de couaggas. Il faut enlever la terre à mesure que nous la retirerons, couper des perches et des branches, et les disposer de manière à couvrir le trou. Tout cela doit être fait avant le retour du troupeau, sous peine d'échouer dans notre entreprise. S'il reparaît avant que nous ayons enlevé jusqu'aux moindres traces de notre travail, il s'éloignera sans entrer dans l'eau, et ne nous rendra peut-être plus de visites.

Hans, Hendrik et Swartboy reconnurent la justesse de ces considérations, et tous descendirent du nwana pour se mettre à l'ouvrage. Ils avaient deux bonnes bêches, une pelle, une pioche et deux paniers pour transporter les déblais. Il eût été difficile d'achever l'opération en temps utile, s'il avait fallu charroyer la terre au loin, mais par bonheur le lit du ruisseau était voisin, et on pouvait l'y jeter sans dérangement.

Après avoir tracé les contours de la fosse, Von Bloom et Hendrik prirent chacun une bêche ; le sol était assez meuble pour qu'on pût se dispenser d'avoir recours à la pioche.

Swartboy, armé de la pelle, remplit les paniers aussi vite que Hans et Totty pouvaient les vider. Gertrude et le petit Jan avaient un troisième panier, et ils allégèrent efficacement la tâche.

Le travail se poursuivit avec activité jusqu'à minuit, à la clarté de la lune, et quand il fut interrompu, le fermier et Hendrik étaient enterrés jusqu'au cou. Ils étaient désormais sûrs d'achever la fosse le lendemain. Ils quittèrent leurs outils, et après avoir accompli leurs ablutions dans l'eau pure du lac, ils allèrent se livrer au repos.

Dès la pointe du jour ils se remirent à l'œuvre avec une activité d'abeilles. Au moment du déjeuner, Von Bloom, en se dressant sur la pointe des pieds pouvait à peine arriver au niveau du sol, et la tête laineuse de Swartboy était presque à deux pieds au-dessous.

Après le déjeuner, les travailleurs recommencèrent à creuser et à déblayer jusqu'à ce que le trou leur parût d'une profondeur suffisante. Il était impossible à un couagga de s'en tirer, et une antilope springbok aurait pu tout au plus en sortir en sautant.

On étendit sur la fosse des perches et des broussailles, qu'on recouvrit ensuite d'herbes et de roseaux, ainsi que les alentours. Le plus judicieux animal eût été trompé, tant la trappe avait été habilement dissimulée, et un renard même y serait tombé avant de l'avoir découverte.

Il ne restait plus qu'à dîner en attendant l'arrivée des couaggas. Le repas fut gai, malgré l'excessive fatigue qu'avaient supportée les travailleurs. La perspective d'une belle capture les mettait tous en belle humeur, et chacun formait des conjectures sur le succès.

— Nous prendrons au moins trois couaggas, dit Von Bloom.

— Nous en prendrons le double, s'écria Swartboy.

— Je ne vois pas, dit le petit Jan, pourquoi la fosse ne serait pas remplie.

— Elle le sera, ajouta Hendrik; nous pousserons les couaggas dedans, et je ne vois pas comment ils nous échapperaient.

En effet, le succès paraissait infaillible. La fosse était assez large pour empêcher les animaux de sauter par-dessus, et elle occupait toute la largeur du sentier; de sorte qu'ils ne pouvaient l'éviter, et que la disposition du terrain les y conduisait fatalement.

A la vérité, s'ils étaient abandonnés à eux-mêmes et libres de marcher à la file, suivant leur habitude, on pouvait ne prendre que le chef du troupeau. Il était certain qu'en le voyant tomber, ses compagnons feraient volte-face ; mais les chasseurs comptaient, dans un moment donné, répandre la terreur au milieu du troupeau, et forcer les couaggas à se précipiter dans la fosse.

Ils n'avaient besoin que de quatre montures, mais ils n'eussent pas été fâchés d'avoir du choix.

On avait dîné plus tard qu'à l'ordinaire, et l'heure approchait où le troupeau venait se désaltérer dans le lac. On laissa libre la route par laquelle il arrivait. Hans, Hendrik et Swartboy se placèrent en embuscade aux environs, à quelque distance les uns des autres. Dans les positions qu'ils occupaient, il leur suffisait de sortir des taillis où ils étaient cachés pour pousser le troupeau du côté de la fosse. Afin de régulariser leurs mouvements, Von Bloom resta dans l'arbre sur la plate-forme. Il devait les avertir de l'approche des couaggas, et donner le signal de l'action en tirant un coup de fusil à poudre. Hans et Hendrik avaient l'ordre de tirer à leur tour en se montrant, et de produire ainsi la panique désirée.

Ce plan était admirablement conçu.

Aussitôt que le troupeau apparut dans la plaine, Von Bloom dit à voix basse :

— Voici les couaggas !

Les innocentes bêtes défilèrent dans la gorge, s'éparpillèrent dans l'eau, et commencèrent leur mouvement de retraite par le sentier que traversait la trappe.

Le chef grimpa sur la berge ; mais il s'arrêta en hennissant quand il vit les roseaux et l'herbe fraîche qui jonchaient le sol.

Il avait envie de rebrousser chemin.

En ce moment retentit la bruyante détonation du roer. Deux autres explosions y répondirent à droite et à gauche, comme des échos affaiblis, tandis que sur un autre point Swartboy faisait entendre des cris formidables. En jetant un regard en arrière, les couaggas se crurent entourés d'ennemis; mais une route leur était ouverte : c'était celle qu'ils avaient coutume de prendre, et le troupeau s'y engagea. On entendit le craquement des perches, le piétinement des sabots, le bruit sourd des corps qui tombaient et le hennissement des victimes effarées. Quelques couaggas sautèrent, comme pour franchir la fosse ; d'autres se dressèrent sur leurs pieds de derrière, et tournèrent sur eux-mêmes pour entrer dans le lac ; d'autres encore s'échappèrent à travers les broussailles ; mais le gros du troupeau revint sur ses pas, se remit à l'eau, et s'enfuit par la gorge. Au bout de quelques minutes tous avaient disparu. Les enfants croyaient qu'aucun n'avait été pris ; mais, de la position qu'il occupait dans le nwana, Von Bloom apercevait des têtes qui s'allongeaient en dehors de la fosse. On n'y trouva pas moins de huit couaggas, deux fois plus qu'il n'en fallait pour monter tous les chasseurs.

Au bout de moins de deux semaines, quatre couaggas avaient été rompus à la selle et obéissaient aussi bien que des chevaux. Ils avaient eu beau ruer, caracoler, jeter leur cavaliers par terre ; le Bosjesman et Hendrik étaient d'habiles écuyers, qui triomphèrent promptement de leur résistance.

La première fois que ces animaux furent employés à la chasse de l'éléphant, ils rendirent précisément le service qu'on attendait d'eux. Comme de coutume, l'éléphant prit sa course après avoir essuyé un premier coup de feu ; mais les chasseurs, montés sur leurs couaggas, ne le perdirent pas de vue. Dès qu'il s'aperçut que ses jambes étaient inutiles, il fut aux abois et dédaigna de fuir les chasseurs. Ils purent réitérer leurs décharges, et un coup mortel finit par étendre sur le sol son corps gigantesque.

— Mon étoile reparaît ! s'écria Von Bloom enthousiasmé. Mes espérances ne seront plus déçues. Je serai riche ! En quelques années, je referai ma fortune ; je serai à même d'élever une pyramide d'ivoire.

CHAPITRE XL

L'ÉLAN

Hendrik était le meilleur chasseur de toute la famille. C'était lui qui fournissait habituellement le garde-manger. Les jours où l'on ne chassait pas l'éléphant, il s'en allait seul à la poursuite des antilopes, dont la chair était la principale nourriture des habitants du nwana. Grâce à son adresse, la table était toujours abondamment pourvue.

L'Afrique est la patrie des antilopes ; on en compte, dans le monde entier, pas moins de soixante-dix espèces différentes ; plus de cinquante sont africaines, et trente au moins appartiennent au sud de l'Afrique, c'est-à-dire à cette partie du continent comprise entre le cap de Bonne-Espérance et le tropique du Capricorne.

Il faudrait un volume pour faire une monographie des antilopes ; aussi dois-je me contenter de dire que la plupart se trouvent en Afrique ; qu'il en existe plusieurs espèces en Asie, et une seule en Amérique, le prong-horn ; en Europe il y en a deux, dont une, le chamois des Alpes, pourrait être mise au rang des chèvres.

Je remarquerai en outre que les soixante-dix espèces d'animaux groupés dans le genre antilope diffèrent considérablement les unes des autres par la forme, la couleur, le pelage et les habitudes. Rien de plus arbitraire que la classification qui les réunit. Les unes, comme le chamois, se rapprochent des chèvres ; d'autres ressemblent aux daims, aux bœufs ou aux bisons ; et quelques espèces possèdent tous les caractères du mouton sauvage.

Toutefois, en général, les antilopes tiennent plutôt des daims que de tous autres animaux, et plusieurs espèces sont vulgairement connues sous la dénomination de daims. Il en est qui ont moins d'analogie avec leurs congénères qu'avec certaines espèces de daims. Seulement ces derniers ont des cornes osseuses qu'ils perdent annuellement, tandis que les antilopes conservent les leurs, qui sont de corne véritable et persistante.

Les antilopes ont des mœurs qui varient à l'infini, suivant les espèces. Elles habitent tantôt les vastes plaines, tantôt les forêts profondes. Elles errent tantôt sur le bord des rivières, tantôt sur les rochers escarpés ou dans les ravins desséchés des montagnes. Les unes brouttent l'herbe, les autres se nourrissent des feuilles et des pousses tendres des arbres. En somme, les antilopes ont des prédilections si diverses qu'on en trouve partout, quels que soient le climat, la végétation, les sites du pays. Le désert même a ses antilopes, qui préfèrent ses plaines arides aux vallées les plus verdoyantes et les plus fertiles.

L'élan ou caana *(antilope oreas)* est le plus grand de ce genre, puisque sa taille égale celle d'un fort cheval. Il est lourd et a le pas médiocrement rapide; un chasseur monté l'atteint sans efforts. Les proportions générales de l'élan ont quelque rapport avec celles du bœuf, mais ses cornes sont droites; elles partent en ligne verticale du sommet de la tête, et divergent légèrement l'une de l'autre ; elles ont deux pieds de longueur, et même plus chez les femelles, et sont entourées d'un anneau qui monte en spirale jusqu'à la pointe.

Les yeux de l'élan caana, comme ceux de la plupart des antilopes, sont grands, humides et doux. Malgré sa force et ses dimensions, il est du naturel le plus inoffensif, et ne se résigne à combattre que lorsqu'on l'y force absolument. Sa couleur est un brun-foncé teinté de roux, ou, chez certains individus, un gris-cendré mélangé d'ocre-jaune.

L'élan est une des antilopes qui paraissent pouvoir se passer d'eau. On le trouve dans les plaines désertes, loin de toute rivière et l'on dirait même qu'il affectionne les solitudes desséchées, à cause de la sécurité qu'il y trouve. Cependant il habite aussi les régions fertiles et boisées ; il vit en troupes nombreuses, mais les deux sexes paissent séparément, par groupes de dix à cent individus.

La chair de l'élan est excessivement estimée ; elle ne le cède en délicatesse ni à celle de l'antilope, ni à celle des animaux de race bovine ; elle a le goût du bœuf tendre avec un arrière-goût de venaison. On fait sécher les muscles des cuisses qui, préparés de la sorte, prennent la qualification de langues de cuisse, et sont regardés comme le morceau le plus savoureux.

Bien entendu que les chasseurs poursuivent l'élan avec activité. Comme il est toujours très-gras et qu'il ne court pas vite, on arrive aisément à le tuer, à l'écorcher et à le dépecer. C'est une chasse qui offre peu d'attraits ; seulement on ne trouve pas souvent l'occasion de la faire.

La facilité avec laquelle on prend ces antilopes si recherchées en a diminué le nombre, et ce n'est que dans les districts éloignés qu'en en rencontre encore des troupeaux.

Depuis l'arrivée de la famille Von Bloom au cap, on avait remarqué des traces d'élans sans en voir un seul. Hendrik, pour plusieurs raisons, désirait tuer un de ces animaux. La première, c'était qu'il n'en avait jamais tiré; la seconde, qu'il appréciait les qualités de la viande qui couvre en abondance les côtes du caana.

Ce fut donc avec une vive satisfaction qu'un matin Hendrik apprit qu'on avait vu un troupeau d'élans sur le plateau que bordaient les rochers voisins. Swartboy, qui avait fait une excursion sur les collines, apporta au camp cette heureuse nouvelle. Sans perdre de temps le jeune homme monta sur son couagga, et partit armé de sa bonne carabine.

A peu de distance du camp s'ouvrait dans les hauteurs un ravin qui conduisait au plateau. C'était la route que prenaient les zèbres, les couaggas, et autres habitants des plaines arides, quand ils descendaient au lac.

Hendrik gravit l'escarpement, et, lorsqu'il parvint à la cime, il aperçut immédiatement, à un mille de distance environ, un troupeau composé de sept élans mâles.

La végétation du plateau n'aurait pu abriter même un renard ; elle ne consistait que dans quelques aloès épars, quelques euphorbes et quelques touffes de gazon brûlées par le soleil.

Hendrik reconnut aussitôt qu'il lui était impossible de se rapprocher assez des élans pour les tirer.

Quoique n'ayant jamais chassé cette espèce d'antilope, il en connaissait les habitudes : il savait qu'elle courait mal, qu'un vieux cheval pouvait la distancer, et qu'à plus forte raison elle serait vaincue par son couagga, le plus agile des quatre qui avaient été domptés.

Il s'agissait, en conséquence, de lancer des élans dans de bonnes conditions. Il fallait éviter de les alarmer de trop loin et de leur laisser trop d'avance. En chasseur prudent, Hendrik fit un long détour de manière à mettre le troupeau entre lui et les rochers. Pour n'être pas aperçu, il eut soin de se courber sur sa selle, si bien que sa poitrine touchait presque le garrot de sa monture. Il supposait, avec quelque vraisemblance, que les élans ignorant à quelle espèce d'animal ils avaient affaire, regarderaient longtemps le couagga monté avec plus de curiosité que d'inquiétude.

Les élans se laissèrent approcher à la distance de cinq cents pas avant de prendre leur lourd et indolent galop. Alors Hendrik se releva, donna de l'éperon à son couagga et se mit à la poursite du troupeau.

Comme il l'avait prévu, les élans s'enfuirent vers les rochers, non dans la direction de la passe, mais du côté où les collines étaient à pic. Parvenus au bord du précipice, ils furent forcés de retourner en arrière, et suivirent une route qui traversait celle qu'ils avaient prise d'abord. Cette marche donnait l'avantage à Hendrik, qui dirigea diagonalement son couagga.

Il avait l'intention d'isoler un des élans et de laisser les autres galopper tant qu'ils voudraient.

Il ne tarda pas à réaliser son projet. Le plus gros du troupeau s'écarta de ses compagnons, comme s'il eût pensé qu'il avait plus de chance de salut en les abandonnant ; mais il avait compté sans Hendrik, qui fut une seconde après à ses trousses.

Le chasseur et sa proie parcoururent rapidement un mille à travers la plaine. Peu à peu la robe de l'élan passa du brun roux au bleu plombé ; la salive tomba de ses lèvres en abondance, l'écume inonda sa large poitrine, et des larmes roulèrent dans ses yeux globuleux.

Il était aux abois.

Au bout de quelques minutes, le couagga avait rejoint l'énorme antilope, qui, renonçant à courir, s'arrêtait dans son désespoir pour faire face à l'ennemi.

Hendrik avait la main à sa carabine. Vous pensez sans doute

qu'il l'épaula, fit feu et abattit l'élan ; vous vous trompez. Hendrik était un vrai chasseur, économe de ses ressources. Il n'avait pas besoin de tuer le caana sur place, il savait que sa proie était en son pouvoir, et qu'il la chasserait devant lui comme un domestique. S'il avait pris le parti d'envoyer une balle à l'élan, il aurait fallu chercher du renfort au camp pour le dépecer et en emporter les morceaux, au risque de le retrouver à moitié dévoré par les hyènes.

Au lieu de tirer, il força l'élan à se retourner, et le poussa devant lui dans la direction de la passe.

CHAPITRE XLI

LE COUAGGA EMPORTÉ

A bout de ses forces, l'animal était incapable de résistance. De temps en temps il essayait de revenir sur ses pas ; mais à l'aspect menaçant du chasseur, il reprenait passivement la route du camp.

Hendrik s'applaudissait de son succès. Il jouissait d'avance de la surprise qu'il allait causer en paraissant avec l'élan. Celui-ci était déjà entré dans la gorge où Hendrik et son couagga se disposaient à le suivre.

En ce moment un grand bruit de pas se fit entendre au pied des hauteurs.

Hendrik éperonna sa monture, afin d'atteindre le bord du précipice et de regarder d'où venait ce bruit. Avant qu'il eût eu le temps d'arriver, il vit avec étonnement l'élan regagner le plateau en galopant avec une nouvelle ardeur ; évidemment le fugitif avait été effrayé, et il aimait mieux faire face à son ancien adversaire que d'en affronter un nouveau.

Hendrik ne fit pas grande attention à l'élan, qu'il pouvait toujours forcer à loisir. Il tenait d'abord à savoir pourquoi l'antilope avait rétrogradé : il hâta donc le pas sans hésitation.

Le piétinement des sabots qui retentissait dans la passe lui prouvait qu'il n'avait affaire qu'à des ruminants, et qu'il n'était pas exposé à rencontrer un lion.

Dès qu'il fut à l'entrée de la passe, il jeta les yeux au-dessous de lui, et reconnut un troupeau de couaggas qui revenait de l'abreuvoir. Il en fut contrarié, car ces animaux pouvaient le gêner dans la poursuite de l'élan, et dans son premier accès de dépit, il fut tenté de faire feu dessus ; mais ç'eût été gaspiller ses munitions en pure perte. Il préféra se remettre à la poursuite de la bête qu'il avait forcé, et dont la peur avait ranimé l'énergie.

Les couaggas sortirent un à un du défilé, au nombre d'environ cinquante. A l'aspect du cavalier, chacun tressaillit d'effroi et fit un écart, jusqu'à ce que le troupeau s'étendit en longue ligne sur le plateau ; en des circonstances ordinaires, Hendrik n'y aurait pas fait attention. Maintes fois le couagg perçant de ces animaux avait retenti à ses oreilles ; mais il ne put s'empêcher de remarquer que quatre d'entre eux avaient la queue coupée. Il reconnut ceux qui avaient été relâchés après être tombés dans la fosse, et auxquels Swartboy, par des raisons particulières, avait fait subir cette mutilation. C'était le troupeau qui venait habituellement au lac, et qui n'avait pas reparu depuis le jour où il avait été si mal accueilli.

On conçoit qu'Hendrik regardait les couaggas avec une certaine curiosité. L'effroi qu'il leur inspirait, la tournure comique de ceux qui avait la queue coupée, le disposèrent à l'hilarité, et il se mit à rire en se mettant à la poursuite du caana.

Le couaggas prirent le même chemin.

— Je n'aurai jamais, se dit Hendrik, une meilleure occasion de décider un point jusqu'à présent contesté : Un couagga monté peut-il rivaliser de vitesse avec un couagga libre ? voilà la question. Je suis curieux de voir si le mien luttera sans désavantage contre ses anciens compagnons.

L'élan tenait la tête ; les couaggas couraient après lui, et Hendrik venait à l'arrière-garde. Il n'avait pas besoin de jouer de l'éperon ; son noble coursier semblait comprendre qu'il s'agissait de soutenir sa réputation, et il gagnait du terrain à chaque instant.

Le pesant caana fut promptement dépassé. Il s'arrêta, mais les couaggas continuèrent la course, suivis par celui de Hendrik. Au bout de cinq minutes ils avaient laissé l'élan à un mille en arrière, et ils ne s'arrêtaient pas.

Quelle était l'intention de Hendrik ? Voulait-il renoncer à sa proie ? Était-il jaloux de la supériorité de sa monture ? Avait-il résolu qu'elle remporterait le prix de cette course étrange ? C'est ce qu'aurait pu penser quiconque en eût été témoin ; mais les apparences étaient trompeuses, et la conduite du chasseur avait des motifs tout différents.

En voyant l'élan s'arrêter, il avait cherché à s'arrêter aussi, et avait tiré fortement la bride ; mais son couagga, au lieu d'obéir, avait couché les oreilles et galopé avec une nouvelle ardeur.

Hendrik essaya de le détourner, et tira sur la rêne droite, mais avec tant de force que l'anneau rouillé se brisa. Le mors glissa entre les mâchoires de l'animal, la secousse fit tomber la têtière, et le couagga se trouva complètement débridé ! Il était libre d'aller où bon lui semblerait, et naturellement il désirait aller rejoindre ses anciens camarades, qu'il avait reconnus, comme l'attestaient ses hennissements.

D'abord Hendrik regarda la rupture de son mors comme un accident sans importance ; c'était un des meilleurs cavaliers du Cap, et il n'avait pas besoin de bride pour conserver son assiette.

— Le couagga, pensa-t-il, ne tardera pas à s'arrêter ; j'aurai le temps de réparer le mors et de rajuster la bride. Cependant il commença à s'inquiéter en voyant sa monture aller du même train et le troupeau courir devant lui sans manifester la moindre intention de s'arrêter. C'était la terreur qui poussait les couaggas en avant. Leur camarade les avait reconnus, mais ils n'avaient pas reconnu leur camarade. Avec son accoutrement bizarre et l'homme qu'il portait sur le dos, il leur faisait l'effet d'un monstre terrible, altéré de sang et prêt à les dévorer ; aussi tous montraient-ils une agilité jusqu'alors sans exemple ; si bien que le couagga dompté, malgré son vif désir de s'en approcher et de leur expliquer sa métamorphose, avait cessé de gagner du terrain. Il redoublait pourtant d'efforts, car il était fatigué à l'excès de la civilisation et de la chasse aux éléphants. Il aspirait sans doute à reprendre la vie sauvage ; il semblait penser qu'une fois qu'il se trouverait au milieu des compagnons de sa jeunesse, ils se grouperaient autour de lui et l'aideraient à se débarrasser de l'importun bipède qui se cramponnait à son épine dorsale. Il était si près d'eux, que leurs ruades lui envoyaient à la tête de la poussière et des cailloux ; toutes les fois qu'il pouvait prendre haleine, il faisait entendre son couaag d'un ton suppliant, mais il n'était pas écouté.

Cependant que faisait Hendrik ? Rien. Il ne pouvait arrêter l'essor impétueux de son coursier, il ne pouvait essayer de mettre pied à terre sans être lancé sur des rochers. Tout ce dont il était capable, c'était de se tenir en selle.

Illisibilité partielle

Que pensait-il ? D'abord il n'avait pas vu le danger. Quand il eut achevé son troisième mille, il commença à s'alarmer sérieusement ; et au bout du cinquième, il fut convaincu qu'il était embarqué dans une périlleuse aventure.

Les milles se succédèrent ; et les couaggas galopaient toujours : le troupeau était excité par la crainte de perdre sa liberté, et l'animal dompté par le désir de reconquérir la sienne.

Hendrik était en proie à de véritables angoisses. Où allait-il être entraîné ? Peut-être au milieu du désert, où il périrait de faim et de soif ! Déjà il était loin de la lisière de rochers, et il lui était impossible d'en déterminer la direction ; en supposant qu'il vint à s'arrêter, était-il sûr de retrouver son chemin ?

L'épouvante s'empara de lui.

Que devait-il faire ? sauter à bas de son couagga, au risque de se rompre le cou.

Dans tous les cas, il avait déjà perdu le caama ; il avait la triste certitude de perdre sa monture et sa selle. Quel sacrifice faisait-il en les abandonnant ? Sa vie était en danger, pour peu que sa situation se prolongeât. Les couaggas pouvaient faire vingt milles, cinquante milles sans s'arrêter ; ils étaient infatigables ; leur ardeur ne se ralentissait point.

— Allons, se dit-il, sautons ! tâchons seulement de choisir un bon endroit, afin de me faire le moins de mal possible.

Tout à coup un moyen de salut s'offrit à lui ; il se rappela qu'en montant ce même couagga, il s'était servi avec avantage d'une œillère, c'est-à-dire d'un morceau de cuir attaché sur les yeux de la bête. L'effet en avait été si complet, que de rétive qu'elle était, elle était devenue docile instantanément.

Hendrik n'avait pas d'œillère. Quel objet pouvait lui en tenir lieu ? Son mouchoir ? Il n'était pas assez épais. Sa veste ? Bon ! voilà ce qu'il lui fallait.

Sa carabine le gênait, il la laissa doucement tomber, en se promettant de revenir la chercher.

En un clin d'œil, Hendrik se dépouilla de sa veste ; mais comment la disposer pour aveugler le couagga ? il craignait de la laisser tomber.

Prompt dans ses résolutions, l'adroit jeune homme passa une

manche de chaque côté de la gorge de sa monture et les noua toutes deux ensemble. La veste reposait ainsi sur la crinière de l'animal. Le collet était près du garrot, et les pans portaient sur la partie la plus étroite du cou.

Hendrik se pencha en avant autant qu'il le put, et il étendit la veste sur le cou du couagga. Lorsqu'il eut fait passer les pans par-dessus les oreilles, il les laissa retomber sur les yeux.

Ce ne fut pas sans peine que le cavalier, courbé comme il l'était, parvint à conserver son assiette; car, dès que le couagga eut les yeux couverts du morceau de drap, il s'arrêta aussi brusquement que s'il eût été mortellement blessé. Toutefois il ne tomba pas, mais il demeura immobile, les membres frémissants de terreur. Il avait cessé de galoper.

Hendrik sauta à terre; il ne craignait plus que le couagga, aveuglé et vaincu, fît la moindre tentative pour s'échapper. Au bout de quelques minutes, il avait remplacé l'anneau rompu par une forte courroie, remis le mors entre les dents de l'animal, bouclé solidement la têtière, et il remontait en selle, sa veste sur le dos.

Le couagga comprit que toute résistance était inutile. Ses anciens compagnons avaient disparu à l'horizon, et avec eux s'en allaient ses rêves de délivrance. Soumis désormais à son sort et stimulé par l'éperon, il retourna tristement sur ses pas.

Hendrik ignorait la route qu'il lui fallait prendre. Il suivit d'abord la trace des couaggas jusqu'à l'endroit où il avait laissé tomber sa carabine. Le soleil était trop bas pour lui servir de guide, et aucun des rares buissons du désert n'avait assez d'importance pour jalonner le chemin. Le voyageur égaré fut obligé de continuer à se diriger d'après les empreintes du troupeau; il ne retrouva plus son caana, mais il s'en consola quand il se vit avant la nuit dans le passe qui menait à sa demeure. Bientôt après il était assis sur la plate-forme du awana et régalait un auditoire attentif du récit de ses aventures.

CHAPITRE XLII

LE PIÉGE A DÉTENTE

Quelques jours plus tard, Von Bloom eut à souffrir de l'importunité des bêtes de proie, qu'attiraient les restes des antilopes et les parfums de la cuisine. Les hyènes et les chacals rôdaient sans cesse aux environs, et, rassemblés la nuit sous le grand arbre, ils faisaient entendre pendant des heures entières leur horrible tintamarre. A la vérité, personne ne les redoutait, puisqu'ils ne pouvaient atteindre les enfants, paisiblement endormis dans leur domicile aérien; mais leur présence n'en avait pas moins d'inconvénients. La viande, le cuir, les lanières, qu'on avait le malheur de laisser en bas, étaient infailliblement dévorés ; des quartiers de venaison disparaissaient, et la selle de Swartboy avait été mise hors de service. Enfin, les hyènes étaient devenues un fléau si intolérable, qu'il était nécessaire de trouver un moyen de les détruire.

Elles n'étaient pas faciles à tirer. Prudentes pendant le jour, elles se cachaient dans les grottes du coteau ou dans les trous creusés par l'oryctérope. La nuit, elles avaient l'audace de pénétrer jusqu'au centre du camp, mais l'obscurité empêchait de les ajuster, et les chasseurs, qui connaissaient le prix de la poudre et du plomb, ne risquaient un coup de fusil que lorsque leur patience était à bout.

On essaya plusieurs genres de piéges, mais sans succès. Les hyènes qui tombaient dans les fosses parvenaient à s'en échapper en sautant, et si elles étaient prises dans des nœuds coulants, elles s'en délivraient en coupant la corde avec leurs dents aiguës.

Enfin le porte-drapeau eut recours à un procédé très en usage parmi les boors de l'Afrique australe : le piége à détente. Ce mécanisme consiste invariablement dans un fusil dont la détente est mise en mouvement par une corde; mais il y a différentes manières de l'établir. En général, on attache l'appât à la corde : en voulant s'en emparer, l'animal tend cette corde et fait partir le coup. Malheureusement il n'arrive pas toujours qu'il soit placé en face du canon, et tantôt il n'est que légèrement blessé, tantôt il n'est pas même atteint.

Le piége à détente adopté dans le sud de l'Afrique est mieux combiné, et ses résultats sont plus certains. Il est rare que l'animal assez imprudent pour tirer la détente ne soit pas tué sur place, ou tellement maltraité qu'il va mourir à quelques pas plus loin.

Ce fut ce dernier mode que choisit Von Bloom.

Il avait remarqué près du camp trois jeunes arbres placés sur la même ligne, à environ trois pieds de distance les uns des autres.

Ces trois jeunes arbres faisaient son affaire. S'il ne les eût pas découverts, il aurait été obligé de planter solidement en terre trois pieux qui auraient également bien rempli ses intentions.

On coupa ensuite des broussailles épineuses, et l'on en construisit un kraal à la manière ordinaire, c'est-à-dire la cime des buissons tournée en dehors. La grandeur de l'enceinte étant sans importance, on ne se donna pas la peine d'y enfermer un vaste espace de terrain.

L'entrée fut placée entre deux des trois arbres, dont le troisième fut laissé en dehors. Tout animal qui voulait pénétrer dans l'enclos devait nécessairement prendre cette voie.

Il s'agissait de régler la position du fusil.

La crosse fut attachée solidement à l'arbre qu'on avait laissé en dehors de l'enceinte, et le canon assujetti contre celui des deux autres arbres qui en était le plus voisin.

Dans cette situation, la bouche du canon se trouvait vis-à-vis de l'arbre qui se dressait du côté opposé comme l'autre jambage de la porte.

L'appareil était à la hauteur voulue pour frapper au cœur l'hyène qui se présenterait à l'ouverture.

Il restait à arranger la corde.

Un morceau de bois de plusieurs pouces de longueur fut fixé transversalement dans la partie mince de la crosse, bien entendu derrière la détente; on eut soin toutefois de lui laisser assez de jeu pour qu'il pût servir de levier, comme on le désirait.

Une corde, nouée à l'une des extrémités de ce bâton, se reliait à la détente.

De l'autre extrémité partait une seconde corde qui passait par les capucines de la baguette, barrait l'entrée, et s'attachait à l'arbre d'en face.

La corde suivait la direction horizontale du canon ; elle était tendue presque roide. Pour peu qu'on pressât dessus, elle devait agir sur le levier, tirer ainsi la détente, et provoquer l'explosion.

On chargea le roer, on l'arma ; puis l'on mit l'appât, ce qui n'était pas difficile. Pour attirer les bêtes de proie, il suffisait de déposer dans l'enclos une charogne ou un morceau de viande. Swartboy jeta dans le kraal les entrailles d'une antilope fraîchement tuée, et toute la famille alla tranquillement se coucher.

A peine avaient-ils fermé les yeux qu'ils entendirent la bruyante détonation du roer, suivie d'un cri étouffé.

Le piége avait produit son effet.

Les quatre chasseurs allumèrent une torche et coururent à l'entrée du kraal, où ils trouvèrent le cadavre d'une énorme hyène tachetée. Elle n'avait pas fait un pas après avoir reçu le coup fatal ; son agonie n'avait pas même été accompagnée de mouvements convulsifs, tant la mort avait été instantanée ; en appuyant sa poitrine contre la corde, l'animal avait fait partir la détente, la balle avait pénétré dans ses flancs, et lui avait traversé le cœur.

Après avoir rechargé le roer, les chasseurs remontèrent dans leur chambre à coucher. On serait tenté de croire qu'ils enlevèrent l'hyène, dont le suicide pouvait être un avertissement pour ses camarades ; mais Swartboy se contenta de l'introduire dans le kraal pour la joindre aux autres appâts. Eclairé sur le caractère des hyènes, il savait que loin d'être épouvantées par le cadavre d'un être de leur espèce, elles le dévorent aussi avidement que les restes d'une antilope.

Avant le jour, le grand fusil réveilla de nouveau les chasseurs. Cette fois ils ne daignèrent pas se déranger ; mais, dès que le soleil se leva, ils visitèrent le piége, et y trouvèrent une seconde hyène, dont la poitrine avait imprudemment pressé la fatale corde.

Toutes les nuits, il continuèrent à faire la guerre aux hyènes, transportant successivement leur kraal d'un lieu à un autre, et plantant des piquets quand ils ne trouvaient pas d'arbres convenablement disposés. Les bêtes féroces finirent par être exterminées, ou du moins elles devinrent si rares et si craintives, que leur présence aux environs du camp cessa d'être gênante.

Vers le même temps parurent d'autres visiteurs plus redoutables, et dont il importait davantage de se débarrasser. C'était une famille de lions.

On avait déjà reconnu ses traces dans le voisinage; mais elle avait longtemps hésité à s'approcher du camp. Au moment où l'on était délivré des hyènes, les lions les remplaçaient, et ils faisaient chaque soir retentir la plaine des plus terribles rugissements. Toutefois ils ne répandaient pas autant d'épouvante qu'on aurait pu le supposer. Les habitants du nwana savaient que, dans cet arbre, ils étaient à l'abri des lions. S'ils avaient eu affaire à des léopards, qui sont des grimpeurs de première force, ils auraient été moins rassurés; mais il n'y avait pas de léopards dans le pays.

C'était, toutefois, très-désagréable de ne pouvoir descendre dans l'arbre après la chute du jour, et d'être régulièrement bloqué depuis le coucher du soleil jusqu'à son lever. En outre, les lions pouvaient trouver moyen de pénétrer dans les kraals où étaient enfermés la vache et les couaggas, dont la perte eût été une calamité. On tenait surtout à conserver la vieille Graaf, précieuse amie, qu'il eût été impossible de remplacer.

A ces causes, il fut résolu d'essayer contre les lions le genre de piège qui avait si parfaitement réussi contre les hyènes.

Dans l'un ou dans l'autre cas, la construction fut indentique; seulement on plaça le fusil plus haut, afin de le mettre au niveau du cœur du lion. L'appât, au lieu d'être une charogne, était une antilope fraîchement tuée.

L'attente des chasseurs ne fut pas déçue. La première nuit, le vieux lion pressa la corde fatale, et mordit la poussière. Le lendemain, la lionne eut le même sort, et quelques jours après, un jeune mâle adulte succomba. Il ne s'en présenta point d'autres à l'entrée du kraal; mais, une semaine plus tard, Hendrik tua près du camp un lionceau qui était sans doute le dernier de la famille, car on fut délivré des lions pour longtemps.

CHAPITRE XLIII

LES TISSERINS

Quand les bêtes féroces eurent été exterminées ou chassées du camp, il fut permis aux enfants de se promener, sous la surveillance de Totty, tandis que les quatre chasseurs allaient à la poursuite de l'éléphant.

Jan et Gertrude avaient pour instructions de ne point s'écarter du nwana, et d'y monter dès qu'ils apercevraient un animal dangereux. Avant la destruction des hyènes et des lions, ils avaient l'habitude de rester perchés sur l'arbre pendant l'absence des chasseurs. C'etait un pénible emprisonnement ; aussi leur joie fut grande lorsque, sans crainte de danger, ils purent prendre leurs ébats dans la prairie et le long du lac.

Un jour que les chasseurs étaient en campagne, Gertrude s'était aventurée seule au bord de l'eau. Elle n'avait pour compagne que son antilope springbok, qui la suivait partout dans ses excursions. Cette jolie bête avait acquis de nouvelles grâces en se développant ; ses grands yeux ronds avaient une expression douce et tendre, qui rivalisait avec celle des yeux de sa petite maîtresse.

Jan, assis au pied du nwana, s'occupait de mettre un barreau à une cage. Totty faisait paître la vieille Graaf.

Après avoir fait boire sa gazelle favorite et cueilli un bouquet de lis bleus, Gertrude poursuivit tranquillement sa promenade.

Dans la partie du rivage la plus éloignée du nwana se trouvait une presqu'île en miniature, qu'on aurait pu d'un coup de bêche convertir en îlot. Elle n'avait pas une perche carrée de superficie, et l'isthme qui la réunissait à la terre n'avait pas trois pieds de large. Cette presqu'île n'avait été d'abord qu'une grève ; mais elle avait fini par se couvrir de verdure, et sur sa pointe avait poussé un saule pleureur dont les branches, garnies de longues feuilles argentées, touchaient à la surface de l'eau. Cette espèce d'arbre s'appelle aussi saule de Babylone, parce que c'était à ses rameaux que les Juifs en captivité suspendaient leurs harpes. Il ombrage les rivières de l'Afrique australe aussi bien que ceux de l'Assyrie. Souvent, au milieu de l'aride désert, le voyageur altéré l'aperçoit au loin ; il hâte le pas, sûr de trouver de l'eau, et s'il est chrétien, il ne manque pas de se souvenir du poétique passage de l'Ecriture où il est question du saule de Babylone.

Celui qui croissait au bout de la petite péninsule offrait une particularité remarquable. A chaque branche pendaient des objets de la forme la plus fantastique : à la partie supérieure ils s'arrondissaient en boule, puis ils s'allongeaient en un cylindre de moindre diamètre, au bas duquel était une ouverture. On aurait pu les comparer à ces matras de verre qu'on trouve dans le laboratoire des chimistes.

Ces objets, dont chacun avait douze ou quinze pouces de long, étaient d'une couleur verdâtre, qui rivalisait avec celle des feuilles du saule pleureur.

En étaient-ce les fruits ?

Non, le saule pleureur ne porte pas de fruits de cette taille.

C'étaient des nids d'oiseaux.

Oui, c'étaient les nids d'une colonie de passereaux du genre *ploceus*, mieux connus sous la dénomination de tisserins.

Les tisserins doivent le nom qu'ils portent à l'art dont ils font preuve dans la construction de leurs nids. Ils ne les bâtissent pas, mais ils les tissent de la manière la plus ingénieuse avec des joncs, de la paille, des feuilles, de la laine ou des brins d'herbe.

N'allez pas supposer qu'il n'y ait qu'une seule classe de tisserins. Il en existe en Afrique un grand nombre d'espèces, dont il serait superflu de vous donner la nomenclature. Chacune d'elles donne à son nid une forme particulière, en employant des matériaux différents. Quelques-unes, telles que le tisserin à tête de loriot (*ploceus icterocephalus*), tressent des tiges de plantes herbacées, dont ils laissent le gros bout en dehors, ce qui donne au nid l'aspect d'un hérisson suspendu. Les oiseaux d'une autre espèce analogue bâtissent de semblables demeures avec de minces baguettes. Le tisserin républicain (*loxia socia*) se réunit en associations, qui construisent et habitent en commun des nids à plusieurs compartiments. L'entrée de ces nids est ménagée dans la surface inférieure. Placés à la cime d'un arbre, ils ressemblent à une meule de foin ou à un faisceau de chaumes.

Les tisserins sont ordinairement granivores; mais quelques-uns sont insectivores, et une espèce, le tisserin à bec rouge (*textor erythrorhynchus*) est un parasite des bisons. C'est une erreur d'admettre, sur la foi de certains ouvrages d'ornithologie, qu'ils n'habitent que l'Afrique et l'ancien monde. Il y a en Amérique diverses espèces de caciques et de loriots qui tissent des nids sur les arbres de l'Orénoque ou des Amazones. Cependant le véritable type du genre *ploceus* est le tisserin d'Afrique, et c'était une variété de ce genre, le tisserin suspendu (*ploceus pensilis*), dont les habitations se balançaient aux branches du saule pleureur.

Il y avait en tout trente nids qui semblaient faire partie de l'arbre. L'herbe au Bosjesman, avec laquelle ils étaient tissés, n'avait pas encore perdu sa verdure, et on aurait pu les prendre pour de grands fruits en forme de poires. De là vient sans doute que d'anciens voyageurs ont prétendu que certains arbres d'Afrique portaient des fruits qui renfermaient des oiseaux vivants ou leurs œufs.

La vue des tisserins et de leurs nids n'était pas nouvelle pour Gertrude. Elle avait lié connaissance avec la colonie emplumée qui s'était établie depuis quelque temps sur le saule pleureur. Souvent elle ramassait des graines pour les porter aux oiseaux, qui, devenus familiers, se perchaient sur ses blanches épaules ou folâtraient dans les boucles de sa blonde chevelure.

Elle s'amusait à écouter leur gazouillement, à suivre leurs amoureux ébats sur les bords du lac, à les voir jouer entre les branches ou se glisser dans les longs tunnels verticaux qui conduisaient à leurs nids.

En cheminant gaiement le long du lac, elle pensait à son antilope, aux lis bleus, et ne s'occupait nullement des oiseaux, lorsqu'ils attirèrent son attention par des mouvements inusités. Tout à coup, sans cause apparente, ils se mirent à voltiger autour de l'arbre avec les symptômes de la plus vive inquiétude.

CHAPITRE XLIV

LE SERPENT CRACHEUR

— Qui peut troubler ainsi mes jolis oiseaux ? se demanda Gertrude. Je n'aperçois pas de faucon. Est-ce qu'ils se battent ? Je me charge de rétablir la paix.

Elle hâta le pas et s'avança sur la péninsule. Le saule pleureur était le seul arbre qui ornât cette langue de terre. Gertrude s'en approcha, et chercha dans les branches ce qui pouvait causer l'alarme des tisserins. Dès qu'elle parut, plusieurs d'entre eux volèrent sur ses bras et sur ses épaules, mais non comme ils avaient coutume de le faire quand ils venaient lui demander à manger. Ils semblaient vouloir se placer sous sa protection.

Ils devaient être effrayés par un ennemi ; et pourtant il n'y avait aux alentours aucun oiseau de proie. Pourquoi donc leur épouvante semblait-elle augmenter à chaque instant ?

Enfin Gertrude aperçut un énorme serpent qui entourait de ses replis une branche horizontale, et dont les écailles étincelaient au soleil. Il venait de visiter les nids, et, après avoir tourné en spirale autour de la branche, il descendait la tête en bas le long du tronc de l'arbre.

Gertrude eut à peine le temps de se retirer avant que la tête et le cou du reptile se trouvassent en face du lieu qu'elle quittait. Si elle y était restée, elle eût été inévitablement mordue, car ce serpent ouvrit ses mâchoires et darda sa langue fourchue avec un horrible sifflement. Il était évidemment furieux, tant parce qu'il n'avait pu s'introduire dans leurs nids parce qu'il avait été frappé à coups de bec par les oiseaux. Il balançait la tête d'un air menaçant, et ses yeux lançaient des éclairs.

Instinctivement Gertrude se plaça sur un des bords de la presqu'île, aussi loin du reptile que l'eau pouvait le lui permettre. Elle supposa qu'il prendrait la direction de l'isthme, et craignait de se trouver sur son passage. Ce pouvait être un serpent inoffensif ; néanmoins sa longueur et ses allures n'avaient rien de rassurant. Gertrude ne pouvait le contempler sans trembler de tous ses membres, et elle eût tremblé bien davantage si elle l'avait mieux connu. C'était le naja noir ou serpent cracheur, le cobra africain, plus dangereux que la couleuvre capelle des Indes, parce qu'il a plus de vivacité dans ses mouvements.

Le serpent, malgré son irritation, ne se détourna point pour attaquer la petite fille. Il descendit de l'arbre et s'avança rapidement vers l'isthme, comme pour se retirer dans les buissons qui croissaient à quelque distance sur le continent.

Gertrude commençait à se rassurer en voyant le naja s'allonger sur l'herbe ; mais soudain, arrivé à l'isthme, il s'arrêta et se roula comme un cable. Au-dessus des replis de son corps se dressaient sa tête hideuse et son cou, dont les écailles distendues avaient cette forme de capuchon qui caractérise le cobra. Etonnée d'abord du changement de tactique, Gertrude en découvrit bientôt la cause : c'était l'approche de son antilope qui avait interrompu la retraite du serpent. Au premier cri d'alarme que sa maîtresse avait poussé, la jolie bête avait quitté son pâturage, et elle arrivait en bondissant. Sa queue blanche était droite, et ses grands yeux bruns avaient une expression de curiosité.

Gertrude trembla pour sa favorite. Encore un bond, et ses pieds allaient toucher le serpent ; mais l'antilope l'avait aperçu, et par un élan prodigieux elle avait sauté par-dessus.

Une fois échappée au danger, la bonne bête accourut vers sa maîtresse et sembla l'interroger du regard.

Mais les cris de Gertrude avaient attiré un autre défenseur. Le petit Jan descendait à pas précipités la pente qui menait au lac, et se préparait à passer l'isthme, où le naja était roulé.

CHAPITRE XLV

LE SECRÉTAIRE

Gertrude frémit d'effroi : le danger de son frère était imminent. Ignorant ce qui se passait, il s'avançait en toute hâte et allait s'aventurer dans l'étroit sentier que barrait le venimeux reptile. Il lui était impossible de sauter de côté comme l'antilope, car Gertrude avait remarqué que la tête du cobra s'était dressée à plusieurs pieds de hauteur.

Jan était perdu, et sa sœur, à laquelle la terreur ôtait la parole, ne pouvait que pousser des sons inarticulés en agitant les bras avec égarement.

Ses démonstrations, loin d'arrêter le petit Jan, lui inspiraient une nouvelle ardeur. Il rattachait les cris de Gertrude à son premier cri d'alarme, et en concluait que le danger n'avait pas cessé pour elle. C'était sans doute, pensait-il, un serpent qui l'avait attaquée ; mais comme il ne pouvait la défendre de loin, il redoublait de vitesse. Il fixait sur elle des yeux inquiets, de sorte qu'il n'avait aucune chance de voir le serpent avant d'avoir marché dessus.

— Mon frère, mon frère, le serpent, le serpent ! s'écria Gertrude avec effort.

Jan ne comprit pas le sens de ces mots. Il avait prévu qu'un serpent attaquait sa sœur ; et quoiqu'il ne le vît pas, il supposait que le reptile devait être près d'elle.

Il courut avec plus de vitesse que jamais. Encore quelques pas, et le naja, qui allongeait le cou pour le recevoir, allait le percer de ses crochets venimeux !

Gertrude s'avança avec un cri de désespoir. Elle s'exposait pour sauver son frère ; elle espérait attirer le cobra de son côté.

Jan et Gertrude étaient tous deux à la même distance du reptile :

tous deux peut-être auraient été ses victimes; mais leur sauveur était proche. Une ombre épaisse passa devant leurs yeux ; de larges ailes battirent l'air autour d'eux, et un gros oiseau qui semblait vouloir s'abattre sur l'isthme, se releva verticalement par un brusque effort.

Gertrude jeta les yeux sur le sol, et n'y voyant plus le naja, elle sauta au cou de son frère en criant : — Nous sommes sauvés, nous sommes sauvés !

Jan avait les idées un peu confuses. Il n'avait vu de serpent ni à terre ni au bec de l'oiseau, qui l'avait adroitement saisi pour l'emporter.

— Comment, nous sommes sauvés ? dit-il.

— Oui, nous n'avons plus rien à craindre.

— Mais le serpent, où est le serpent ?

Et en adressant cette question, Jan examinait Gertrude de la tête aux pieds, comme s'il se fût attendu à voir un reptile enlacé autour de quelque partie de son corps.

— Le serpent ! est-ce que vous ne l'avez pas vu ? Il était ici à nos pieds ; mais, regardez, le voilà là-bas ! le secrétaire est en train de donner une leçon au coquin qui a voulu prendre mes jolis tisserins. Courage, mon bon oiseau ! bats-le bien.

— Je comprends, dit Jan, c'est mon secrétaire qui nous a sauvés. Comptez sur lui, Gertrude, il fera sentir ses griffes au cobra. Voyez comme il le traite ! Encore un coup comme celui-là, et il ne restera pas beaucoup de vie au serpent.

En poussant de semblables exclamations, les deux enfants suivirent avec intérêt la bataille du reptile et de l'oiseau.

Cet oiseau est unique dans son genre. Il ressemble à une grue, et comme les échassiers, il est monté sur de longues jambes, mais qui sont entièrement couvertes de plumes. Par la tête et le bec il se rapproche de l'aigle ou du vautour. Ses ailes, d'une envergure considérable, sont armées d'éperons ; sa queue est d'une longueur démesurée, et les deux pennes sont plus longues que les autres plumes. Il a le cou et tout le manteau d'un gris bleuâtre, la gorge et la poitrine blanches, et des teintes roussâtres sur les ailes. Il est surtout remarquable par sa huppe, composée de plumes noires, qui se dressent sur son occiput et descendent derrière le cou presque jusqu'aux épaules. Cet ornement particulier a été comparé à la plume que les anciens bureaucrates tenaient derrière l'oreille, avant l'invention des plumes d'acier.

C'est ce qui a fait donner à cet oiseau le nom de secrétaire. On l'appelle aussi mangeur de serpent, *gypogéronas* ou vautour-grue, faucon-serpentaire *(falco serpentarius)*, enfin messager, à cause de la roideur solennelle avec laquelle il marche dans la plaine.

De toutes ces qualifications, celle de mangeur de serpents est la plus convenable. A la vérité, le guago de l'Amérique du Sud et plusieurs faucons et milans tuent et mangent des serpents ; mais le secrétaire est le seul qui leur fasse une guerre continuelle et s'en repaisse presque exclusivement. Il se nourrit aussi de lézards, de tortues et même de sauterelles ; mais les serpents sont la base de son alimentation, et pour s'en procurer, il risque sa vie dans plus d'une terrible rencontre.

On trouve le serpentaire dans le sud de l'Afrique, dans la Gambie et aux îles Philippines. Celui qui habite cette dernière contrée semble constituer une variété. Les plumes de sa huppe sont disposées autrement que dans l'espèce africaine ; les plus longues plumes de sa queue ne sont pas celles du milieu, mais celles qui la bordent, ce qui lui donne l'aspect d'une queue d'hirondelle. On remarque aussi quelque légère différence entre le serpentaire de l'Afrique australe et celui de la Gambie.

Quoiqu'il en soit, le serpentaire forme une tribu distincte. Les naturalistes ont cherché à le classer parmi les faucons, les aigles, les vautours, les gallinacés, ou les échassiers ; mais n'y pouvant réussir, ils en ont fait un genre à part.

Dans le sud de l'Afrique il hante les grandes plaines, les karoos arides, qu'il parcourt pour chercher sa proie. Il vit solitaire ou par couple et fait son nid dans les arbres épineux, ce qui en rend l'abord difficile. Ce nid, qui a environ trois pieds de diamètre, est ordinairement doublé de plumes et de duvet sur lesquels l'oiseau dépose deux ou trois œufs à chaque couvée.

Les serpentaires sont d'excellents coureurs et se servent plus fréquemment de leurs pieds que de leurs ailes ; ils sont défiants et pleins de prudence ; toutefois il n'est pas rare d'en voir dans les fermes du Cap, où on les élève, parce qu'ils détruisent les serpents et les lézards. On les a introduits et naturalisés dans les Antilles françaises pour y faire la guerre au dangereux serpent jaune (*trigonocephalus lanceolatus*), fléau des plantations de ces îles.

L'oiseau qui avait sauvé la vie de Jan et de Gertrude était un serpentaire apprivoisé. Les chasseurs l'avaient trouvé blessé, peut-être par un gros serpent, et l'avaient apporté comme un animal curieux. Il se rétablit en peu de temps, mais il n'oublia pas les soins dont il avait été l'objet. Après avoir recouvré l'usage de ses ailes, il ne songea pas à quitter ses protecteurs, et quoiqu'il fît de fréquentes excursions dans les plaines voisines, il revenait percher sur le grand nwana. Jan l'avait pris en amitié et l'avait traité avec une bienveillance dont il venait d'être récompensé.

L'oiseau avait pris le reptile par le cou, ce qu'il n'aurait pas fait aussi facilement, si l'attention du naja n'avait été détournée par les enfants. Après l'avoir saisi, il s'envola à une hauteur de plusieurs yards, ouvrit le bec et laissa tomber le serpent pour l'étourdir. Afin de rendre la chute plus dangereuse, il l'aurait volontiers enlevé plus haut, mais le naja l'en empêcha en essayant de l'enlacer dans ses plis.

Au moment où le reptile touchait la terre, et avant qu'il eût eu le temps de se mettre en garde, le serpentaire fondit sur lui et le frappa près du cou avec la patte. Cependant le naja ne fut que légèrement blessé, se roula et se tint sur la défensive. Ses yeux étincelaient de rage; sa gueule s'était élargie et laissait voir ses terribles crochets. C'était un adversaire formidable et dont il fallait s'approcher avec les plus grandes précautions.

Le serpentaire hésita un moment; puis, se faisant un bouclier avec une de ses ailes, il s'avança obliquement. Lorsqu'il fut assez près, il tourna sur ses jambes comme sur un pivot, et donna un coup de son autre aile sur la tête du cobra. Celui-ci cessa d'allonger le cou, et profitant de son état de faiblesse, l'oiseau l'enleva une seconde fois. Comme il n'avait plus à craindre d'être enlacé par son antagoniste, il monta plus haut dans l'air et le laissa tomber de nouveau.

En arrivant à terre, le naja y resta étendu dans toute sa longueur. Toutefois il n'était pas mort, et il se serait mis en cercle pour se défendre, si le serpentaire ne l'avait frappé à plusieurs reprises avec ses larges pieds cornés. Il saisit enfin le moment où la tête du reptile posait à plat sur le sol, et lui donna un coup de bec si violent, que le crâne se fendit en deux. C'en était fait du redoutable animal, dont le corps inerte et mou resta étendu sur l'herbe.

Jan et Gertrude battirent des mains et poussèrent de bruyantes exclamations de joie. Sans daigner y prendre garde, le triomphateur s'approcha de l'ennemi qu'il avait tué, et se mit tranquillement à dîner.

CHAPITRE XLVI.

TOTTY ET LES CHACMAS

Von Bloom et sa famille étaient depuis plusieurs mois sans pain, mais divers fruits ou racines leur en tenaient lieu. Ils avaient d'abord les amandes de l'arachide souterraine (*arachis hypogea*) qui croît dans toute l'Afrique méridionale et constitue la base de la nourriture des indigènes. Ils avaient aussi les bulbes de plusieurs espèces d'ixias et de mysembryanthèmes, entre autres la figue hottentote (*mesembryanthemum edule*); le pain de Cafre, moëlle d'une espèce de zamie; la châtaigne de Cafre, fruit du *brabeium stellatum*; les énormes racines du pied d'éléphant (*testudinaria elephantipes*); des ognons et de l'ail sauvages, enfin l'*aponegeton distachys*, belle plante aquatique dont les tiges peuvent se manger en guise d'asperges.

Ces substances végétales se trouvaient dans les environs. Swartboy qui, dans ses premières années, avait souvent été forcé de vivre pendant des mois entiers de racines, excellait à les découvrir et à les déterrer. La famille Von Bloom n'en manquait jamais; mais elles ne remplaçaient pour elle l'aliment qui passe principalement pour le soutien de la vie, quoiqu'il n'ait guère de droits à cette qualification en Afrique, où tant d'hommes se nourrissent exclusivement de la chair des animaux.

Heureusement les privations de nos aventuriers étaient sur le point de cesser; ils allaient avoir du pain. En déménageant le vieux kraal, ils en avaient emporté un sac de maïs, reste de la provision de l'année précédente. Il ne contenait pas un boisseau de grain; mais c'était assez pour ensemencer un champ qui pouvait produire plusieurs boisseaux s'il était cultivé convenablement.

Peu de jours après l'installation de la famille dans le nwana, on avait choisi, non loin de cet arbre, un terrain fertile, qu'on avait retourné à la bêche, faute de charrue, et l'on avait piqué les grains en les espaçant convenablement.

On avait sarclé et houé avec soin l'enclos. Un monticule de terre meuble avait été élevé autour de chaque plante pour en nourrir les racines et les protéger contre l'ardeur du soleil. On arrosait même de temps en temps la plantation.

Ces attentions, développant la richesse d'un sol vierge, avaient produit de magnifiques résultats. Les tiges n'avaient pas moins de douze pieds de haut, et les épis un pied de long. Ils étaient presque mûrs, et le porte-drapeau comptait commencer la moisson dans huit ou dix jours. Toute la famille se promettait de se régaler de pain de maïs, de bouillie de maïs au lait, et de divers autres mêts que préparerait Totty.

Un incident imprévu failit les priver non-seulement de leur récolte, mais encore de leur estimable ménagère.

Totty était sur la plate-forme, dans le grand nwana, et s'occupait de soins domestiques, lorsque son attention fut attirée par des bruits singuliers, qui partaient d'en bas. Elle écarta les branches et eut devant les yeux un étrange spectacle. Une bande de deux cents animaux descendait des hauteurs. Ils avaient la taille et l'extérieur de grands chiens mal conformés ; leur corps était couvert de poils d'un brun verdâtre ; ils avaient la face et les oreilles noires et nues. Ils redressaient leurs longues queues, ou les agitaient en sens divers, de la façon la plus bizarre.

Totty ne fut nullement alarmée, car elle reconnut des babouins. Ils appartenaient à l'espèce du babouin à tête de porc ou chacma (*cynocephalus porcarius*), qu'on trouve dans presque toute l'Afrique méridionale, où il habite les cavernes et les crevasses des montagnes.

De toute la tribu des singes babouins, les cynocéphales sont les plus repoussants ; on éprouve un dégoût involontaire à l'aspect du hideux mandrille, de l'hamadryas, ou même du chacma.

Les babouins sont particuliers à l'Afrique et se divisent en six espèces bien distinctes ; le babouin commun de l'Afrique septentrionale, le papion des côtes du sud et de l'ouest ; l'hamadryas ou tartarin d'Abyssinie ; le mandrille et le drille de Guinée ; enfin le chacma du cap de Bonne-Espérance.

Les habitudes de ces animaux sont aussi répugnantes que leurs mœurs. Ils sont toutefois susceptibles d'éducation, mais ce sont de dangereux animaux domestiques, qui, à la moindre provocation, mordent la main qui les nourrit. Ils sont disposés à faire usage de leurs longues dents canines, de leurs robustes mâchoires et de leurs muscles puissants. Ils ne redoutent aucun chien et luttent même avec avantage contre l'hyène et le léopard. Cependant, n'étant point carnivores, ils mettent leur ennemi en pièces sans le manger. Ils se nourrissent de fruit, et de racines bulbeuses, qu'ils savent déterrer avec leurs ongles aigus. Quoiqu'ils n'attaquent point l'homme, ce sont de redoutables adversaires lorsqu'ils sont chassés et réduits aux abois.

Les colons de l'Afrique australe racontent maintes histoires curieuses sur les chacmas. On prétend qu'ils dévalisent parfois le voyageur, lui enlèvent ses provisions, et les dévorent en se moquant de lui. On dit encore qu'ils portent quelquefois un bâton pour se soutenir dans leur marche, se défendre ou creuser la terre. Quand un jeune chacma est parvenu à trouver une racine succulente, elle lui est souvent ravie par un autre plus vieux et plus fort; mais si le jeune chacma l'a déjà avalée, son aîné lui met la tête en bas et le force à rendre gorge. Ces récits, qui circulent dans le pays des boors, ne sont pas tous dénués de fondements, car il est certain que les babouins ont une rare sagacité.

Du haut de son observatoire, Totty aurait pu s'en convaincre, si elle avait été disposée à faire des réflexions philosophiques sur l'instinct plus ou moins developpé des bêtes. Mais ce n'était pas dans son caractère. Elle trouvait seulement plaisir à considérer les manœuvres des babouins, et elle appela Jan et Gertrude pour leur faire partager son divertissement.

Le reste de la famille était à la chasse.

Jan et Gertrude s'empressèrent de monter à l'échelle, et tous les trois suivirent avec curiosité les mouvements des singuliers quadrumanes.

La troupe marchait en bon ordre et d'après un plan qui semblait avoir été préalablement ordonné. Sur les ailes couraient des éclaireurs; à la tête de la colonne s'avançaient gravement des chefs respectables par leur âge, et d'une taille plus élevée que celle de leurs compagnons. Il y avait des appels et des signaux convenus, prononcés avec des modifications de ton et d'accent qui auraient pu faire croire à une conversation régulière. Les femelles et les plus jeunes occupaient le centre pour être mieux à l'abri du danger. Les mères portaient leurs enfants sur le dos ou sur les épaules. Par intervalles, une d'elles s'arrêtait pour allaiter son nourrisson, pour lui lisser en même temps les poils; puis elle galopait afin de rejoindre ses compagnes. On voyait des mères battre leurs petits indociles. Quelquefois deux jeunes femelles se querellaient par jalousie ou par d'autres motifs, et leurs discussions amenaient de terribles criailleries, jusqu'à ce que la voix menaçante d'un des chefs leur imposât silence.

Les babouins traversèrent la plaine en criant, en jappant et en aboyant, comme des singes seuls peuvent le faire.

Où allaient-ils ? on le sut bientôt. Jan, Gertrude et Totty les virent avec douleur prendre la route du champ de maïs.

Au bout de quelques minutes, le gros de la troupe était caché entre les grandes tiges des plantes, qu'ils dépouillaient de leurs grains précieux. Au dehors, des sentinelles échangeaient sans cesse des signaux avec les maraudeurs. Depuis le champ jusqu'aux collines étaient échelonnés des babouins, placés à égale distance les uns des autres. La troupe, en traversant la plaine, les avait laissés en arrière avec intention.

En effet, lorsque le principal corps d'armée eut disparu dans le champ, les longs épis enveloppés de leurs cosses, commencèrent à pleuvoir du côté de cette ligne, comme s'ils eussent été lancés par des mains humaines.

Le babouin le plus rapproché du champ ramassait les épis, les passait à son voisin, qui les transmettait au troisième, et ainsi de suite. Grâce à l'organisation de cette chaîne, chaque tête de maïs, peu de temps après avoir été enlevée à sa tige, était déposée dans la caverne qui servait de magasin général aux babouins.

Si l'opération avait continué, Von Bloom n'aurait eu qu'une triste récolte. Les babouins jugeaient que le blé était suffisamment mûr, et ils n'auraient pas tardé à engranger tous les épis.

Totty comprit l'étendue de la perte à laquelle son maître était exposé, et sans calculer le danger, elle descendit à la hâte, n'ayant pour arme qu'un manche à balai.

Quand elle arriva au champ de maïs, les sentinelles grimacèrent, jappèrent, et montrèrent leurs longues dents canines ; mais, pour prix de leur vigilance, ils ne reçurent que des coups vigoureusement appliqués. Leurs cris plaintifs attirèrent leurs camarades ; et en quelques instants, la pauvre Hottentote se trouva au milieu d'un cercle de chacmas irrités. Pour les empêcher de sauter sur elle, il lui fallait faire un moulinet continuel avec son balai. Cependant, cette arme légère, quoique maniée habilement, n'aurait pas longtemps protégé l'héroïne, qui eût été mise en pièces, sans le retour subit des chasseurs. Ils accoururent au galop, et une volée de mousqueterie dispersa les hideux chacmas, qui regagnèrent en hurlant leur caverne.

Après cette aventure, le porte-drapeau veilla sur son maïs jusqu'à la moisson. Elle se fit une semaine plus tard, et fut déposée en lieu de sûreté, hors de la portée des oiseaux, des reptiles, des quadrupèdes et des quadrumanes.

CHAPITRE XLVII.

LES CHIENS

Depuis qu'on avait dompté les couaggas, la chasse se continuait avec succès. Chaque semaine on ajoutait une paire de défenses, quelquefois même deux ou trois paires à la collection, qui formait au pied du nwana, une petite pyramide d'ivoire.

Néanmoins, Von Bloom n'était pas encore satisfait; il pensait qu'il aurait obtenu des résultats plus décisifs s'il avait eu des chiens. Les couaggas lui permettaient souvent d'atteindre l'éléphant, mais souvent aussi, ils le laissaient échapper. Ce malheur n'est pas à craindre avec les chiens. A la vérité, ces animaux ne peuvent triompher de l'énorme quadrupède, ils ne sont pas même en état de le blesser ; mais ils le suivent partout et le contraignent à s'arrêter par leurs aboiements.

Un autre service que rendent les chiens, c'est de détourner l'attention de l'éléphant, qui, comme nous l'avons fait remarquer, est formidable quand il entre en fureur. Importuné par les mouvements brusques et les vociférations des limiers, il les prend pour des agresseurs sérieux, et fond sur eux avec rage. Le chasseur n'a donc pas à affronter une rencontre mortelle, et trouve l'occasion de lâcher un coup de fusil.

Pendant les dernières chasses, nos amis avaient couru les plus grands dangers. Leurs couaggas n'avaient ni la vivacité d'allure, ni la docilité des chevaux. D'un moment à l'autre, un écart de ces montures pouvait causer un malheur. C'était ce qu'appréhendait Von Bloom, et il aurait volontiers acheté des chiens à raison d'une défense par tête, eussent-ils été les plus misérables roquets. La qualité est de peu d'importance en ce cas : il suffit que l'animal puisse suivre la piste de l'éléphant et le harceler de ses aboiements.

Von Bloom songea à dresser des hyènes à la chasse, et cette idée n'avait rien de fantasque. L'hyène est souvent domptée dans ce but, et s'acquitte de sa tâche mieux que beaucoup d'espèces de chiens.

Un jour Von Bloom réfléchissait sur ce sujet. Il était assis sur une petite plate-forme qu'il avait fait construire à l'extrême cime du nwana, et d'où la vue s'étendait sur toute la campagne. C'était le lieu de prédilection, la tabagie du porte-drapeau ; c'était là qu'il venait tous les soirs fumer tranquillement sa grande pipe d'écume de mer.

Pendant qu'il s'abandonnait à sa distraction favorite, il aperçut dans la plaine des antilopes d'une espèce particulière. Elles avaient le dos et les flancs de couleur de terre de Sienne ; le ventre blanc ; une bordure noire à la partie extérieure des jambes, et sur la face des raies noires aussi régulièrement tracées que par le pinceau d'un artiste. Leurs têtes, longues et roides, étaient surmontées de cornes noueuses recourbées en forme de faucilles.

Ces animaux étaient loin d'être gracieux. Leur train de derrière s'abaissait comme celui de la girafe, mais à un moindre degré ; leurs épaules avaient une élévation démesurée ; leurs membres étaient osseux et anguleux ; chacun d'eux avaient environ neuf pieds de long et cinq pieds de haut depuis les pieds de devant jusqu'à l'épaule. Ils appartenaient à l'espèce de l'antilope caama (*acronotus caama*), connue par les colons hollendais du Cap sous le nom de hartebeest.

Lorsque Von Bloom les remarqua, les caamas broutaient paisiblement ; mais quelques minutes après elles se mirent à courir en désordre à travers la prairie. Elles avaient été surprises par une meute de chiens.

Von Bloom vit en effet à leur poursuite quelques-uns de ces animaux, que les colons du Cap appellent chiens sauvages (*wildehonden*), et que les naturalistes désignent improprement sous la qualification de chiens chasseurs ou d'hyènes chasseresses (*hyena venatica*).

Ces deux noms sont également absurdes ; car l'animal dont il s'agit n'a aucune analogie avec l'hyène, et le titre de chien chasseur peut être mérité indistinctement par tous les animaux de la race canine. Je propose donc d'adopter le nom de chien sauvage, adopté par les boors.

C'est calomnier le chien sauvage que de le comparer à l'hyène, dont il n'a ni le poil rude, ni les formes disgracieuses, ni les habitudes repoussantes. Il ressemble plutôt au braque ou au chien courant ordinaire. Sa robe est couleur de tan, diaprée de large taches de noir et de gris. Il a, comme le braque, de longues oreilles ; mais elles sont droites au lieu d'être pendantes, ainsi qu'on le remarque dans toutes les espèces sauvages du genre *canis*.

Ses habitudes complètent la ressemblance. Le chien sauvage, pour chercher le gibier, s'organise en meutes nombreuses et il montre autant d'adresse et de sagacité que s'il était guidé par des piqueurs armés de fouet et le cor en bandoulière.

Von Bloom eut la bonne fortune d'être témoin d'une chasse à courre des plus remarquables. Les chiens sauvages étaient tombés à l'improviste sur le troupeau de caamas, et leur premier élan en avait isolé une. C'était ce qu'ils désiraient, et toute la meute se mit à ses trousses au lieu de suivre le troupeau.

La caama, malgré sa structure étrange, est une des antilopes les plus agiles, et ne se laisse prendre qu'après une longue chasse.

Elle échapperait même au danger, s'il lui suffisait de lutter de vitesse avec les chiens ; mais ceux-ci possèdent des qualités qui lui manquent et qui leur assurent l'avantage. L'antilope caama ne court pas toujours en ligne droite ; elle s'écarte d'un côté ou de l'autre, suivant la conformation du terrain. Les chiens sauvages profitent de cette marche irrégulière, et ont recours à une manœuvre qui indique certainement de la réflexion.

Von Bloom en eut la preuve. Sa position élevée le mettait à même d'embrasser tout le terrain et de suivre les mouvements des deux partis.

En partant, le caama courait en droite ligne et les chiens marchaient sur ses traces. Au bout de quelques instants, toutefois, un d'eux devança ses compagnons. Avait-il de meilleures jambes ? non ; mais tandis que les autres se ménageaient, il était chargé de presser l'antilope. L'ayant atteinte par un effort désespéré, il la fit légèrement dévier de sa course primitive.

En observant ce changement de direction, la meute prit la diagonale, et elle évita ainsi le détour qu'avaient fait le caama et son adversaire.

Celui-ci, dès que l'antilope se fut détournée, rentra dans les rangs et fut relégué à l'arrière-garde. Sa tache était accomplie. Un autre lui succéda, avec la mission de continuer ce qu'il avait si bien commencé.

L'antilope dévia de nouveau, et de nouveau la meute courut obliquement pour la couper.

Quand le second chien fut fatigué, un troisième lui succéda. La même manœuvre fut réitérée à plusieurs reprises, jusqu'à ce que l'antilope fût réduite aux abois. Alors, comme s'ils eussent compris qu'elle était en leur pouvoir, les chiens renoncèrent à leur stratégies pour se précipiter simultanément sur ses traces.

L'antilope caama fit un dernier effort pour s'enfuir; mais, voyant que l'agilité lui était inutile, elle se retourna brusquement et se mit sur la défensive. L'écume découlait de ses lèvres, et ses yeux rouges étincelaient comme des charbons ardents.

Une seconde après les chiens étaient autour d'elle. — Quelle magnifique meute! 'écria Von Bloom. Oh! si j'en avais une semblable! Mais pourquoi n'en aurais-je pas? Ces braques sauvages sont susceptibles d'être apprivoisés, exercés à la chasse, surtout à celle de l'éléphant. J'en ai eu de nombreux exemples ; seulement il faut que les chiens soient pris jeunes, et comment s'en procurer ? Tant qu'il ne sont pas en état de bien courir, leurs mères les retiennent dans leurs tanières au milieu de rochers inaccessibles. Par quel moyen les atteindre ?

Les réflexions de Von Bloom furent interrompues par l'étonnement que lui causa la singulière conduite des chiens sauvages. Il avait supposé naturellement qu'ils se jetteraient sur la bête aux abois, et la dépèceraient en un clin d'œil ; et pourtant la meute s'était arrêtée, comme pour laisser à l'antilope le temps de reprendre des forces; quelques chiens même étaient couchés ; les autres avaient la gueule ouverte et la langue pendante; mais ils ne paraissaient avoir nulle envie d'achever leur victime.

Le porte-drapeau était à même de bien observer la situation. L'antilope était rapprochée de lui et environnée des chiens. Non-seulement ils la laissèrent tranquille, mais, après avoir fait quel—

ques bonds autour d'elle, ils abandonnèrent la position. Avaient-ils peur de ses vilaines cornes ? voulaient-ils se reposer avant la curée ? Le chasseur, que leur attitude surprenait, et qui ne savait à quoi s'en tenir, fixa sur eux des regards avides.

Au bout de quelque temps l'antilope eut repris haleine, et, profitant de l'éloignement de la meute, elle se dirigea vers une éminence dont le versant était une position favorable pour se défendre. Aussitôt qu'elle fut lancée, les chiens la poursuivirent, et au bout de cinq cents pas ils l'avaient derechef réduite aux abois. Ils la laissèrent seule, et elle essaya encore de fuir. Les chiens se remirent à sa poursuite, mais en la poussant dans une direction nouvelle, du côté des rochers qui formaient la lisière du désert.

La chasse passa près du figuier-sycomore, et toute la famille put jouir à l'aise du spectacle. L'antilope courait plus vite que jamais, et les chiens ne semblaient pas gagner de terrain sur elle. Il était permis de présumer qu'elle finirait par se soustraire à ses infatigables persécuteurs.

Les yeux de Von Bloom et de ses enfants suivirent la chasse jusqu'à ce que les chiens eussent disparu. Le corps luisant de l'antilope se détachait alors comme une tache jaune sur le front brun des rochers ; mais tout-à-coup la tache jaune disparut aussi : point de doute, l'antilope était abattue.

Un étrange soupçon passa dans l'esprit de Von Bloom ; il ordonna de seller les couaggas, et s'achemina avec Hans et Hendrik vers la place où la caama avait été aperçue pour la dernière fois.

Ils s'approchèrent avec circonspection, et, cachés derrière un massif d'arbustes, ils purent observer ce qui se passait.

L'antilope-caama, étendue à douze yards du pied des hauteurs, était déjà à moitié dévorée, non par les chiens qui l'avaient chassée, mais par leurs petits de différents âges. Ces derniers entouraient le cadavre et s'en disputaient en grognant les lambeaux. Quelques-uns des chiens qui avaient pris part à la poursuite pantelaient allongés sur le sol ; mais la plupart avaient disparu, sans doute dans les grottes nombreuses qui s'ouvraient le long des rochers.

Il était donc positif que les chiens sauvages avaient conduit l'antilope jusqu'à l'endroit où elle devait servir de nourriture à leurs petits, et qu'ils s'étaient abstenus de la tuer pour s'épargner la peine de la traîner. Ces animaux ne possèdent pas, comme ceux de l'espèce féline, la faculté de transporter une lourde masse à une distance un peu considérable. Leur prodigieux instinct leur avait suggéré l'idée de mener leur proie à la place même où sa chair devait être consommée. C'était une pratique à laquelle ils avaient l'habitude de recourir, comme l'attestaient les os et les cornes de plusieurs antilopes amoncelés dans ce charnier.

Les trois chasseurs s'élancèrent sur les petits ; mais leur tentative échoua. Ces jeunes chiens, aussi rusés que leurs parents, abandonnèrent leur repas à l'aspect des étrangers, et s'enfoncèrent dans leurs cavernes.

Toutefois ils n'eurent pas assez d'intelligence pour échapper aux pièges qu'on leur tendit chaque jour pendant la semaine suivante. Au bout de ce temps, on en avait pris plus d'une douzaine, qu'on installa dans une niche construite exprès pour eux à l'ombre du nwana.

En moins de six mois, plusieurs de ces jeunes élèves avaient été dressés à la chasse de l'éléphant, et ils s'acquittaient de leur tâche avec le courage et l'habileté qu'on aurait pu attendre de chiens de la race la plus pure.

CHAPITRE XLVIII

CONCLUSION

Pendant plusieurs années Von Bloom mena la vie de chasseur d'éléphants. Pendant plusieurs années il logea dans le grand nwana, et n'eut pour société que ses enfants et ses domestiques. Ce ne fut peut-être pas le temps le moins heureux de leur existence, car ils jouirent du plus précieux des biens terrestres, la santé.

Il n'avait pas laissé ses enfants grandir sans instruction, en véritables enfants des bois. Il leur avait fait étudier dans le livre de la nature bien des choses qu'ils n'auraient pas apprises au collège. Il leur avait, en outre, inculqué des principes d'honneur et de moralité sans lesquels la meilleure éducation est incomplète. Ils étaient élevés à aimer Dieu et à s'aimer les uns les autres; ils avaient des habitudes de travail, savaient se suffire à eux-mêmes, et possédaient assez de connaissances pour accomplir, en rentrant dans la vie civilisée, tous les devoirs qu'elle imposait. En somme, ces années d'exil passées dans le désert n'avaient pas été perdues et devaient laisser de doux souvenirs.

Toutefois l'homme est né pour la société, et le cœur humain, quand il n'est pas vicieux, aspire à communiquer avec le cœur humain.

L'intelligence surtout, si elle est développée par l'éducation, se complaît dans les relations sociales et souffre d'en être privée.

Aussi le porte-drapeau désirait-il revoir le pittoresque district de Graaf-Reinet, et s'établir de nouveau au milieu des amis de ses jeunes années. Son existence de chasseur avait fini par avoir pour lui une sorte d'attrait; mais il était désormais inutile qu'il la prolongeât.

Les éléphants avaient complètement abandonné les environs du camp à vingt milles à la ronde. Ils savaient combien le roer était redoutable ; ils avaient appris à craindre l'homme, et les chasseurs passaient souvent des semaines entières sans rencontrer un seul éléphant. Cette disposition ne préoccupait point Von Bloom, dont les idées avaient pris un autre cours. Son unique désir était de retourner à Graaf-Reinet, et rien ne l'empêchait de le réaliser. La proscription qui l'avait frappé était levée depuis longtemps par l'amnistie générale que le gouvernement britannique avait accordée. Ses biens ne lui avaient pas été rendus, mais la perte qui lui était sensible quelques années auparavant lui était devenue indifférente. Il s'était créé une propriété nouvelle, représentée par la pyramide d'ivoire qui s'élevait à l'ombre du grand nwana. Il suffisait de la transporter au marché pour s'assurer une magnifique fortune.

Von Bloom trouva moyen d'effectuer le transport. On creusa près de la passe des hauteurs une vaste fosse où tombèrent plusieurs couaggas. Ces animaux sauvages furent dressés, non sans peine, à souffrir le harnais et à traîner une voiture. Les roues, qui étaient heureusement intactes, tenaient lieu de break. La caisse de la charrette fut ensuite descendue, et renouvela connaissance avec les roues, ses anciennes compagnes; la couverture de toile étendit sur le tout son ombre protectrice. On empila dans l'intérieur les croissants blancs et jaunes. Les couaggas furent attelés ; Swartboy remonta sur le siège, fit claquer son fouet, et les roues, ointes avec de la graisse d'éléphant, tournèrent rapidement.

Quelle fut la surprise des bonnes gens de Graat-Reinet quand un beau matin ils virent arriver sur la grande place une charrette traînée par douze couaggas, et suivie de quatre cavaliers montés sur des animaux de même espèce ! Quel fut leur étonnement quand ils remarquèrent que le véhicule était rempli de défenses d'éléphant, sauf un coin, occupé par une jolie fille aux joues roses, aux cheveux blonds ! Quelle fut leur joie en apprenant que le père de la jolie fille, le propriétaire de l'ivoire, n'était autre que leur ancien ami, leur respectable compatriote, le porte-drapeau Von Bloom !

Le chasseur d'éléphants trouva sur la grande place de Graaf-Reinet un accueil cordial, et, ce qui avait son importance, des débouchés immédiats.

Par un heureux hasard, l'ivoire était en hausse en ce moment. Il entrait dans la composition de certains bijoux dont j'ai oublié le nom, et qui étaient à la mode en Europe. Von Bloom trouva donc à échanger sa provision contre de l'argent comptant, à un prix presque double de celui qu'il s'attendait à recevoir.

Il avait recueilli une quantité d'ivoire trop considérable pour la transporter en un seul voyage. Il retourna au nwana, près duquel il avait caché le reste des défenses, et les ramena à Graaf-Reinet, où elles étaient vendues d'avance.

Von Bloom était redevenu riche. La fortune qu'il avait réalisée en espèces sonnantes lui permit de racheter son ancien domaine, et d'y mettre les meilleures races de chevaux, de bœufs et de moutons. Ses affaires prospérèrent; il obtint la confiance du gouvernement, qui, après l'avoir réintégré d'abord dans ses fonctions de porte-drapeau, le promut à la dignité de landdrost ou magistrat en chef du district.

Hans poursuivit au collège du Cap le cours de ses études. L'impétueux Hendrik embrassa la profession qui lui convenait le mieux et obtint une lieutenance dans les carabiniers à cheval de la colonie.

Le petit Jean fut mis à l'école, et la belle Gertrude, en attendant qu'elle fût en âge de s'établir, fit avec grâce les honneurs de la maison paternelle.

Comme par le passé, Totty gouverna la cuisine; Swartboy, devenu un homme important, fit claquer son fouet plus que jamais et soumit à son jambok les bœufs à longues cornes du riche landdrost.

Plus tard, mes chers lecteurs, si nous faisons une nouvelle tournée dans le pays des boors, nous y retrouverons encore le digne Von Bloom, le Bosjesman et les enfants des bois.

FIN DES ENFANTS DES BOIS.

NOTICE

SUR

LE CAP DE BONNE-ESPÉRANCE

PAR LE TRADUCTEUR

―――

I

PRÉAMBULE

Les Enfants des bois se rattachent à la série d'ouvrages dont le *Robinson suisse* est le type, et qui ont pour but d'encadrer dans un récit romanesque des notions de géographie et d'histoire naturelle. Il est bon de faire remarquer toutefois en quoi le capitaine Mayne Reid a une supériorité incontestable sur ses devanciers. Ceux-ci empruntent leurs matériaux à des livrets de zoologie, de botanique ou de cosmographie : c'est Buffon, c'est Daubenton, Cuvier, Lacépède, Jussieu ou Malte-Brun qu'ils accommodent à leur guise. Leur travail se réduit à combiner ingénieusement des observations antérieures, auxquelles ils donnent une forme nouvelle sans y rien ajouter. Le capitaine Mayne Reid, au contraire, peint d'après nature ; il décrit ce qu'il a vu. Quand il met en action des animaux, c'est qu'il les a étudiés, non pas dans les livres ou dans les collections zoologiques, mais au milieu de vastes forêts, dans les solitudes dont ils ont encore la possession presque exclusive. Notre auteur, loin de copier les écrivains antérieurs, rectifie leurs inexactitudes, et révèle des particularités assez curieuses pour pouvoir être consulté avec avantage, même par les savants.

Il serait donc superflu de parler après le capitaine Mayne Reid des productions du règne animal et du règne végétal dans l'Afrique du Sud ; mais il nous a semblé qu'il n'était pas sans intérêt de compléter sa narration par quelques détails sur le théâtre de la scène et sur l'histoire des pays où vivent ses héros.

II

Limites de la colonie du Cap. — A-t-elle été connue des anciens ? — Expédition de Barthélemy Diaz. — Voyage de Vasco de Gama. — João de Infante. — Les Hottentots. — Les Portugais renoncent à coloniser le Cap.

La colonie du cap de Bonne-Espérance, située à la pointe méridionale de l'Afrique, s'étend entre les 29° 50″ et 35° de latitude nord, et les 15° et 26° de lattitude est. Elle est bordée au nord par la Hottentotie indépendante, au sud par l'océan méridionale, à l'est par la Cafrerie, à l'ouest par l'océan Atlantique.

Cette contrée, à laquelle le développement du commerce a donné tant d'importance depuis le seizième siècle, était-elle connue des anciens ? Il résulterait de quelques fragments de Possidonius et de Cornelius Nepos que la circumnavigation de l'Afrique avait été accomplie par les Tyriens, par le Carthaginois Hannon et par Eudoxe de Cyzique ; toutefois leurs expéditions, si elles réussirent, ne furent pas accomplies dans des conditions assez favorables pour qu'ils trouvassent des imitateurs. Quelques érudits surent peut-être qu'il était possible de doubler la pointe de l'Afrique australe; mais le succès d'une pareille entreprise était purement accidentel. Une découverte n'est réelle que lorsqu'elle accroît efficacement le domaine et la puissance de l'homme. Des Asiatiques, voguant au hasard ou poussés par les vents, ont pu traverser la mer Pacifique et venir peupler quelques parties du continent américain ; mais ils n'avaient aucun moyen de regagner leur patrie, et si quelques-uns parvinrent à en retrouver la route, ils perdirent celle des régions inconnues dont le hasard leur avait révélé l'existence. C'est donc à tort qu'on dispute à Cristophe-Colomb le mérite et l'honneur d'avoir frayé le chemin du nouveau monde.

C'est à tort aussi qu'on dispute aux navigateurs portugais du quinzième siècle le mérite et l'honneur d'avoir doublé les premiers la pointe méridionale de l'Afrique. En admettant avec quelques auteurs que, sous le règne du Pharaon Nekoh, les Phéniciens aient fait le tour de l'Afrique, il est certain qu'ils ne le recommencèrent pas. Le Perse Sataspes, criminel auquel Xerxès avait accordé la vie, à la condition qu'il renouvellerait cet exploit, recula devant les obstacles, et, plutôt que de les affronter, revint avec résignation subir le supplice du pal. Il n'y a point de découverte tant que le pays nouveau n'est pas mis en communication régulière avec le pays ancien.

Le grand cap africain ne fut reconnu d'une manière utile et pratique qu'en 1486. Au mois d'août de cette année, Jean II, roi de Portugal, fit fréter deux navires de cinquante tonneaux chacun et un aviso, pour explorer la côte d'Afrique. Le commandement de l'expédition fut confié à Barthélemy Diaz, qui, battu par des vents furieux, doubla le Cap sans s'en douter et poursuivit sa route jusqu'aux îles de la Croix, situées dans la baie de Lagoa. A son retour, au milieu d'une effroyable tempête, il détermina la position de la baie et des montagnes du Cap. Il avait été tellement frappé des dangers qui l'avaient accablé à la hauteur de l'extrémité sud de l'Afrique, qu'il proposa de la nommer cap des Tempêtes, *cabo Tormentoso* ou *cabo de Todos Tormentos*; mais, persuadé qu'en la doublant on avait fait un pas décisif sur le chemin des Indes, on voulut la désigner sous le nom de cap de Bonne-Espérance, *cabo de Bouna-Esperanza*.

Emmanuel, successeur de Jean II, mit trois vaisseaux et cent soixante hommes d'équipage à la disposition de Vasco de Gama, qui, en 1497, doubla le Cap pour se rendre aux Indes; mais ni lui ni Diaz ne descendirent sur le sol africain. Ce fut un autre navigateur portugais qui aborda le premier au Cap, en 1498. Il s'appelait João de Infante, et nous ne savons pourquoi d'anciennes relations lui ont donné le nom de rio del Elephanter, qui est celui d'une rivière. D'après les renseignements qu'il recueillit, l'occupation de la côte africaine fut décidée à Lisbonne, mais elle ne se réalisa pas. Les hommes chargés de fonder l'établissement furent effrayés de l'aspect farouche et des mœurs barbares des aborigènes. C'étaient les Gaiquas, que les Hollandais nommèrent plus tard Hottentots, en les entendant chanter une chanson dont le refrain était *Hottentottum brokana*. Ils se divisaient en tribus, dont les principales, suivant les vieilles cartes, étaient les Garinhaiquas, les Sussaquas, les Nessaquas, les Obiquas, les Sonquas, les Khirigriquas, les Houteniquas, les Attaquas, etc.

Ces sauvages avaient le teint basané, les pommettes saillantes, le nez fortement épaté, les narines d'une largeur énorme, la chevelure laineuse. Ils ne savaient point cultiver la terre, mais ils élevaient des troupeaux et chassaient les animaux, qu'ils tuaient avec des flèches empoisonnées, et dont ils enlevaient la partie blessée avant de les manger. Leurs huttes, de forme ovale, étaient faites avec des pieux recourbés qu'ils couvraient de nattes ou de peaux. Il leur était impossible de s'y tenir debout, et ils y vivaient accroupis ou couchés. Ils reconnaissaient un être suprême, qu'ils appelaient Gounga Tekquoa (le dieu de tous les dieux), et auquel ils offraient des bestiaux en sacrifice. Ils regardaient la lune comme un Gounga inférieur et admettaient une divinité malfaisante, Kham-ouna, le génie du mal. Ils croyaient que les premiers parents, ayant offensé le grand Dieu, étaient punis dans leur postérité. Ils croyaient aussi, selon Kolben, que ces premiers parents s'appelaient Noh et Hingnoh ; qu'ils étaient rentrés en Afrique par une petite lucarne, et avaient enseigné à leurs enfants l'art d'élever les bestiaux : traditions qui ont une vague mais frappante concordance avec celles de la Bible.

Chaque tribu se subdivisait en kraals, en villages, dont les principaux fonctionnaires étaient le konquer ou chef militaire, le juge, le médecin ou sorcier et le prêtre.

La saleté des Hottentots, leur langage rauque et inarticulé, leurs physionomies stupides, leurs longues zagaies, les firent prendre par les Portugais pour des anthropophages. Après avoir abattu sur le continent quelques pièces de gibier, les colons envoyés par le roi Emmanuel se retirèrent dans une île de la baie, et se rembarquèrent dès que le temps fut favorable.

Une douloureuse catastrophe acheva de faire abandonner au Portugal ses projets de colonisation. François d'Almeyda, vice-roi des Indes, relâcha au Cap en 1509 ; des matelots qu'il envoya à terre pour se procurer des vivres au moyen d'échanges furent repoussés ; il voulut les venger et fut tué avec soixante-quinze de siens. Deux ans plus tard, un détachement portugais descendit sur la même plage avec une pièce de canon chargée à mitraille, et décima les indigènes qui étaient accourus en foule à la rencontre des étrangers.

III

Voyage des Anglais et des Hollandais au Cap de Bonne-Espérance. — Fondation de la colonie. — Hostilités avec les Indigènes.

A la fin du seizième siècle et au commencement du dix-septième, les Anglais et les Hollandais commencèrent à faire escale au cap de Bonne-Espérance. Le capitaine Raymond y relâcha en 1591; le chevalier de Lancastre en 1601; Henri Middleton en 1604 et 1610; Davis et Michelburn en 1605. Les auteurs anglais assurent même que deux officiers de leur nation, Humphrey Fitz-Hubert et Andrew Schillinge, prirent possession de la contrée, le 3 juillet 1620, au nom du roi Jacques 1er.

Les bâtiments de la compagnie hollandaise des Indes orientales, constituée vers l'an 1600, explorèrent le Cap à plusieurs reprises. L'amiral Georges Spielberg, parti de Veer en Zélande avec trois vaisseaux, le 5 mai 1601, mouilla, au mois d'octobre de la même année, dans la baie du Cap, et la nomma baie de la Table, à cause de la haute montagne qui la domine, et dont le sommet est un vaste plateau horizontal. Un autre voyage fut entrepris en 1604; on essaya de lier des relations avec les Hottentots mais ils inspirèrent aux Hollandais comme aux Portugais une insurmontable répugnance. Comment s'entendre avec des êtres qui, suivant la relation qui nous a été laissée de ce voyage, « gloussaient comme des coqs d'Inde ? » Les habitants du Cap, dit Van Rechteren, qui les visita en 1629, mènent une vie si déréglée qu'elle approche de celle des bêtes. Tout ce qu'ils mangent est cru : chair, poisson, entrailles, peaux, ils dévorent tout dès que les bêtes sont mortes. Ils vont nus, hommes et femmes n'ayant qu'un petit morceau de peau, pas plus large que la main, pour se couvrir. Il ne paraît pas qu'il y ait parmi eux aucune loi, ni police, ni religion. »

Ce ne fut qu'en 1648 que Jean-Antoine Van Riebeck, chirurgien d'une flotille hollandaise, conçut l'idée de fonder au Cap une colonie. Il avait remarqué que les indigènes, malgré leur physionomie hideuse et leur civilisation rudimentaire, avaient des mœurs beaucoup plus douces qu'on ne le supposait. Il présenta une requête à la compagnie hollandaise des Indes, qui mit à sa disposition trois navires, tandis que les Etats généraux lui conférèrent le titre de gouverneur général.

En arrivant au Cap, Van Riebeck s'aboucha avec les sauvages qu'on réputait si terribles, leur distribua des marchandises dont la valeur totale s'élevait à quinze mille florins, et en obtint la concession du territoire compris entre la baie de Saldanna et la baie de Nissel, avec la facilité de s'étendre fort avant dans l'intérieur du pays.

Van Riebeck n'occupa d'abord que les environs de la baie de la Table, au fond de laquelle fut assise la ville nouvelle, avec un fort pentagonal pour la protéger. Quoique les colons fussent encore en petit nombre, il créa une administration complète, composée d'un grand conseil, d'un collége de justice, d'un tribunal secondaire, d'une cour des mariages, d'une chambre des orphelins et d'un conseil ecclésiastique.

Une concession de soixante acres de terre fut offerte à quiconque voudrait s'établir dans la colonie, avec droit de propriété et de succession, à la condition que, dans l'espace de trois ans, il se mettrait en état non-seulement de subsister sans secours, mais encore de contribuer à l'entretien de la garnison. La compagnie n'exigea d'abord des cultivateurs aucune redevance; elle leur fournit même à crédit des bestiaux, des semences, des instruments aratoires. Elle leur donna des femmes qui furent recrutées dans les communautés d'orphelines et autres maisons de charité. Enfin, on accorda aux nouveaux habitants la liberté de disposer de leurs terres au bout de trois ans, s'ils étaient tentés de revenir en Europe.

Ces avantages séduisirent un grand nombre d'aventuriers, auxquels il ne fut pas, toutefois, permis d'en jouir en paix. Les indigènes s'inquiétèrent de l'invasion des Européens, et commencèrent à la combattre. Les Hottentots, que les Hollandais appelaient *Kaapmans* (hommes du Cap), vivaient en bonne intelligence avec les colons, mais les Bosjesmans (hommes des bois ou des taillis), repoussant toute alliance avec l'étranger, rôdaient sur les frontières, surprenaient les habitations et y portaient le meurtre et l'incendie. Ils avaient soin de choisir pour leurs expéditions les temps de pluie et de brouillard, tant parce qu'ils dissimulaient mieux leur marche, que parce qu'ils avaient remarqué que les armes à feu étaient moins redoutables. Leurs déprédations redoublèrent en 1659, sous la direction de deux chefs, Garahinga et Homoa. Ce dernier, que les Hollandais nommaient Doman, avait passé cinq ou six ans à Batavia, et depuis son retour au Cap avait longtemps vécu dans la ville, mais il avait disparu tout à coup, et on le revit à la tête d'une bande nombreuse de ses compatriotes, auxquels il enseigna le maniement des armes à feu.

La guerre avait éclaté au commencement de mai. Dans le courant d'août, une chaude escarmouche s'engagea entre des cavaliers hollandais et des Hottentots, dont l'un, nommé Epkamma, eut la jambe fracassée et la gorge percée d'une balle. On le transporta mourant au fort, et on lui demanda quels motifs avait sa nation pour attaquer les Hollandais.

— Pourquoi, répondit-il, avez-vous semé et planté nos terres ? Pourquoi les employez-vous à nourrir vos troupeaux, et nous ôtez-vous ainsi notre propre nourriture ? Si nos tribus vous font la guerre, c'est pour tirer vengeance des injures qu'elles ont reçues. Pouvons-nous souffrir qu'il nous soit interdit d'approcher des pâturages que nous avons si longtemps possédés ? Pouvons-nous souffrir que, sans se croire obligés à la moindre reconnaissance envers nous, des usurpateurs se partagent nos domaines ? Si vous aviez été traités de la sorte, que feriez-vous ?

Epkamma ne succomba qu'au bout de six jours à ses blessures. Voyant les Hollandais animés de dispositions pacifiques, il leur conseilla de s'adresser à Gogasoa, konquer auquel obéissaient les Garinbaiquas. L'avis parut bon à suivre; mais une première démarche fut inutile, et jusqu'à la fin de l'année les habitations furent saccagées, les fermiers massacrés, les bestiaux enlevés presque à la vue du fort.

Cependant un revirement subit s'opéra dans les dispositions des Hottentots. Au mois de février 1660, un chef de kraal, nommé Khery, accompagné de Kamsemoga, qui avait vécu quelque temps parmi les Européens, vint au Cap avec une suite nombreuse. Il demanda que les relations fussent rétablies entre les tribus et les colons, et pria le gouverneur d'accepter treize bœufs et vaches comme gage d'amitié. Il fut convenu que les Hollandais restreindraient leurs défrichements au terrain que l'on pouvait parcourir en trois heures à partir du fort. Peu de jours après, Gogasoa, konquer des Garinhaiquas, fut amené par Khery, et confirma le traité, qui fut fidèlement observé pendant plusieurs années.

IV

Fondation des districts de Stellenboschen et Drakenstein. — Protestants français établis au Cap. — District de Waweren. — Opinion de Georges Anson sur la colonie.

En 1679, Simon Van der Stell, dixième successeur de Van Riebeck, sans chercher à empiéter sur le territoire des Hottentots, entreprit le défrichement d'une contrée boisée, qui forma le district de Stellenboschen. Van der Stell entretint de bonnes relations avec les indigènes ; mais il essaya vainement de faire pénétrer chez eux les lumières de la civilisation occidentale. Il avait recueilli un jeune Hottentot, qu'il fit élever dans la religion chrétienne, et auquel il donna des maîtres de toute espèce. L'enfant apprit plusieurs langues, et dès son adolescence, il put être utilement employé par un agent de la Compagnie dans un des comptoirs de l'Inde. Cet agent étant mort, le jeune commis revint au Cap, et aussitôt après son arrivée reprit le chemin du kraal de ses pères. Dès qu'il y fut, ses instincts se réveillèrent ; il jeta son costume d'emprunt pour endosser le kaross de peau de mouton. Il retourna au fort, et remettant ses anciens habits à Van der Stell : — Monsieur, lui dit-il, je renonce pour toujours au genre de vie que vous m'aviez fait embrasser ; ma résolution est de suivre jusqu'à la mort la religion et les usages de mes ancêtres ; je garderai en mémoire de vous le collier et l'épée que vous m'avez donnés ; mais trouvez bon que j'abandonne tout le reste.

Sans attendre la réponse du gouverneur, il s'enfuit, et on ne le revit plus.

Simon Van der Stell avait été desservi auprès de la Compagnie hollandaise des Indes et des États généraux de Hollande. Il fut maintenu dans son poste, grâce aux démarches du baron Van Rheeden, seigneur de Drakenstein, dans la Gueldre. En reconnaissance, Van der Stell donna le nom de Drakenstein à un nouveau district qui fut peuplé par des ouvriers, la plupart allemands, au service de la Compagnie. Des terres y furent distribuées, en 1675, à des protestants français réfugiés, qui y introduisirent avec succès la culture de la vigne.

D'après la relation du capitaine anglais Cowley, qui relâcha au Cap en juin 1686, la ville du Cap (Kaapstad) n'avait qu'une centaine de maisons, auxquelles on avait donné peu d'élévation, afin de les soustraire à la fureur des ouragans.

François Leguat, protestant, chassé de France par la révocation de l'édit de Nantes, visita le Cap en 1691. La capitale de la colonie était alors un bourg d'environ trois cents maisons, bâties en pierres et tenues avec une propreté hollandaise. Les rues étaient tirées au cordeau. Le gouverneur logeait, avec cinq cents hommes de garnison, dans un fort pentagonal construit à droite de la baie. Le jardin de la Compagnie, entretenu avec soin, avait des allées d'orangers et de citronniers. On y avait acclimaté différentes espèces d'arbres fruitiers d'Europe, tels qu les poiriers, les pommiers, la vigne, le coignassier, le pêcher, l'abricotier.

François Leguat ne négligea pas de rendre visite à ses coreligionnaires expatriés. « A dix lieues du Cap, dans les terres, il y a, dit-il, une colonie qu'on appelle Draguestein. Elle est d'environ trois mille personnes, tant Hollandais que Français, protestants réfugiés. Lorsque nos pauvres frères du Cap eurent formé le dessein de s'aller établir dans ce pays, on les gratifia en Hollande d'une somme considérable, pour les mettre en état de faire le voyage ; on les trasporta sans qu'il leur en coûtât rien ; et quand ils furent arrivés, on leur donna autant de terre qu'ils en voulaient. On leur fournit aussi des instruments d'agriculture, des vivres et des étoffes ; tout cela sans tribut annuel et sans intérêts ; mais à condition de rembourser quand ils en auraient acquis les moyens. On fit aussi une collecte considérable pour eux à Batavia, et cette somme leur a été distribuée à proportion de leurs nécessités.

» Nos réfugiés font travailler les Hottentots à la moisson, à la vendange et à tout ce qu'ils veulent, pour un peu de tabac et du pain. Comme ils ont permission de chasser, la nourriture ne leur coûte presque rien. Il n'y a que le bois qui est un peu rare, mais cela ne tire pas à grande conséquence, parce que le climat étant chaud, il ne faut du feu que pour la cuisine. Chacun peut bien penser que n'y ayant point de commencements sans quelques difficultés, ces bonnes gens ont eu de la peine d'abord ; mais ils ont été très-charitablement secourus ; et enfin Dieu a si bien béni leur labeur, qu'ils sont généralement tous à leur aise. Il y en a même qui sont devenus riches.

» Un de ces réfugiés, nommé Taillefer, né à Château-Thierry, fort honnête homme et homme d'esprit, a un jardin qui peut assurément passer pour beau. Rien n'y manque, et tout est d'un ordre, d'une symétrie et d'une propreté charmante. Il a aussi une basse-cour bien remplie, et une grande quantité de bœufs, de moutons et de chevaux, qui, à la manière du pays, paissent toute l'année dehors, et y trouvent abondamment leur nourriture, sans qu'il faille faire provision de foin, ce qui est extrêmement commode. Ce galant homme reçoit parfaitement bien ceux qui vont le voir, et il les régale à merveille. Son vin est le meilleur du pays, et approche de nos petits vins de Champagne.

» A mettre tout ensemble, il est certain que le Cap est un charmant refuge pour les pauvres protestants français. Ils y goûtent paisiblement leur bonheur, et vivent dans une heureuse société avec les Hollandais, qui sont, comme on sait, d'un humeur franche et bienveillante. »

En 1701, sous l'administration de Guillaume Van der Stell, fut créé un quatrième district, qui prit le nom de la famille Waweren, d'Amsterdam, à laquelle le gouverneur était allié. Ces districts, isolés d'abord par la difficulté des communications, se rapprochèrent par degrés les uns des autres. Les cultures s'étendirent ; les grands établissements ruraux se multiplièrent ; le commerce se développa. La colonie jouissait d'une grande prospérité lorsque l'amiral anglais Georges Anson, pendant son voyage autour du monde, mouilla dans la baie de la Table, le 11 mars 1744. « Les Hollandais, dit-il, n'ont pas dégénéré de l'industrie naturelle à leur nation, et ils ont rempli le pays qu'ils ont défriché de productions de plusieurs espèces, qui y réussissent pour la plupart mieux qu'en aucun lieu du monde, soit pour la bonté du terrain, soit à cause de l'égalité des saisons. Les vivres excellents qu'on y trouve et les eaux admirables, rendent cet endroit le meilleur lieu de relâche qui soit connu pour les équipages fatigués par des voyages de longs cours. Le chef d'escadre y resta jusqu'au commencement d'avril, et fut charmé des agréments et des avantages de ce pays, de la pureté de l'air et de la beauté du paysage ; tout cela animé, pour ainsi dire, par une colonie nombreuse et policée. »

Chaque district était administré par un landdrost (intendant de la terre), avec l'assistance de hemraaden ou conseillers. Chaque canton avait pour chef un *veld-cornet*, titre que nous avons traduit par porte-drapeau, faute de meilleur équivalent. Ce magistrat civil et militaire remplissait des fonctions municipales, et commandait la milice bourgeoise quand elle était appelée à marcher contre les Bosjesmans.

Le district de Zwellendam fut établi en 1770 ; et celui de Graaf-Reinet formé en 1786, par le gouverneur de Van der Graaf.

V

Colonie du Cap depuis 1789. — Occupation du Cap par les Anglais. — État actuel. — Villes principales. — Détails topographiques.

A l'époque de la révolution française, la colonie du Cap était assez puissante pour songer à s'affranchir de la métropole. Elle travaillait à se constituer en république indépendante, lorsqu'en 1795, une flotte anglaise parut dans la baie False. Un détachement du 78 régiment et un corps de marins débarquèrent sous les ordres du général Craig, s'emparèrent de plusieurs points fortifiés, et s'y maintinrent jusqu'à l'arrivée d'un corps d'armée considérable, amené par sir Alured-Clarke. Les colons capitulèrent, et les Anglais occupèrent sans coup férir Kaapstad, qui devint Cape-Town. Pour se concilier les vaincus, ils s'attachèrent à leur assurer les bienfaits d'une bonne administration; et quand, en vertu du traité d'Amiens, la colonie fut rendue aux descendants de ceux qui l'avaient fondée, le trésor public avait un excédant de recettes d'environ trois cent mille rycksdales.

Des forces navales, commandées par sir David Baird et sir Howe Popham, reconquirent Cape-Town en 1804.

En 1806, le vaisseau le *Marengo* et la frégate la *Belle-Poule*, sous les ordres du contre-amiral Linois, croisèrent vainement dans les parages du Cap en cherchant l'occasion d'en chasser les Anglais. L'occasion ne se présenta pas, et, sacrifiant le plus faible au plus fort, les puissances signataires des traités de 1815 n'hésitèrent pas à dépouiller la Hollande au profit de la Grande-

Bretagne. Les *boors* ou cultivateurs hollandais opposèrent une héroïque, mais stérile résistance à la domination qu'on leur infligeait.

La colonie du Cap comprend actuellement environ 14,800 lieues carrées géographiques. Elle se compose des districts du Cap, de Graaf-Reinet, d'Albany, de Sommerset, de Woicester, de Zwellendam, de George, de Beaufort, de Stellenbosh, de Clanwilliam, et d'Uitenhagen. La population est évaluée à plus de deux cent mille âmes, dont cent mille blancs, soixante mille noirs ou mulâtres affranchis, trente mille Hottentots et dix mille Malais.

Cape-Town, capitale de la colonie, compte environ cinquante mille habitants. Toutes les principales puissances de l'Europe y ont des consuls, et la ville est dotée de toutes les institutions des grandes cités européennes. On y a créé, en 1829, un collège où l'on enseigne le latin, le grec, l'anglais, l'allemand, le français, les mathématiques, l'astronomie, le dessin, etc. Cape-Town possède encore plusieurs églises protestantes, une cathédrale catholique, un temple de francs-maçons hollandais, une riche bibliothèque, un observatoire, un jardin botanique. La société littéraire et scientifique de l'Afrique méridionale a fondé à Cape-Town un muséum d'histoire naturelle qu'enrichissent sans cesse d'infatigables travaux. Le mouvement intellectuel de la colonie est attesté par de nombreuses associations bibliques, médicales, agricoles, philanthropiques, et par la publication de plusieurs journaux politiques, scientifiques ou littéraires.

Une bourse, une chambre de commerce, la banque du cap de Bonne-Espérance, la banque de l'Afrique méridionale, les banques coloniales de l'Union, de l'Epargne, témoignent de l'activité commerciale de ce riche pays. Des laines brutes, de l'ivoire, des plumes d'autruche, des cuirs, des peaux de léopard et de lion, du guano, de l'aloès, des vins blancs, dit madères du Cap, sont ses principaux objets d'exportation.

La ville est régulière, bien bâtie et éclairée au gaz. La baie du Cap *(Table-bay)*, fermée d'un côté par une chaîne de montagnes et de l'autre par une langue de terre, semble devoir être un asile sûr; mais d'impétueuses rafales y harcellent les vaisseaux et les poussent parfois à la côte. En définitive, le roi Jean II a imposé au Cap une qualification moins convenable que celle que Barthélemy Diaz avait adoptée.

Les autres villes remarquables de la colonie sont Graham's-Town, chef-lieu du district d'Albany; Constance, dont les vins sont célèbres; Simon's-Town, sur la baie False, station navale commandée par un commodore, et où les navires trouvent pendant l'hiver un abri contre les vents du nord-ouest.

Le chef-lieu du district de Graaf-Reinet est situé à cinq cents milles (640 kilomètres) du Cap, sur les bords de la Rivière Sondag. Barrow, secrétaire particulier de lord Macartney, gouverneur du Cap en 1797, a laissé la plus triste description de cette localité, où il se rendit pour réinstaller le landdrost, que les boors avaient chassé. « Ce n'est, dit-il, qu'un assemblage de huttes de terre isolées, rangées en deux files, et laissant entre elles une espèce de rue. A l'un des bouts est la maison du landdrost, dont l'architecture n'a rien de brillant. Les cabanes qu'on avait construites pour y placer les bureaux de l'administration tombent en ruines, ou sont tout à fait écroulées. La prison est également construite en terre et couverte en chaume; mais cet édifice est si peu convenable à l'usage auquel on le destine, qu'un déserteur anglais qu'on y avait enfermé s'échappa pendant la nuit en passant au travers du toit.

Les hôtes qui habitent ces masures ont des visiteurs fort incommodes: ce sont d'une part des termès ou fourmis blanches, qui minent le plancher d'argile et dévorent tout ce qu'elles rencontrent, excepté le bois; et d'un autre côté des chauves-souris, qui, cachées pendant le jour, envahissent pendant la nuit les habitations. Il n'est pas possible d'y conserver de la lumière.

» Le village de Graaf-Reinet n'est guère habité que par des ouvriers ou par des employés subalternes du landdrost. Son aspect est plus misérable que celui de la dernière bicoque de France ou d'Angleterre. On ne peut s'y procurer qu'avec une difficulté extrême les choses les plus nécessaires à la vie. Les habitants n'ont ni vin ni bière; ils sont réduits à boire de l'eau. Ce n'est pas la terre qui manque, mais l'industrie pour la cultiver. »

Les progrès considérables accomplis depuis 1797 jusqu'en 1856 ont complètement transformé Graaf-Reinet. C'est maintenant une jolie ville, dont les maisons ne manquent pas d'élégance, et dont les environs sont couverts de riches établissements agricoles.

Graaf-Reinet, comme tous les autres districts, est en rapport journalier avec Cape-Town. Les journaux et les correspondances circulent rapidement dans toute la colonie. La poste est desservie par les boors établis près des grandes routes, à l'aide de leurs domestiques hottentots, et moyennant une indemnité proportionnelle à la distance parcourue.

Les routes de la colonie sont bien entretenues, et il faut qu'elles le soient pour résister au passage de grands véhicules comme celui où voyage et loge la famille Von Bloom. La description qu'en fait Mayne Reid n'a rien d'ailleurs d'exagéré; en voici une qui la corrobore en tout point. « C'est un spectacle curieux, dit M. Jacques Arago, que de voir un Cafre ou un Hottentot, serviteur d'un colon, et conduisant un de ces immenses chariots chargés de provisions, de meubles et même de petites pièces de canon, de la ville à une maison de campagne, ou d'une petite plantation au grand marché de la ville. Dix-huit buffles, attelés deux par deux, conduisent la lourde machine roulante; un coureur les précède; ils vont au galop; mais ce qu'il faut admirer surtout, c'est la merveilleuse adresse du conducteur, du cocher principal, assis en avant du chariot, armé d'un fouet dont le manche n'a pas plus de deux pieds, et la lanière pas moins de soixante. Il stimule les quadrupèdes, et atteint, dès qu'un frissonnement de ceux-ci l'indique, la mouche qui les harcèle. Au premier ou au second coup, l'insecte importun est écrasé sur la bête. L'automédon africain qui manquerait trois fois sa victime serait déclaré indigne de conduire ces immenses voitures, dont nos omnibus ne donnent qu'une imparfaite idée. »

Le sol de la colonie du Cap est très-accidenté ; elle est coupée par plusieurs chaînes de montagnes élevées qui s'étendent de l'est à l'ouest, à l'exception d'une seule qui se dirige au nord, en suivant la côte occidentale.

La première grande chaîne de l'est à l'ouest est bordée d'une plaine longue de dix à trente milles, dentelée par plusieurs baies et arrosée d'un grand nombre de ruisseaux. La terre en est riche, et le climat égal et doux à cause de la proximité de l'Océan.

La deuxième chaîne est celle des Zwaarte-Bergen ou montagnes noires, plus élevée et plus âpre que la chaîne précédente, dont elle est séparée par un espace de dix à vingt milles. Cet espace contient certaines parties fertiles et bien arrosées ; mais elle offre en général des collines stériles et des plaines argileuses que les colons appellent *karoos*.

La troisième chaîne est celle des Snieuwveld's-Bergen (monts des champs de neige). Entre ces montagnes et la deuxième chaîne est le grand Karoo ou désert, haute terrasse large de quatre-vingts milles et longue d'environ trois cents milles de l'est à l'ouest. Elle est élevée de mille pieds au-dessus du niveau de la mer.

La surface du grand Karoo présente des aspects très-divers. Dans beaucoup d'endroits, c'est une argile de couleur brune ; dans d'autres, un lit de sable traversé de veines de quartz et d'une sorte de pierre ferrugineuse ; ailleurs, c'est un sable lourd, où l'on trouve çà et là de la marne noirâtre.

Auprès du lit de la rivière Buffalo, tout le pays est parsemé de petits fragments d'ardoise pourpre, détachés d'une longue couche de bancs parallèles. Parmi ces fragments, on trouve des pierres noires qui ont toute l'apparence de laves volcaniques ou de scories de fournaise; la plaine est hérissée de monticules, tantôt coniques, tantôt tronqués au sommet; et quoiqu'ils semblent d'abord avoir été jetés là par des éruptions volcaniques, en examinant avec attention les couches alternatives de sable et de terre régulièrement disposées, on reconnaît le produit des eaux. Quelques marais sablonneux du Karoo sont couverts de roseaux et abondent en sources fortement salées.

Le long de la côte occidentale, le pays s'échelonne en terrasses successives, le Roggeveld se rattache à la chaîne des Sniewveld's-Bergen. La chaîne de Roggeveld commence presque au 30° degré de latitude sud, et s'étend pendant l'espace de deux degrés et demi; ensuite elle s'abaisse vers l'est, puis vers le nord-est, jusqu'à ce qu'elle atteigne la baie de Lagoa. C'est ce qui forme la limite septentrionale du grand Karoo.

A l'extrémité la plus méridionale du Roggeveld se rencontrent les hauteurs suivantes :

La montagne de la Table (*Table-Mountain*), à 3,582 pieds, séparée de la baie par la plaine où la ville du Cap est bâtie.

Le pic du Diable (*Devil's-Peak*), à 3,315 pieds.

La tête du Lion (*Lion's-Head*), à 2,760 pieds.

La croupe du Lion (*Lion's-Rump*), à 1,143 pieds.

Neuyzenberg, à environ 2,000 pieds.

Le pic d'Elsey (*Elsey-Peak*), à 1,200 pieds.

La montagne de Simon ou des Signaux (*Simon's-Berg* ou *Signal-Hill*), à 2,500 pieds.

Le Paulus-Berg, à 1,200 pieds.

Constantia, à 3,200 pieds.

Le pic du Cap, à 1,000 pieds.

Hanglip-Cap, à 1,800 pieds.

L'Afrique méridionale est évidemment d'origine diluvienne. La formation de la péninsule est suffisamment indiquée par la structure de la montagne de la Table, qui est formée de plusieurs couches superposées comme des tables immenses, sans aucune veine intermédiaire. La plaine environnante est un schiste bleu, disposé en lignes parallèles du nord-ouest au sud-est, coupées par des masses de roches dures, mais également schisteuses.

VI

Gouvernement et administration du Cap — État moral des Hottentots et des Cafres.

La belle colonie du Cap est l'objet de la constante sollicitude du gouvernement britannique; il y est représenté par un gouverneur, qui reçoit un traitement annuel de 6,000 livres sterling (150,000 fr.). Auprès de lui sont deux conseils.

Le conseil législatif, dont les membres nommés par la métropole deviennent inamovibles au bout de deux ans;

Le conseil exécutif, où siègent le commandant militaire, le grand juge, le trésorier général et le secrétaire du gouvernement.

Le grand juge, avec deux accesseurs, constitue la cour suprême. Les tribunaux de première instance se composent des hemraaden, et sont présidés par le landdrost dans chaque district. L'exécution des sentences est confiée à un haut shérif, qui a un vice-shérif dans chaque chef-lieu.

Les commissaires des cantons ont conservé le titre de *vel-cornet* ou *field-cornets*.

Le gouvernement britannique n'a pas seulement souci des intérêts de ses sujets d'origine européenne ; il a fait de louables efforts pour améliorer la condition des Hottentots, que les Hollandais avaient réduits à l'esclavage en les soumettant à un système de contrats forcés. La race indigène est sortie insensiblement de son état d'abjection, et a montré des dispositions qu'on ne lui avait pas supposées. Une commission spéciale a été chargée, en 1837, d'examiner les mesures propres à garantir aux aborigènes des possessions anglaises et aux tribus voisines, une justice impartiale et la protection de leurs droits, ainsi que pour répandre parmi eux la civilisation et leur inculquer les principes de la religion chrétienne. Le rapport de cette commission rend compte d'expériences qui venaient d'être tentées avec succès. « Des Hottentots, dit-il, furent invités à s'établir entre les deux bras de la rivière Kat. Ils devaient s'y trouver dans le voisinage des Cafres, alors vivement irrités contre la colonie. Plusieurs familles ne tardèrent pas à se rendre sur le lieu indiqué ; il en était très-peu qui possédassent quelque chose ; le plus grand nombre étaient pauvres, comme on devait s'y attendre ; mais c'étaient des hommes d'un caractère ferme.

» Bientôt on s'aperçut qu'il était impossible de restreindre le nombre de ces nouveaux colons. Des Hottentots arrivaient de tous côtés ; beaucoup étaient assez mal famés ; il y en avait même qui jusque-là n'avaient cessé de mener une existence vagabonde, et qui demandèrent à être mis à l'épreuve. Les exclure était difficile ; d'autre part, il semblait cruel de refuser à un homme l'occasion d'améliorer son sort, par la seule raison qu'il se montrerait indigne de la faveur qu'on lui accorderait.

» Sur ces entrefaites, les Cafres menacèrent les nouveaux établissements ; il devenait nécessaire d'en armer les habitants, à moins de les laisser exposés à être massacrés. La ruine de l'entreprise tentée paraissait imminente. Les Cafres et leurs zagaies étaient moins dangereux peut-être pour la colonie qu'une agglomération d'hommes armés de fusils et presque sans vivres. On présageait que ces derniers tourneraient aussi bien contre nous que contre les Cafres les armes que nous aurions mises dans leurs mains, et que le pays serait arrosé de sang.

» Sage ou non, une résolution fut prise ; on confia aux Hottentots des armes et des munitions. Ils se montrèrent dignes de cette confiance. Au lieu de manger et de dormir jusqu'à ce que leurs provisions fussent épuisées, et de se laisser surprendre par les Cafres, ils se mirent au travail, tout en prenant des mesures pour repousser au besoin une attaque. Ils creusèrent des canaux dans des terrains tellement accidentés, et avec des outils si imparfaits, qu'on n'aurait pas cru qu'il fût possible d'y parvenir. Sans autre secours que les plus misérables instruments, ils cultivèrent des champs sur une étendue qui causa la surprise de tous ceux qui les visitèrent. Les travailleurs qui n'avaient pas de vivres se nourrissaient de racines, ou se louaient à leurs compatriotes plus fortunés. Ces derniers eux-mêmes furent obligés d'économiser pour soutenir leurs familles, jusqu'à ce que, quelques mois après, ils eussent récolté en abondance des citrouilles, du maïs, des pois, des haricots, etc. Loin de montrer de l'apathie et de l'indifférence pour la propriété, à présent qu'ils en ont une à défendre, ils sont devenus aussi désireux de la conserver et de l'étendre que les autres colons. Ils témoignent un grand désir de voir se propager des écoles au milieu d'eux ; celles qui existent sont déjà dans un état florissant. Tel est leur amour pour l'instruction, que si quelqu'un se trouve savoir seulement épeler, et qu'il n'y ait dans les environs aucun moyen d'en apprendre davantage, il s'empresse de communiquer sa science aux autres.

» Le dimanche, ils font un chemin considérable pour assister au service divin, et leur guides spirituels parlent avec ravissement des succès qui ont payé leurs soins. Nulle part les sociétés de tempérance n'ont réussi aussi bien qu'au milieu de ce peuple, autrefois plongé dans l'ivrognerie. Ils ont eux-mêmes demandé au gouvernement de faire inscrire dans les actes de concession la prohibition des cantines ou débits d'eau-de-vie. Chaque fois que les Cafres les ont attaqués, ils ont été repoussés ; et maintenant les deux nations vivent dans la meilleure intelligence.

» Les Hottentots de la rivière Kat n'ont coûté au gouvernement que l'entretien de leur ministre et des mesures de maïs et d'avoine qu'ils ont reçues pour ensemencer, les fusils qu'on leur a prêtés, et quelques munitions qui leur ont été données pour leur défense et celle du pays en général. Ils payent toutes les taxes comme le reste de la population. On leur doit d'avoir rendu la rivière Kat la partie la plus sûre de la frontière. »

Interrogé par les commissaires spéciaux du gouvernement britannique, le docteur Philip rendit ce témoignage à des Bosjesmans qui s'étaient intallés dans une concession en 1832 : « Ils ne possédaient absolument rien ; au moyen d'une hachette, qu'ils empruntèrent, ils confectionnèrent une charrue en bois, sans un seul clou de fer, et s'en servirent pour cultiver leurs terres. La première récolte leur produisit assez pour s'entretenir pendant l'hiver, et un léger excédant, qu'ils vendirent. La seconde année, ils cultivèrent une grande étendue de terrain ; ils avaient alors une excellente charrue, faite par eux-mêmes et garnie d'un soc en fer ; ils s'étaient aussi construit un chariot. »

Questionné sur différents points par les membres de la commission, le docteur Philip répond :

D. A l'époque de votre résidence, les écoles étaient-elles suivies par un grand nombre d'enfants ?

R. En 1834 il y en avait sept cents.

D. Sur quelle population ?

R. Sur quatre mille individus.

D. C'est donc en raison d'un sur sept ?

R. Oui; et, relativement à la population, c'est une proportion aussi forte que dans aucun autre pays de l'Europe.

D. Avez-vous interrogé les enfants instruits dans les écoles?

R. Je les ai interrogés en 1834. Sir John Wide, chef de la justice, se trouvant à la rivière Kat, je leur fis passer un examen public, à la suite duquel il me dit que dans toute la colonie aucune école ne lui avait procuré autant de satisfaction que celle du Hottentot.

D. Pensez-vous que dans ces écoles l'éducation soit conduite aussi loin, et que les enfants y répondent aussi bien que dans nos écoles d'Angleterre?

R. Je ne pense pas que des enfants placés dans une position égale auraient pu soutenir plus convenablement un examen.

D. Quels étaient les sujets d'instruction ?

R. La lecture de l'anglais, le hollandais étant la langue du pays. Ils lisaient parfaitement l'anglais et connaissaient bien la géographie, ainsi que l'histoire générale. Ils écrivaient passablement et comprenaient l'arithmétique. Le mode général d'éducation m'a paru ne pouvoir être meilleur.

D. La population adulte se montrait-elle assidue au service divin?

R. Je n'ai jamais su qu'aucun individu en état d'y assister s'en fût abstenu.

D. Les chapelles étaient-elles aussi remplies, et la conduite était-elle aussi décente que dans notre pays?

R. Selon moi, et d'après le témoignage des gens les plus respectables, aucune congrégation religieuse du monde ne pouvait offrir le tableau de plus de recueillement, d'attention et de sentiments religieux?

D. Les congrégations religieuses sont-elles entièrement composées d'indigènes?

R. Oui. On voit rarement les yeux d'un seul individu se détourner du prédicateur. Il y a entre eux une force de sympathie qui fait que la respiration semble suspendue tant qu'une phrase n'est pas achevée. Ce qu'ils ont entendu devient l'objet de leurs prières après le service, et de leurs entretiens pendant la semaine.

D. Êtes-vous d'avis que l'établissement de la rivière Kat et les progrès des habitants dans la civilisation puissent tendre à élever une défense contre les incursions des tribus sauvages ?

R. Je le crois.

D. Quel était à ce sujet l'opinion du gouvernement ?

R. Je pense que c'était l'opinion générale.

Des essais de civilisation ont été également tentés sur les Cafres, terribles voisins dont les incursions désolent la colonie; on leur a envoyé des missionnaires; on a opéré quelques conversions, mais l'influence de quelques chefs devenus chrétiens n'a pas empêché cette belliqueuse nation de franchir les frontières par bandes nombreuses, et de faire aux colons une guerre acharnée. On remarque cependant qu'au lieu de massacrer, comme par le passé, tous ceux qu'ils attaquaient, sans distinction d'âge ni de sexe, il leur arrive parfois de rendre des femmes et des enfants tombés entre leurs mains.

TABLE DES MATIÈRES

		Pages.
Chapitre	I. — Les boors	5
—	II. — Le kraal	10
—	III. — Les sauterelles	14
—	IV. — Causerie sur les criquets	18
—	V. — Le lendemain	25
—	VI. — L'émigration	29
—	VII. — De l'eau ! de l'eau	32
—	VIII. — Ce que devient le troupeau	37
—	IX. — Le lion	41
—	X. — Le lion pris au piège	45
—	XI. — La mort du lion	49
—	XII. — La vérité sur les lions	52
—	XIII. — Les voyageurs anuités	55
—	XIV. — Le trek-boken	59

		Pages.
Chapitre XV.	— A la recherche d'une fontaine........	65
— XVI.	— Le terrible tsetsé....................	68
— XVII.	— Le rhinocéros à longues cornes.......	72
— XVIII.	— Combat sanglant.....................	78
— XIX.	— Mort de l'éléphant...................	83
— XX.	— Les chasseurs........................	88
— XXI.	— Dissection de l'éléphant..............	92
— XXII.	— Les hyènes..........................	95
— XXIII.	— L'ourebi............................	99
— XXIV.	— Les aventures du petit Jan...........	105
— XXV.	— Digression sur les hyènes............	109
— XXVI.	— Une maison dans les arbres..........	114
— XXVII.	— La bataille des outardes.............	118
— XXVIII.	— Sur la piste de l'éléphant............	123
— XXIX.	— Le rodeur...........................	128
— XXX.	— Les gnous...........................	133
— XXXI.	— La fourmilière.......................	138
— XXXII.	— Désagrément d'être poursuivi par un gnou............................	141
— XXXIII.	— Le siège............................	145
— XXXIV.	— L'oryctérope........................	148
— XXXV.	— La chambre à coucher de l'éléphant...	152
— XXXVI.	— On fait le lit de l'éléphant...........	155
— XXXVII.	— Les ânes sauvages de l'Afrique.......	158
— XXXVIII.	— Le couagga et l'hyène...............	162
— XXXIX.	— Le piège............................	166
— XL.	— L'élan..............................	170
— XLI.	— Le couagga emporté.................	175

TABLE DES MATIÈRES.

Pages.

Chapitre LXII. — Le piège à détente. 180

— XLIII. — Les tisserins....................... 184

— XLIV. — Le serpent cracheur................ 187

— XLV. — Le secrétaire...................... 189

— LXIV. — Totty et les chacmas................ 194

— XLVII. — Les chiens........................ 199

— XLVIII. — Conclusion........................ 205

Notice sur le cap de Bonne-Espérance.................. 209

vw.ingramcontent.com/pod-product-compliance
 tning Source LLC
 bersburg PA
 071936160426
  CB00011B/1427